SARTRE

DANS LA MÊME COLLECTION

Aristote. Une philosophie en quête de savoir, par Richard Bodéüs, 272 pages.
Augustin. L'expérience du Verbe, par Dominique Doucet, 192 pages.
Berkeley. Un nominalisme réaliste, par Dominique Berlioz, 224 pages.
Cournot. Le réalisme, par Bertrand Saint-Sernin, 192 pages.
Duns Scot. La métaphysique de la singularité, par Gérard Sondag, 240 pages.
Fichte. Réflexion et argumentation, par Isabelle Thomas-Fogiel, 256 pages.
Hegel. Une philosophie de la raison vivante, par André Stanguennec, 248 pages.
Heidegger. La question du logos, par Françoise Dastur, 256 pages.
Hobbes ou l'œuvre de la raison, par Michel Malherbe, 224 pages.
Hume. Une philosophie des contradictions, par Jean-Pierre Cléro, 256 pages.
Kant. L'invention critique, par Monique Castillo, 248 pages.
Malebranche. Une philosophie de l'expérience, par Denis Moreau, 224 pages.
Montaigne ou l'usage du monde, par Paul Mathias, 224 pages.
Les néokantiens. Valeur et vérité, par Éric Dufour, 192 pages.
Pascal. La force de la raison, par Hélène Bouchilloux, 240 pages.
Platon. Le désir de comprendre, par Monique Dixsaut, 288 pages.
Sartre. Liberté et histoire, par André Guigot, 256 pages.
Les Stoïciens. La liberté et l'ordre du monde, par Robert Muller, 292 pages.
Voltaire. Du cartésianisme aux Lumières, par Éliane Martin-Haag, 192 pages.

BIBLIOTHÈQUE DES PHILOSOPHIES

Directeur : Michel MALHERBE

SARTRE

LIBERTÉ ET HISTOIRE

par

André GUIGOT

PARIS
LIBRAIRIE PHILOSOPHIQUE J. VRIN
6, Place de la Sorbonne, Ve

2007

ISSN 1281-5675
ISBN 978-2-7116-1913-9
Imprimé en France

www.vrin.fr

A Corentin et Salomé

Mes remerciements vont à Michel Malherbe pour sa patience, sa rigueur et sa gentillesse, ainsi qu'à Juliette Simont, Vincent de Coorebyter, André Stanguennec, ma famille et mes amis.

INTRODUCTION

Un travail de synthèse doit viser une restitution fidèle et une intelligibilité d'ensemble, sans soumettre la compréhension du tout à des reconstructions arbitraires. Pour autant, l'objectivité s'inscrit dans une démarche précisément interprétative, au sens où le philosophe doit reconstituer un minimum l'objet de son étude, pour en faire un objet accessible : l'ordre suivi peut bien être le plus simple, comme c'est le cas ici, il indique déjà une orientation particulière qui n'est pas étrangère au thème de l'étude, la liberté et l'histoire, à la fois l'orientation objectivée par le penseur dans son œuvre, et celle qu'il pratique lui-même dans son travail. La progression historique réelle de l'œuvre part de l'influence de la phénoménologie allemande que Sartre découvrit grâce à un certain Raymond Aron. Husserl et Heidegger furent décisifs autant par leur influence que par la distance que le philosophe dût prendre afin de constituer, peu à peu, son propre « système », pour autant que ce terme convienne à une œuvre dont l'inachèvement théorique correspond à celui de son objet : l'humanité. On évoque souvent deux Sartre. Le premier est phénoménologue, attaché à maîtriser et dépasser les acquis de ses prédécesseurs, à mettre en cause la psychologie positiviste de l'imaginaire pour fonder l'ontologie de *L'Être et le Néant*. L'autre Sartre, marqué par la guerre et préoccupé de concrétiser sa morale de l'engagement, aurait tenté d'humaniser le matérialisme marxiste et la psychanalyse. Loin d'être faux, ce raccourci nécessite pourtant de préciser les contenus de l'évolution historique de cette philosophie. Précisément, l'engagement est fondé sur une liberté elle-même délaissée, sans support normatif naturel, et il ne se pose pas comme une solution pratique à un problème théorique. Les recherches des *Cahiers pour une morale* témoignent du fait que

« l'engagement » n'est pas une éthique du recrutement, se posant comme sa propre fin, mais au contraire une tâche, se révélant dans toute sa nature problématique : un projet visant à transformer l'irréductible facticité en existence sensée. L'être de la valeur, à la fois nécessaire et inaccessible comme la synthèse en-soi pour-soi, ne se défile pas de l'horizon philosophique de la raison aux prises avec l'Histoire, comme le montre la *Critique de la Raison Dialectique.* Mais à la quête de la fondation des valeurs que l'ontologie phénoménologique dévoile comme un chantier, l'intelligibilité des conduites humaines ajoute une exigence propre à l'Histoire. Toute la quête d'une compréhension de l'homme, sujet et objet de sa propre histoire, détermine le projet de la raison dialectique interprétative, qu'il s'agisse de commenter un épisode de la Révolution française ou d'entrer dans l'analyse existentielle de Flaubert.

Le commentaire critique de l'Ego transcendantal husserlien donne naissance à un cheminement foisonnant, complexe et sans cesse autocritiqué, « retotalisé » par les faits et la critique dans un mouvement réellement dialectique, intégrant de plus en plus l'histoire à la pensée. Comme toute philosophie, c'est par une succession de ruptures, de défis relevés et de retournements, que Sartre a bâti son œuvre. Construire une philosophie du sujet en faisant l'économie de toute *res cogitans* demeure la pierre d'achoppement d'un individualisme traquant l'essentialisme, coupable d'abord de cécité face à la contingence de l'existence, puis d'inauthenticité vis-à-vis de la responsabilité historique des hommes. Il s'agit bien *des* hommes en relation de réciprocité, hantés par la menace du regard, intériorisant le danger de rareté : le conflit n'est pas une pathologie du devenir humain mais une donnée que l'anthropologue-philosophe doit intégrer à sa recherche de vérité. La neutralité absolue face à une telle œuvre est donc pratiquement impossible, tout commentateur faisant partie de l'objet étudié. Pour le moins devons-nous à cette œuvre une fidélité, elle, accessible, qui soit la restitution de sa pensée dans toute sa complexité. Expliquer, sans euphémiser cette complexité, les paradoxes qu'elle contient parfois, éclairer son évolution, permet de se mettre « en situation », de cheminer avec une pensée vivante. L'existence porte en elle ce décalage que le philosophe de la conscience transforme en aventure intellectuelle. Aussi n'évoquerons-nous pas ou très peu l'ensemble des engagements politiques de Sartre, ces prises de position relevant d'une analyse et souvent d'une polémologie appropriée. Il n'est ici question que d'une synthèse progressive, tentant d'éviter l'illusion rétrospective que la mémoire suscite parfois, et respectant l'exigence propre à l'objet visé.

Nous aborderons successivement les premiers travaux phénoménologiques et psychologiques sur l'imagination, l'ontologie de *L'Être et le Néant*, les conséquences morales d'une théorie non substantielle de la subjectivité, l'épopée de la raison dialectique, dont l'analyse de la violence et l'anti-juridisme sont plus que jamais précieux aujourd'hui pour penser notre présent comme histoire. Le destin à la fois libre et déterminé de Flaubert témoigne enfin de l'histoire d'une liberté interprétée comme constitutive d'un auteur et de son œuvre. Comprendre le sens historique d'une telle œuvre, celle de Flaubert, par sa psychanalyse existentielle doit permettre de dépasser ce que la coexistence de causalité libre et déterministe a d'hétérogéne. La compréhension dialectique de la réalité humaine exige elle-même des synthèses intermédiaires qui n'ont l'ambition ni d'être exhaustives, ni de suffire à résumer une telle œuvre. Tout au moins cette synthèse doit-elle permettre de présenter les jalons théoriques incontournables de ce qui reste une grande philosophie de la liberté.

La liberté constitue le sens même de la philosophie de Sartre, de ses études de jeunesse sur la phénoménologie de Husserl, l'émotion, puis de l'interprétation phénoménologique de l'imagination. L'ontologie de *L'Être et le Néant* constitue une « totalité » au sens où Sartre emploie le terme dans la *Critique de la Raison Dialectique* [1], mais la description de la réalité inachevée du pour soi et de l'en soi appelle une éthique dont les fondements difficiles renvoient nécessairement à une prise de position à l'égard de ce que doivent signifier pour l'homme l'authenticité et la valeur ; d'où les recherches de *Vérité et Existence* et des *Cahiers pour une Morale*.

La tentative sartrienne de concilier, dans le cadre d'une philosophie de l'histoire comme restitution compréhensible des mécanismes à l'origine de la totalité des réalisations humaines – de concilier, dis-je, la liberté et le déterminisme, la spontanéité des projets et leur surdétermination matérielle, implique une sorte de dialogue théorique entre deux logiques apparemment inconciliables. Le pari philosophique de la raison dialectique est de dépasser l'hétérogénéité entre une causalité par la liberté et une causalité par la nature, en dialectisant toutes les médiations à l'œuvre pour qu'une action quelconque soit possible. Le recours à l'interprétation d'événements historiques comme la Révolution française ou le Stalinisme

1. Cf. *Critique de la raison dialectique*, B de l'Introduction, « Critique de l'expérience critique » ; C du Livre I, Paris, Gallimard, t. I et II 1960, nouvelle éd. annotée par A. Elkaïm Sartre, 1985, p. 200 (désormais *CRD*).

met à jour de réels mouvements de libération humaine, mais aussi des pétrifications dramatiques de la liberté en son contraire politique : la Terreur comme moyen terme historique de la République, le totalitarisme comme échec de l'institution révolutionnaire.

Le travail immense d'interprétation à l'œuvre dans *L'Idiot de la Famille* peut bien être compris comme un prolongement dépassant le projet de la critique de la raison dialectique : la liberté et le conditionnement deviennent à ce point liés que l'entreprise de compréhension réussit à dépasser les limites fixées dans *Questions de Méthode*, l'incessant mouvement de la méthode progressive-régressive nous conduisant au cœur d'une œuvre et d'une époque, d'une liberté et de son histoire.

CHAPITRE PREMIER

UNE FORMATION PHÉNOMÉNOLOGIQUE

LA LIBERTÉ PAR LA MÉTHODE : UNE FIDÉLITÉ RELATIVE À HUSSERL

L'authenticité comme modèle

La découverte de la phénoménologie apparut comme une libération [1] à l'égard d'une tradition n'intégrant pas assez authentiquement les tensions inhérentes à l'existence humaine et aux différents choix problématiques qu'elle implique. Si toute philosophie de la liberté suppose une théorie de la conscience, l'identification de la liberté et de cette conscience pose le hiatus apparemment insurmontable de la fondation des valeurs. C'est, pour le jeune Sartre, à partir d'une conscience aiguë de la contingence que le fait de penser la vie devient une exigence philosophique, la phénoménologie faisant du commencement authentique le signe d'une indépendance à l'égard des doctrines traditionnelles.

Contrairement à Husserl, Sartre se désintéresse des résultats positifs des sciences naturelles et des mathématiques [2]. C'est le retour au vécu et au *fait* de la conscience intentionnelle qui séduit le jeune Sartre, au point de constituer son idéal descriptif du vécu. Aucun pré-requis n'est nécessaire puisque c'est dans le commencement absolu de la conscience qu'il s'agit de

1. Voir J. Toussaint Desanti, « Sartre et Husserl, les trois culs de sac de la phénoménologie transcendantale », *Les Temps Modernes*, « Témoins de Sartre », Paris, 1990.

2. Sur le peu d'intérêt accordé par Sartre aux mathématiques, voir A. Badiou, « Saisie, déssaisissement, fidélité », *Les Temps Modernes*, « Témoins de Sartre », Paris, 1990.

penser la vie. En même temps, une certaine conversion s'impose, pour que le regard sur le monde n'obéisse pas à des règles étouffant sa perpétuelle nouveauté.

Comment s'exerce l'influence du penseur allemand? Husserl critique le psychologisme dans le premier tome des *Recherches Logiques*, les « Prolégomènes à la Logique Pure », notamment le traitement des représentations. Si les opérations mentales sont inexplicables par des lois naturelles, c'est que les objets les plus « évidents » n'existent que par le sentiment d'évidence qui accompagne leur constitution. C'est aussi parce que toute l'activité constitutive des objets pensables échappe à la réduction naturaliste des psychologues. L'antinaturalisme husserlien représente pour Sartre un retour à l'origine aussi fondateur et prometteur que le socle du cogito cartésien. D'emblée, pourtant, le modèle d'une spontanéité descriptive et constitutive des états de conscience présente toute l'ambiguïté de l'interprétation sartrienne. La fascination du jeune Sartre concerne *l'épochè* et l'appréhension de la conscience comme « éclatement »[1]. Si l'intentionnalité libère le philosophe des relations déjà constituées de la logique, c'est que tous les « objets » sont à considérer comme des *actes* dont les commencements ne supposent ni loi, ni grammaire. La séduction à l'égard de Husserl opère ici doublement :

– vis-à-vis des évidences scientifiques ou logiques découvertes comme *constituées*, et donc susceptibles d'un travail de reconstitution exigeant lui-même le recours à une méthode plus fondamentale et descriptive.

– vis-à-vis du monde lui-même, puisque la suspension de jugement, ou « mise entre parenthèses » nécessite une liberté *en situation*.

Loin de retenir l'idéal de fondation scientifique, Sartre perçoit avant tout le mouvement libérateur du « retour aux choses mêmes », comme tourné vers l'incarnation de toute vérité dans le rapport de l'homme au monde. Sartre commence son œuvre en portant la contradiction à Husserl[2] tout en louant sa découverte. « Husserl a réinstallé le charme et l'horreur dans les choses » (*Situations I*, p. 42).

1. « Connaître, c'est s'éclater vers, s'arracher... », Sartre, *Situations I*, « Une idée fondamentale de la phénoménologie de Husserl : l'intentionnalité », Paris, Gallimard, 1984, p. 9.

2. J. Bourgault, « L'invention de la méthode dans la philosophie de Sartre » ; *Recherches Interdisciplinaires sur les Textes Modernes*, Université de Paris X, 2001.

Un retour au vécu libérateur

La réévaluation du vécu détermine l'attrait du jeune Sartre pour le philosophe allemand au point de devenir « husserlien ». « Je ne pourrais venir à Heidegger qu'après avoir épuisé Husserl. Et pour moi, épuiser un philosophe, c'est réfléchir dans ses perspectives, me faire des idées personnelles à ses dépens jusqu'à ce que je tombe dans un cul-de-sac. Il me fallut quatre ans pour épuiser Husserl » [1]. Les « culs-de-sac » seront liés à la nature gnoséologique de la critique husserlienne du psychologisme : la substantialisation de l'Ego transcendantal, l'asymétrie ego-alter ego chez Sartre, l'altérité signifiant l'Autre et le Monde comme danger et contingence. Malgré ces différences et ces distances, c'est de l'admiration du jeune Sartre qu'il faut partir, car elle manifeste une frustration, un désir de philosophie entravé par l'institution qui s'avérera producteur. Le scientisme, le poids de la pratique philosophique institutionnelle lui apparaissent comme des freins : il faut une méthode où rigueur et liberté s'impliquent, où la validité du *penser* se découvre et s'éprouve dans son acte même. C'est ce retour à l'interrogation, au champ infini du sens vécu et problématique qui séduit Sartre. La phénoménologie invite à un recommencement *en soi-même* de l'aventure du vrai. Le retour de la conscience sur elle-même conditionne la mise en doute des évidences reçues, qu'elles soient empiriques, ce sera la mise en cause de la « thèse du monde », ou logiques. Les *Recherches Logiques* de Husserl décrivent d'abord les structures sous jacentes des relations logiques *a priori* admises. C'est ce retour du soi qui incarne l'autonomie pour le jeune philosophe français.

Avant d'en venir au détail de l'héritage et de la rupture constitutifs de sa philosophie, il faut comprendre le mouvement libérateur qu'a pu représenter le projet husserlien. La genèse du vrai est un événement vécu, autrement dit un certain rapport *réfléchi* de l'homme au monde. Le retour du sujet sur lui-même n'est pas à ce titre une simple éventualité, mais un *fait*, comme la contingence, à partir duquel toutes les questions de *droit* peuvent se poser. La nature problématique de l'existence interdit au Sartre lecteur de Husserl de partager son espoir cartésien d'une *Mathesis Universalis*. Par exemple, l'*épochè* ne se résumera jamais pour Sartre dans le fait de congédier froidement les pré requis d'une culture, cette mise entre parenthèses s'accompagnant d'une dramatisation plus ou moins angois-

1. *Carnets de la drôle de Guerre*, Paris, Gallimard, 1983, p. 246.

sante du doute. Être capable de ce retour *en soi* de ce que l'expérience du monde livre sans garantie constitue la valeur de l'authenticité. Husserl donne donc au jeune Sartre une méthode conjuguant l'ordre et la spontanéité dont sa recherche avait besoin. Les différences de style et d'objet ne doivent pas faire oublier ce que fut cet appel, ce retour à l'origine du sens vécu. Certes, le souci de fondation des sciences nomologiques propre à Husserl jusqu'en 1905, date de son cours sur la phénoménologie de la conscience intime du temps, l'élucidation patiente des structures stables et subjectives des actes objectivants sont bien étrangères à l'impatience du jeune Sartre pour lequel la pureté résultant de *l'épochè* signifie moins une neutralité qu'une indépendance. A cela, deux raisons : Sartre prend pour modèle la phénoménologie de Husserl en restant étranger à son projet de fondation (conjuguant deux exigences, scientifique, dès *Les Recherches Logiques*, puis transcendantale, dans les *Ideen*[1]). Rapportons-nous à Michel Foucault qui interprète la perception de la phénoménologie en France à partir d'un « clivage » opposant les « philosophies de l'expérience, du sens, du sujet, et une philosophie du savoir, de la rationalité et du concept ». C'est en partant de Husserl que Sartre se constitue comme philosophe. « Prononcées en 1929, modifiées, traduites et publiées peu après, les *Méditations Cartésiennes* ont été très tôt l'enjeu de deux lectures possibles : l'une qui, dans la direction d'une philosophie du sujet, cherchait à radicaliser Husserl et ne devait pas tarder à rencontrer les questions de *Sein und Zeit* : c'est l'article de Sartre sur la Transcendance de l'Ego en 1935; l'autre, qui remontera vers les problèmes fondateurs de la pensée de Husserl, ceux du formalisme et de l'intuitionnisme : ce sera, en 1938, les deux thèses de Cavaillès sur L*a méthode axiomatique* et sur la *Formation de la théorie des ensembles* »[2].

Le thème du sujet fondateur ne suffit pas pour justifier l'attrait de Sartre pour Husserl rendu explicite à partir du fameux article sur « L'idée directrice de la phénoménologie de Husserl » dans les *Situations I.* La réévaluation philosophique du vécu autorise Sartre à conférer un statut à la réalité conflictuelle constituant originellement le rapport de l'homme au monde. C'est en partant de cette réévaluation et non du contenu du projet husserlien de *Recherches* (la critique du psychologisme et du logicisme)

1. Sur l'exigence fondatrice des *Ideen*, voir E. Lévinas, « Sur les *Ideen* de Husserl », *Les imprévus de l'histoire*, Paris, Le Livre de Poche, 2000, p. 37-80.

2. M. Foucault cité dans la *Revue de Métaphysique et de Morale*, numéro spécial Canguilhem, 1985, p. 4.

que l'on saisit ce qui, dans la méthode phénoménologique, représente *déjà* un idéal de liberté pour le français.

Il faut comprendre ce qui a présidé à la réception par Sartre de cette méthode. C'est en 1926 que Sartre rédige son diplôme de fin d'étude : « L'image dans la vie de la conscience, rôle et nature ». Avant que Sartre ne « découvre » Husserl, il était déjà question de dépasser l'opposition du réalisme et de l'idéalisme, mais surtout de refuser la psychologie objective en retrouvant le processus des vécus, prenant ses distances à l'égard de la psychologie de son temps et du bergsonisme. Le statut de l'angoisse dans la critique de l'Ego Transcendantal sera de plus en plus déterminant, notamment après la lecture de Heidegger, en se distinguant du caractère immotivé du passage à la réduction eidétique. La constitution du sens est ainsi affectée, dès le départ, d'un facteur positif (la spontanéité) et négatif (l'angoisse). Tout le mérite de Husserl est à ses yeux de fournir une méthode dévoilant des passages où les évidences (savantes pour le Husserl mathématicien) apparaissent comme relatives à une constitution. Sartre considère cette constitution comme *a priori* polémique, d'où une déviation profonde, une dramatisation de la « thèse du monde » incarnée par le divorce de l'angoisse. C'est en reprenant les analyses d'Henri Delacroix pour lequel la conscience, par exemple, constitue sa propre captivité, et en les investissant dans l'interprétation du monde, que Sartre interprète Husserl. L'authenticité du retour à l'origine est un idéal chez Sartre qui précède sa lecture de Husserl, comme en témoigne le mémoire de 1926. Pour autant, l'idéal méthodique constitue le cœur de la formation du jeune philosophe et de ses premiers écrits.

LE CONCEPT D'INTENTIONNALITÉ. L'ARTICLE SUR HUSSERL DES *SITUATIONS I* ET *L'ÊTRE ET LE NÉANT*

Un « éclatement » originel

Il n'y a de la vie, pour la conscience, que par le mouvement de transcendance qui la caractérise comme rapport et non comme chose. L'article des *Situations I* pose l'acte de conscience qui porte sur ce qui n'est pas elle comme un fait originel, absolu, le mérite de cette découverte en revenant à Husserl. L'intérieur et l'extérieur sont ainsi inséparables dans ce mouvement par lequel une conscience donne sens au monde. Au-delà du rejet de la philosophie « alimentaire » qui assimile les « choses aux idées, des idées entre elles et des esprits entre eux »[1], l'exigence concrète du retour au vécu est entièrement adossée à la nature intentionnelle de la conscience, au fait qu'elle existe comme projection, « éclatement », mouvement qui, une fois décrit comme tel, pose le double problème de *l'identité* du sujet et de la *vérité* de son objet et de la permanence pouvant *ou non* soutenir l'un et l'autre. « La conscience et le monde sont donnés d'un même coup : extérieur par essence à la conscience, le monde est, par essence, relatif à elle. C'est que Husserl voit dans la conscience un fait irréductible qu'aucune image physique ne peut rendre, sauf, peut-être, l'image rapide et obscure de l'éclatement. Connaître, c'est s'éclater vers. »[2]. Sartre considère le « fait irréductible » de la transcendance du côté de son mouvement. Si, chez Husserl (depuis le premier volume des *Recherches Logiques*) la formation de la pensée suppose une visée téléologique du vrai[3], chez Sartre, l'unité corrélative des actes et de leurs objets y est perçue comme concrétisation des effectuations du sens auquel s'ajoute un idéal de vérité. Au niveau où Sartre se situe, peu importe que la téléologie intentionnelle soit menée à son terme. Ce qui compte dans l'intentionnalité sartrienne, c'est le mouvement de transcendance qu'elle opère. Autrement dit, la connaissance (constituée) importe moins que l'éclatement qui la constitue, ce qui met en avant, de fait, la liberté à l'œuvre dans la transcendance comme phénomène originaire. La fécondité engendrée et la rigueur supposée des descriptions phénoménologiques futures seront relatives à cette mise en avant. Le monde et la conscience « donnés d'un même coup » sont deux pôles d'une relation dans laquelle la conscience naît portée sur son objet, c'est-à-dire sur ce qui *n'est pas* elle. N'*étant* pas une chose parmi d'autres mais *rapport* à elles, la conscience ne pourra subir la loi des choses. Du point de vue des analyses et des descriptions, la reprise de l'intentionnalité n'est pas isolable des thèmes abordés. C'est la réalité humaine et le champ de l'affectivité émotionnelle perceptif et imaginaire qui seront privilégiés. Avant d'analyser le prolongement de la découverte de Husserl *à Husserl lui-même*, il faut prendre la mesure de cette intentionnalité qui n'est pas une simple désignation du monde comme tel, ni même de notre rapport à lui, mais, d'emblée, une

1. *Situations I*, p. 38,39.
2. *Situations I*, p. 38.
3. Husserl, dans le premier volume, se détache de Brentano, en déterminant le statut et de l'objet de cette intentionnalité comme « transcendance » (*Gegenstand*).

constitution active et quasi polémique de celui-ci. D'où un déséquilibre essentiel pour Sartre, une disproportion sur lesquelles il revient dans *L'Être et le Néant*, dans sa référence à Husserl concernant la nécessité du recours à Autrui dans la constitution de la conscience de soi, comme du fait de l'apparition, pour moi, du monde objectif[1].

Une simplification par le négatif

Husserl est au cœur du positionnement du problème d'Autrui dans *L'Être et le Néant*, mais précisément, et *avant* ce positionnement, la référence à son analyse conditionne chez Sartre le positionnement de l'homme au monde lui-même : c'est en partant du concept d'intentionnalité, de la célèbre « preuve ontologique »[2] concernant « l'être pré-réflexif du *percipiens* », que la relation entre le *fait* de la conscience comme rapport au monde et le *statut* à accorder à la conscience comme négation du monde *qu'elle n'est pas* est posée. « Toute conscience est conscience de quelque chose, cela signifie que la transcendance est structure constitutive de la conscience ; c'est-à-dire que la conscience naît portée sur un être qui n'est pas elle. C'est ce que nous appelons la preuve ontologique ». Dans quel sens la conscience est-elle constitutive de l'être de son objet ? L'intentionnalité est une transcendance doublement négative pour le Sartre de *L'Être et le Néant* : dans le positionnement du monde objectif visé (c'est la néantisation), et dans l'impossibilité, pour les intentions objectivantes, d'achever la totalité par définition infinie d'une série quelconque d'apparitions. A ce niveau, Sartre simplifie le problème de l'inachèvement du remplissement (*erfüllung*) dans la *hylè* en distinguant l'être de la conscience (qui est un non-être, un néant) et son objet (qui lui est transcendant). Les *Situations I* reconnaissent le privilège fondateur de l'intentionnalité, du côté de son *contenu*, du résultat obtenu, exprimé métaphoriquement sous la forme de « l'éclatement »sans encore thématiser cette négativité. *L'Être et le Néant* prend à son compte le fait de la transcendance. L'être transphénoménal de ce qui, pour la conscience, n'est pas elle, est bien posé par cette conscience *confrontée* par son activité incessante de négation et de constitution, au statut de son objet. Sartre considère que Husserl a « méconnu » le caractère essentiel de l'intentionnalité, autrement dit la

1. *L'Être et le Néant*, Paris, Tel-Gallimard, 1990, p. 277 (désormais, *EN*).
2. *Ibid.*, Introduction, « la preuve ontologique », p. 27-30.

négativité positionnelle de la transcendance « ...dès le moment qu'il fait du noème un irréel, corrélatif de la noèse, et dont *l'esse* est un *percipi*, il est totalement infidèle à son principe ». Ou la conscience constituante repose sur une subjectivité pure, et elle est condamnée à ne pouvoir sortir de son immanence, échouant à se transcender pour poser l'objectif, ou elle est elle-même cette transcendance, et alors sa permanence implique une dépendance à l'égard de l'être en soi qu'elle n'est pas, mais en aucun cas une substance, un Ego préalable, lui-même transcendantal. Sartre simplifie la transcendance du côté de la conscience, l'intentionnalité indiquant d'elle-même une unité visée, sans identité substantielle constituante, et, du côté de son objet, l'être transphénoménal ou en soi étant impliqué par l'existence d'une conscience comme activité de négation.

Cette soi-disant « infidélité » de Husserl à son propre principe peut se comprendre comme un attachement au caractère substantiel de l'Ego. L'ontologie sartrienne de *L'Être et le Néant* est, de ce point de vue, entièrement redevable de la conception husserlienne de l'intentionnalité[1] comme de sa critique dans *La Transcendance de l'Ego*. Pour autant, cette reprise critique pose en elle-même certains problèmes de constitution.

UNE REPRISE PROBLÉMATIQUE DE L'INTENTIONNALITÉ DE HUSSERL : FACTICITÉ, TRANSCENDANCE, VÉRITÉ

Position du problème

L'enjeu sartrien du positionnement négatif de la conscience réside dans l'affirmation d'une liberté sans garantie, dans une mise en situation d'emblée dramatique du rapport inachevé de la conscience à son objet. Le fait que les actes d'effectuation révèlent une téléologie dans les actes de pensée ne marquent pas suffisamment cette absence de garantie, tant que l'inadéquation entre la signification et l'objet visé est considérée comme provisoire, accidentelle, au fond dépassable au terme de la visée intentionnelle, comme il en va chez Husserl. Des invariants essentiels sont accessibles à l'infini, et tout l'effort des *Prolégomènes à la Logique Pure* de Husserl

1. Sur Husserl dans *L'Être et le Néant*, voir H. Rizk, *Sartre, une ontologie du collectif*, Paris, Kimé, 1996.

consiste à déterminer avec précision la nécessité constitutive de la transcendance (*Gegenstand*) du fait du positionnement du monde comme objet, l'intuition donatrice originaire étant de fait une source de droit pour la connaissance. La facticité, catégorie centrale du vécu du monde, serait-elle absente chez Husserl ? Le fait est que Sartre, comme Merleau-Ponty, interprète la corrélation noème-noèse comme un mouvement qui ne tire pas son sens de lui-même. Une « intention », pour l'existentialiste, n'est telle que par l'irréductibilité de la distance entre la conscience positionnelle et le monde réel : « ...transformez l'objet en signification, retirez-lui son opacité, son étrangeté, son être-là, vous le rendez du même coup directement accessible à la conscience. Celle-ci n'est plus que cette signification, et ce que vous avez précisément oublié, c'est qu'aucune signification ne saurait surgir d'un Absolu considéré pour lui-même »[1]. En réalité, l'infidélité supposée de Husserl à son propre principe concerne la facticité, la relation transcendance-immanence, qui est alors transformée, et le statut final de l'essence visée ou de la vérité que la conception sartrienne met en jeu. Pour Sartre, dire que l'existence de l'objet, pour la conscience, est « intentionnelle », c'est dire *qu'il n'y est pas réellement*, et qu'aucun sujet substantiel ne peut s'y prévaloir, ni y renvoyer.

Facticité et intentionnalité

Dans les *Prolégomènes à ses Recherches Logiques*, Husserl critique les théories de la connaissance qui fondent leur réflexion sur les résultats acquis par les sciences dites « naturelles », concevant les faits psychiques, en particulier cognitifs, comme des faits naturels, déterminés, objectivables comme tels. Heidegger insiste sur la découverte de l'intentionnalité dans son cours de 1925 sur les *Prolégomènes à l'histoire du concept de temps*[2]. Davantage que Brentano qui ne serait parvenu à mettre en relief « l'intentionnalité comme telle, en tant que réalité structurelle », Husserl conçoit cette intentionnalité comme « appartenance réciproque de *l'intentio* et de *l'intentum* »[3]. L'expérience de la visée de l'objet est, pour la

1. Merleau-Ponty, *Phénoménologie de la Perception*, Paris, Gallimard, 1945, Avant-propos. F. Jeanson, *Le problème moral et la pensée de Sartre*, « Infidélité de Husserl à son propre principe », Paris, Seuil, 1965, p. 118.

2. Cité par J. Taminiaux, *Lecture de l'ontologie fondamentale. Essais sur Heidegger*, Grenoble, Jérôme Millon, 1989, p. 51.

3. *Ibid.*

conscience, l'expérience d'une relation comme fait. Husserl aurait donc conçu la réalité de la relation de donation de sens comme prémisse de facticité, Heidegger prolongeant cette vision dans le sens d'une facticité plus radicale du sens donné. Quoi qu'il en soit, cet indice de facticité est présent dès la critique du psychologisme et du biologisme. Le fait qu'il y ait un monde sera bien entendu suspendu dans sa certitude au moyen de l'*épochè*, mais d'emblée, le caractère objectif du monde et du moi qui s'y rapporte est marqué par cet indice problématique (« *fraglichklit* »[1]) : les *Ideen* le reprendront dans une perspective renouvelée par rapport aux *Recherches Logiques* sur bien des points, mais la facticité comme caractère résiduellement énigmatique de l'être de la connaissance est bien présent, notamment lorsque Husserl refuse que la connaissance soit réduite à n'être qu'un vécu psychique.

Le fait qu'il existe des processus mentaux cognitifs, qu'il existe ce qu'ils visent et connaissent est essentiellement énigmatique. Plutôt que d'en rester aux contradictions inhérentes aux théories de la connaissance encore prisonnières du naturalisme, Husserl intègre la factualité du connaître comme vécu psychique (*psychisches erlebnis*). Sartre retient la donnée la plus simple de la phénoménologie pour concevoir l'intentionnalité : le fait que, dans la connaissance et pour la pensée naturelle, les objets de la conscience soient donnés et constitués. L'insistance sartrienne sur la conscience elle-même contingente s'explique par le fait que la connaissance est relative à la question de l'être. Du point de vue strictement husserlien, la précarité angoissante de la situation dans laquelle nous nous rapportons au monde n'a pas de valeur problématique autonome. Le concept d'intentionnalité est évoqué dans la *Cinquième Recherche Logique* pour désigner la relation de la conscience à l'objet, l'ambition de l'ouvrage étant de fonder une théorie de la connaissance comprise comme relation de la conscience à l'objet. Cette « intentionnalité » ne renvoie pas à une activité de la conscience dans le monde, pas plus que cette conscience n'est un « réceptacle » pouvant contenir ses objets[2]. C'est *dans* la conscience que s'effectue la distanciation rendant effective la différence entre elle-même et ce qu'elle vise; la fin de l'ouvrage précise déjà la spécificité de l'objet phénoménologique (le vécu dans lequel réside

1. *Ibid.*

2. Ce point de vue de *La Transcendance de L'Ego* sera repris tel quel dans *l'Imaginaire* pour réfuter l'empirisme.

l'apparaître de l'objet) et ouvre ainsi la voie au problème du statut de la relation entre la conscience et le sujet pur, entre la conscience et le monde réel, à l'idéalisme transcendantal. Telle quelle, « l'intentionnalité » n'est pas thématisée par Husserl à partir de la contingence. Celui-ci l'évoque à la fin des *Méditations Cartésiennes*. Après avoir suspendu la certitude du caractère objectif de l'existence du monde, le philosophe explique le caractère contingent de celui-ci par le fait qu'il n'est que l'un des réels dans le champ des compossibles de l'expérience transcendantale. Par rapport à la perspective sartrienne, l'approfondissement des recherches husserliennes dans le sens de l'idéalisme transcendantal est un éloignement; la facticité de l'intentionnalité conditionne le double détachement de Sartre à l'égard du contenu de l'anti-naturalisme des *Recherches Logiques*, et des exigences du Husserl « idéaliste ».

Intentionnalité, transcendance et immanence

La constitution pose le fait qu'*il y ait* un monde, tout en se distinguant de l'attitude naturelle supposant la thèse du monde comme une évidence non réfléchie. La conversion idéaliste de Husserl pose aux spécialistes[1] le problème des motifs rendant possible l'identité entre le monde noématique constitué par la conscience et le monde cru de l'attitude naturelle. Dans l'optique sartrienne, la puissance constitutive du sujet est adossée à une conscience aiguë de la contingence[2], à tel point qu'il ne considère dans l'intentionnalité que la face active et désenchantée, restant indifférent par exemple aux riches potentialités de la réduction sur le terrain de la refonte gnoséologique du savoir. La « transcendance » est perçue comme mouvement de dépassement du monde donné, mouvement dont l'absence de détermination *a priori* signifie la liberté par le négatif. Autrui, le monde, mes propres affections et émotions existent du même coup comme autant de données accessibles à une conscience réflexive attentive. L'usage sartrien de l'intentionnalité est cependant une reprise modifiant singulièrement la transcendance et l'immanence de Husserl.

1. Sur la conversion idéaliste de Husserl et le rôle des *Cinq leçons sur la conscience intime du temps*, trad. fr. A. Lowit, Paris, P.U.F., 1964, voir A. Lowit, dans son introduction à cet ouvrage, p. 5-34.

2. Sartre, *La Nausée*, Paris, Gallimard, 1978, p. 184; *L'Être et le Néant*, p. 56, sur l'*épochè* et le surgissement de l'angoisse; A. Lowit, « L'*épochè* de Husserl et le doute de Descartes », *Revue de Métaphysique et de Morale*, n°4, 1957, p. 399-415.

Le transcendantal chez Husserl et Sartre

Si, sous toutes ses formes, la connaissance est pour Husserl un vécu psychique (*psychisches erlebnis*) du sujet connaissant, l'intentionnalité analysée dans le moment critique de la phénoménologie, n'accède au statut de « saisie de vérité » que pour autant que soient précisées les relations entre les objets de connaissance et le monde réel : d'où, dans *L'idée de Phénoménologie*, le positionnement d'un monde des choses « en elles-mêmes » distinguées de leur présence pour moi, d'où particulièrement la critique du réalisme et de l'empirisme de Hume. Or, Husserl exclut l'en soi de l'être des choses comme transcendance absolue. Tout au-delà du monde posé comme transcendant (c'est-à-dire, ici, précédent et dépassant le monde perçu) est tenu comme incompréhensible, l'être en soi absolu bloquant, si l'on veut, la découverte du monde dans toute son extension, accessible dans la sphère noématique de la conscience. Les *Cinq Leçons sur la conscience intime du temps* délivrent la réduction phénoménologique du poids réaliste de la présence supposée d'un monde non encore constitué. Pour Sartre, la « transcendance » n'existe que comme résultante injustifiable du coefficient d'adversité de l'en soi ne limitant pas ma liberté, mais la conditionnant comme action; corrélativement elle *est* la conscience comme « éclatement » perpétuel, projection d'un sens à travers le monde. L'émotion, l'image, le désir n'auront à ce titre de statut « intentionnel » propre que dans la mesure où ils vont signifier des constitutions de sens dépassant toujours des situations préalables. Leur caractère de transcendance excluant *a priori* toute problématisation épistémologique classique [1], la richesse de la nature transcendantale de l'intentionnalité sartrienne réside, du point de vue du Sujet, dans le refus de l'Ego transcendantal (objet de *La Transcendance de l'Ego*), dans les implications psychologiques du volontarisme et, du point de vue du monde, dans l'imprégnation de sa contingence indépassable. C'est le monde qui, dans son opacité brute, transcende déjà la conscience : la contingence est un sentiment de perplexité, de stupeur constitutif de l'attitude « naturelle » pour Sartre, très éloigné de « l'attitude naturelle » pour laquelle tout va de soi, que Husserl problématise dans ses *Recherches Logiques* à travers les sciences édifiées à partir de cette attitude (*natürliche wissenschaften*). Non seulement rien n'est justifié d'exister *a priori* du point de vue sartrien, dans la perception de soi et du monde, mais c'est la présence même du « il y a » du monde, comme ce qui pourrait le

1. Sur transcendance et connaissance, voir *EN*, 2e partie, p. 212-261.

« transcender » qui constitue l'Alpha et l'Omega de la présence. C'est la contingence qui transcende radicalement le monde donné, d'où l'exigence de son appréhension authentique[1].

L'immanence chez Husserl et Sartre

En réfutant le biologisme et le psychologisme, le Husserl des *Recherches Logiques* prépare la critique de l'acte cognitif des *Cinq Leçons sur la Conscience intime du Temps.* Le fait de savoir comment il est possible d'être certain de connaître autre chose que nos vécus psychiques suppose de dépasser l'enchaînement des vécus. Ce dépassement implique-t-il l'évitement de la sphère de l'immanence? La solution husserlienne consiste d'abord à neutraliser, à suspendre tout savoir naturel. Marquer le monde sensible comme la sphère du connu d'un caractère essentiellement problématique suppose une suspension de jugement comparable au geste cartésien du doute. Le rôle de *l'épochè* suspendant le fait qu'il y ait un monde certain renvoie à l'être indubitable du sujet du doute. Par suite, cette première connaissance implique d'abord que chaque *cogitatio* vécue soit une *erlebnis. L'épochè* révèle une instance immanente, la *cogitatio* qui échappe au doute. Si chaque vécu cognitif peut devenir à son tour objet d'une contemplation, c'est en dernier lieu l'immanence qui est constitutive de l'absolue donation de la *cogitatio.* « L'immanence comme telle est le caractère nécessaire de toute la connaissance qu'acquiert la théorie de la connaissance »[2]. Il faut préciser que cette immanence phénoménologique n'a pas pour but d'expliquer seulement la connaissance en tant que fait psychique, auquel cas la critique de Husserl se résumerait à une psychologie. Husserl essentialise l'immanence au point d'en faire une instance purifiée : « ...l'immanence (ou la transcendance) effective n'est qu'un cas spécial du concept plus large d'immanence en général »[3].

Le sens donné et vécu doit être appréhendé indépendamment du « transcendant en général », ce qui ne signifie pas pour Husserl l'exclusion du « Moi, du Monde, de Dieu » du savoir mais de rapporter le sens « de la clarté de la présence » (*ibid.*) à une évidence préalable, autrement dit à une « évidence qui est une vue absolue, qui saisit en personne »[4].

1. *Vérité et Existence* (1948) (désormais *VE*) pose le problème de l'évaluation préalable de l'authenticité comme critère éthique dans la conscience de l'être.

2. J. Taminiaux, *op. cit.*

3. Husserl, *L'Idée de phénoménologie, Cinq leçons*, p. 110.

4. Pour Husserl, Descartes aurait abandonné trop tôt ce qu'il aurait découvert.

Sartre part de cette évidence et toute sa démarche, dans *La Transcendance de l'Ego*, consistera à refaire à l'envers le chemin de Husserl en désubstantialisant le sujet à l'œuvre dans *l'épochè* comme dans la réduction. L'enjeu existentiel est de parvenir à ce qu'aucun caractère de transcendance ne subsiste dans l'immanence saisie, ce qui suppose l'abandon de toute exigence criticiste transcendantale au sens kantien, aussi bien que constitutive scientifiquement, concernant la description des données immédiates de la conscience.

Intentionnalité : le statut de l'essence visée, la question de la vérité, la double transcendance

La détermination des concepts de transcendance et d'immanence est nécessaire pour saisir l'enjeu de vérité propre à l'entreprise de Husserl, à partir de la tâche assignée à l'intentionnalité. A ce titre, même les hésitations apparentes et les précisions apportées par l'auteur des *Ideen* nous renseignent sur l'abandon existentiel du problème de la vérité au profit de l'enjeu pratique. Le « double sens de la transcendance » [1] fait de l'immanence phénoménologique le lieu où les essences sont constituées, celles-ci devenant des vérités rendues accessibles et non de simples faits psychiques propres à une psychologie naturaliste. La réduction eidétique et l'analyse de l'intentionnalité impliquent cette immanence essentialisée. Toute *cogitatio* se rapporte à un *cogitatum* qui lui est propre. Dans la mesure où les *cogitationes* appréhendent une sphère de données immanentes absolues, il convient de distinguer l'évidence de l'être de la *cogitatio* de l'évidence du *sum cogitans*. C'est cette distinction affaiblie dans le discours sartrien qui conditionne l'orientation épistémologique et critique de l'intentionnalité husserlienne par rapport à l'analyse sartrienne.

Pour le philosophe français, la constitution du vrai pour la conscience est relative à ce qu'elle est capable de percevoir en elle comme *relation* effective, comme *expérience* du monde. Ou, en termes heideggeriens, l'appréhension du « vrai » sera relativisée comme « régionale » par rapport à la question de l'être, dimension particulière de l'être-là comme positionnement présent à lui-même du monde dans son vécu tragique. Comment ne pas voir un enjeu constitutif du connaître chez Husserl, alors que la critique sartrienne est entièrement orientée vers la dimension volontariste de « l'immanence », au point de lui donner un autre sens, comme ce sera le cas

1. Husserl, *L'idée de phénoménologie*, p. 35-36, 2e leçon.

dans *L'Être et le Néant*? L'analyse husserlienne vise la composition effective des vécus intentionnels, ainsi que la corrélation entre ces derniers et leurs objets. Les *Recherches Logiques* placent hors de la prise de la conscience l'être en soi des choses spatio-temporelles, contrairement à leur composition effective comme vécus cognitifs. Les *Cinq Leçons* constituent un élargissement et une mise au point concernant le pouvoir de « réduction gnoséologique »[1]. Si la transcendance de l'être en soi inaccessible des choses correspond à l'origine insaisissable de l'être des phénomènes dans *L'Être et le Néant*, la « transcendance » de la conscience est pour Sartre le mouvement de la conscience portée par son propre néant vers l'être qu'elle n'est pas : toute problématique de refondation critique est éloignée, au point de paraître absente de sa conception de l'intentionnalité, en particulier est absent le but husserlien d'une phénoménologie de la connaissance comme « doctrine de l'essence des phénomènes purs »[2] visant les vécus cognitifs, à savoir non seulement « l'immanence effective », mais « l'immanence intentionnelle ». Cela permet de justifier le fait qu'il existe une transcendance à l'œuvre concernant des êtres particuliers, et donc que le philosophe se libère du « préjugé » consistant à trouver cette transcendance problématique. Après la réduction, la *cogitatio* révèle une « pure vue… précisément comme une absolue donnée en personne »[3]. La transcendance comme constitution de l'universel dans l'appréhension essentielle au sens fort du particulier suppose toute une méthode que Sartre utilisera sur les relations polémiques au monde, au corps et à autrui. L'orientation polémique des descriptions trouve son origine dans la reprise partielle et déviée de l'intentionnalité de Husserl à partir de laquelle le travail critique de *La Transcendance de l'Ego* sera possible.

DES *RECHERCHES LOGIQUES* AUX *IDEEN*. LA PHÉNOMÉNOLOGIE TRANSCENDANTALE ET LE PROBLÈME DU MOI PUR

La 5e recherche détermine un statut non psychologique des phénomènes : c'est dans le cadre du vécu du monde que les choses s'objectivent. La nécessité descriptive posée, il fallait référer la diversité, le

1. *L'Idée de phénoménologie*, 2e leçon.
2. *L'Idée de phénoménologie*, 3e leçon.
3. *L'Idée de phénoménologie*, 4e leçon.

flux des vécus et leur unité à un moi pur et, parallèlement, à la transcendance du monde pour la conscience, à l'être en soi soutenant cette transcendance. Si *l'épochè* suspend la thèse du monde, le sens de la réduction ramène la conscience et ses objets-corrélats à une certitude non démontrable, puisqu'il suffit d'en laisser apparaître le sens : la réduction eidétique peut alors être étudiée par une analyse transcendantale des actes de la conscience et des modes sous lesquels l'objet lui est donné. Au caractère absolu du vécu et du moi pur s'oppose le caractère contingent de la thèse du monde. Il s'agit là d'une nécessité d'être. « Dans l'essence d'un moi pur en général et d'un vécu en général est inscrite la possibilité idéale d'une réflexion qui a pour caractère eidétique d'être une thèse d'existence évidente et irrécusable »[1]. La conscience absolue, dans sa pureté, « doit être tenue pour un système fermé sur soi, pour un système d'être absolu dans lequel rien ne peut pénétrer et duquel rien ne peut s'échapper »[2]. Le moi pur est le résidu transcendantal fondant la permanence de l'unité à travers le flux des vécus intentionnels. L'identité est la persistance, au-delà de toute cogitatio, *d'une transcendance au sein de l'immanence*. Dans la première édition des *Recherches Logiques*, Husserl n'avait pas encore thématisé la réduction, et la nécessité d'un moi pur, d'un sujet substantiel ne se posait pas. Il « ne craint plus "par la suite" de tomber dans les excès de la métaphysique »[3]. Les *Ideen* parviennent au terme de l'analyse transcendantale de la noèse, à un ego irréductible, à un simple *fait* de conscience. « On ne peut le considérer en aucun sens comme une partie ou un moment réel des vécus mêmes »[4]. C'est donc contre le substantialisme « rénové » du second Husserl qu'il faudra comprendre l'entreprise critique de *La Transcendance de l'Ego*, comme la psychologie phénoménologique des émotions. Plus précisément, l'achèvement de la réduction découvrant la nécessité noétique du Moi Pur est celui d'un retour au cogito tel que la *res cogitans* (donnée immanente au cogito) puisse prendre le sens d'une « essence » (*eidos*) au sein d'un *a priori* eidétique, non d'une certitude dont le caractère apodictique devrait quoi que ce soit à un phénomène psychologique particulier, empirique. C'est parce que la phénoménologie n'est

1. *Idées directrices pour une Phénoménologie*, trad., P. Ricœur, Paris, Gallimard, 1950, p. 151-152.

2. *Ibid.*, p. 164.

3. Pourtant, note Ricœur, « le faisceau des vécus, pensait Husserl à cette époque, ne présuppose pas de "je" ». *Idées Directrices pour une phénoménologie*, p. 188-189.

4. *Idées directrices pour une phénoménologie*, p. 189.

plus, à partir des *Ideen*, une simple méthode d'élucidation, mais une philosophie totale, atteignant rationnellement, par delà la contingence de l'existence du monde et le fait apodictique de la conscience (évoqué dans les cours de 1923-1924) la vérité originaire par le biais d'une subjectivité également originaire. Nous verrons que la critique sartrienne de l'ego transcendantal, pour partielle qu'elle puisse paraître à l'égard du projet husserlien de refondation philosophique, vise l'achèvement représentatif que constitue cet ego, et, corrélativement, la relation de l'homme au monde elle-même. Ainsi, l'analyse découvrant le travail constitutif de la conscience au cœur de l'émotion (comme l'indique *l'Esquisse d'une théorie des émotions*) puis de l'imagination, Sartre fonde entièrement son orientation volontariste de la phénoménologie sur la critique préalable de l'égologie husserlienne. C'est par ce biais qu'il nous faudra comprendre l'entreprise : la distance à l'égard de cette égologie conditionne à ce point les thèmes liés à l'authenticité, comme la réflexion complice, la mauvaise foi, l'engagement politique, qu'il deviendrait illusoire de prétendre saisir, par exemple, les difficultés rencontrées par Sartre pour fonder une morale sans se référer à ses orientations premières.

A quelles conditions la fixation de la compréhension de soi par le biais des structures essentielles de la conscience peut-elle correspondre au mouvement de l'existence réelle? Si le projet même d'un « système de l'existence » est paradoxal, c'est que la méthode descriptive reprise à Husserl doit pouvoir être investie d'une problématique nouvelle. Sur le fond, c'est évidemment la radicalisation de la liberté qui est en jeu. Mais une telle position tournerait vite à l'*a priori* sans reprise sérieuse du problème au niveau où il se pose, à savoir l'identité de nature entre le fait d'être et le choix d'être. Il faut pouvoir montrer que l'identité elle-même, vécue psychologiquement et fondée sur le cogito, manifeste une tension propre à la réalité naturelle de la conscience comme intentionnalité, avec ses aspects problématiques (la facticité, la transcendance dans l'immanence, sa « vérité »propre). Le sujet qui se met en question reconnaît l'ambiguïté du fait humain. Sartre interprète Husserl à partir de ses propres exigences, mais cette interprétation (incomplète et discutable) conditionne les analyses de l'émotion et de l'imagination. *La Transcendance de l'Ego* positionne la relation Moi-Sujet à partir d'exigences différentes des *Recherches*, comme de celles apparues après l'évolution husserlienne des années 1905-1906, et le supposé « idéalisme » des *Ideen*.

UN SUJET NON SUBSTANTIEL : CRITIQUE DE L'ÉGOLOGIE TRANSCENDANTALE. *LA TRANSCENDANCE DE L'EGO*

Le travail sartrien de purification du champ transcendantal vise tout résidu chargé de garantir la permanence des visées intentionnelles. La stabilité du Moi dépend de son activité, non d'un préalable constitué, fût-ce à titre de point fixe nécessaire. L'anti-substantialisme est une radicalisation de la dispersion de la conscience du côté de la volonté, à laquelle, en 1943, s'ajoutera la dialectique de l'être et du néant. Sartre « volontarise » le fait intentionnel; *La Transcendance de l'Ego* n'est donc pas, de ce fait, une simple rectification à l'égard de Husserl mais le prolongement de ce qu'il considère comme coextensif au projet même de la phénoménologie. « La première démarche d'une philosophie doit donc être pour expulser les choses de la conscience et pour établir le vrai rapport de celle-ci avec le monde »[1]. On peut le voir : la prise de position initiale de *La Transcendance de l'Ego* à l'égard de Husserl conditionnera l'ontologie. Cependant, résumer cette prise de position à un refus de l'égologie et à la constitution d'un « champ spontané impersonnel » ne sert au mieux qu'à présenter le problème. Sartre approfondit la distinction entre la dimension ek-statique de la conscience et le substantialisme sans chercher à la fonder, cette distinction devant valoir pour elle-même. Il faut préciser que c'est en lecteur des *Ideen I* qu'il constitue sa critique de Husserl, la « purification » de son égologie[2], que l'on peut comprendre comme un *détournement*, davantage que comme un *dépassement*, à partir de ce que doit *signifier* l'intentionnalité. Le terme n'est pas redondant : si la conscience est « conscience *de* quelque chose », qu'en elle-même elle n'*est* rien, son contenu est impensable indépendamment de l'objet visé. Symétriquement, cet objet visé ne doit son degré de réalité qu'à la visée qui lui confère tout son sens. On peut y voir, simplement, la raison de l'opposition originelle de Sartre à l'empirisme que développent ses thèses sur l'imaginaire : n'étant pas une « chose », parce que « n'étant pas », la conscience ne peut subir la loi des choses, autrement dit la régulation physique ou psychologique de ce qui se manifeste à elle. Mais cela ne justifie pas de recourir à un Ego Transcendantal pour assurer la permanence du positionnement. Le texte de *La Transcendance de l'Ego* exprime moins un approfondissement de

1. *EN*, p. 18.
2. J. Colombel, *Sartre ou le parti de vivre*, Paris, Le Livre de Poche, 1985, p. 467.

Husserl que, au travers du refus de la substantialisation du Sujet qu'on lui impute, une revendication de la liberté. Ce refus peut se saisir selon trois exigences.

– Sur le plan phénoménologique, la « conscience » est appréhendée en 1938 comme *relation*, sans que soit marquée son statut ontologique négatif d'activité de néantisation au cœur de l'être, statut qui n'apparaîtra qu'en 1943 dans *L'Être et le Néant*.

– Sur le plan psychologique, l'identité n'implique aucune substance rassemblant tous les éclatements visés autour d'un même pôle. La permanence est donc un *effet*, non une *cause*, et le « je » un *moi* passé au rang de *sujet*.

– Sur le plan logique, Sartre opère le *renversement* du présupposé propre à l'implication suivante : *si* l'on constate une permanence dans le temps et l'espace d'un sujet restant le même, *alors* on peut en inférer une identité préalable.

Comment Sartre procède t-il ? En transformant le statut des synthèses unifiantes. De quoi se nourrit son refus ? D'un pari sur l'absence d'un vrai principe d'individuation. Le fait que quelque chose comme un « sujet » existe par l'effet de ces synthèses dans le temps – et pour Autrui – ne doit donc pas nous le faire inférer comme être, tout au plus comme nécessité formelle. On pourrait y voir une critique criticiste. Cependant, *La Transcendance de l'Ego* se limite à décrire un *fait*, la relation de l'identité à la liberté, en *posant* la transcendance irréductible de l'objet par rapport à la conscience qui le vise, sans garantie de la permanence ainsi constituée *effectivement* du point de vue du sujet. C'est donc simplement à travers cette absence de garantie fondatrice que la fonction de transcendance est ré-interrogée. Sur le plan de l'action, Sartre est obligé de réévaluer le statut de l'irréfléchi sur le réfléchi pour justifier une certaine cohérence *a posteriori* constatable sans qu'on recoure à un fondement de type égologique. Sartre simplifie la question de la possibilité de la permanence en considérant que l'action quotidienne (rattraper un ami pour lui rappeler un rendez vous [1]) ne suppose pas de réflexivité *a priori* synthétique. Il faut et il suffit d'affirmer l'unité de la conscience et la transcendance de l'objet pour poser une

1. « Il n'y a pas de Je sur le plan irréfléchi. Quand je cours après un tramway, quand je regarde l'heure, quand je m'absorbe dans la contemplation d'un portrait, il n'y a pas de Je » *La Transcendance de L'Ego*, Paris, Vrin, 1972, (désormais *TE*), p. 32.

synthèse, active *ou* passive[1], en tout état de cause non substantielle, dans la vie de cette subjectivité originellement inachevée. Du même coup, la fonction constitutive de l'Ego transcendantal husserlien (telle qu'elle est perçue par Sartre) est décalée par rapport à des descriptions privilégiant l'irréfléchi sur le réfléchi, puis le négatif sur le positif comme dans l'approche de l'image ou de l'émotion. Privé de toute substance, le « sujet sartrien » est dépossédé de toute cohérence *a priori*, si bien que son existence dans le temps relève d'une sorte de « création continuée » de chaque Moi *à travers le monde* (visé et résistant, car transcendant dans son opacité) et *par lui* (la conscience *n'étant* rien *par* elle-même, même si elle est *pour* elle-même ce *rien* dont le statut négatif sera fixé par l'ontologie de *L'Être et le Néant* en 1943). Si « le je n'est qu'un moi passé au rang de sujet », et n'est bien pour Sartre *que* cela, ce n'est pas seulement la destruction de l'Ego Transcendantal comme illusion essentialiste que vise Sartre, mais la destitution d'un « sujet » résistant à sa mobilité temporelle. Cet effet de diaspora temporelle touche la conception phénoménologique de la conscience : Sartre réévalue le principe de *spontanéité*, (question de fait)[2] et dévalue la réflexivité, (question de droit), quitte à affaiblir considérablement la portée critique au sens, « kantien » selon ses propres termes, de son analyse de Husserl. « La conception phénoménologique de la conscience rend le rôle unifiant et individualisant du Je totalement inutile. C'est la conscience au contraire qui rend possible l'unité et la personnalité de mon Je. Le *Je transcendantal* n'a donc pas de raison d'être. Mais, en outre, ce Je superflu est nuisible. S'il existait, il arracherait la conscience à elle-même, il la diviserait, il se glisserait dans chaque conscience comme une lame opaque. Le *Je transcendantal*, c'est la mort de la conscience »[3].

On peut saisir le refus du primat de la transcendance dans la constitution comme une individuation particulière, d'une extrême fragilité philosophique parce que seulement sous-tendue par la *spontanéité*. On peut même y voir une sorte de distinction entre la liberté et la spontanéité au service d'une dé-substantialisation du sujet[4], ce qui implique de concevoir

1. La *Critique de la raison dialectique* précisera beaucoup plus tard ce que l'on peut entendre par « synthèse passive ». Cf. Hadi Rizk, *La constitution de l'être social*, chapitre I, sur la « praxis de l'individu » et III, sur « la société comme synthèse passive de la multitude ».

2. *TE*, p. 15.

3. *TE*, p. 24.

4. « La liberté est à la spontanéité ce que l'Ego et le psychique en général sont à la conscience transcendantale impersonnelle » *TE*, p. 77 note de Sylvie Lebon.

la liberté comme une *modalité* comprise *à l'intérieur* du champ transcendantal : ce n'est que dans *L'Être et le Néant* que la liberté et la spontanéité seront coextensives à toute conscience. L'Ego et le Cogito n'étant plus sur le même plan, non seulement le *décentrement* est originel (et historiquement, Sartre l'évoque bien avant les structuralistes [1]), mais sur le plan temporel, les structures de la conscience irréfléchies acquièrent une manière d'autonomie dont l'efficacité descriptive se concrétisera dans *L'Esquisse d'une Théorie des Emotions*, puis dans *L'Imagination.* En se plaçant du point de vue husserlien, l'égologie n'est pas réellement en cause pour elle-même, la téléologie propre à son système ne souffre pas de la mise en perspective sartrienne. Concernant l'altérité ou la constitution du monde objectif, Sartre conserve pour l'essentiel les acquis du philosophe allemand.

LE BOULEVERSEMENT PSYCHOLOGIQUE : L'ÉMOTION

Faire apparaître l'émotion comme un mode d'existence particulier de la conscience et non comme un état résultant d'un mécanisme affectif : tel est le sens de *L'Esquisse d'une théorie des émotions.* La passivité des émotions doit pouvoir être analysée comme une apparence liée à un ensemble de préjugés, par opposition à un apparaître, qui, lui, livre l'essentiel dans sa manifestation. Les différentes mises au point des premières pages de l'ouvrage visent les connaissances établies par la psychologie des années 1930. A chaque fois, le doute à l'égard des relations de cause à effet du déterminisme est requis, c'est donc à partir d'un recul méthodologique à l'égard de la relation de causalité entre les réactions physiologiques objectivables et les émotions désignées, reconnaissables pour elles-mêmes, que Sartre disqualifie les tentatives visant à déduire l'émotion d'un fait biologique antérieur, extérieur et supérieur du point de vue de son importance génétique. L'entassement des « accidents » ne permet pas d'aboutir à la moindre essence.

1. « Si l'on persiste à appeler *sujet* une sorte de *je substantiel*, ou une catégorie centrale, toujours plus ou moins donnée, à partir de laquelle se développerait la réflexion, alors il y a longtemps que le sujet est mort. J'ai moi-même critiqué cette conception dans mon premier essai sur Husserl » *L'Arc*, n°30, 196, réédition 1990, p. 93.

Interprétation phénoménologique et explication psychologique

On pourrait appliquer à l'Introduction de l'*Esquisse* la distinction diltheyenne entre « expliquer » et « comprendre », ainsi que sa théorie de la signification[1], à condition de faire jouer à la compréhension un rôle révélateur, non seulement de la conduite à tenir dans la saisie de l'objet, mais dans la constitution de celui-ci. Si le « fait » à connaître est ce qui, par définition, se présente comme nouveau par rapport à ceux qui précèdent, la présentation de « nouveauté » suppose une activité de qualification ne provenant pas du « fait » objectivé par lui-même. La qualification du fait de nouveauté suppose une *décision* particulière dans le processus d'objectivation. « Il ne faut donc pas compter sur les faits pour s'organiser d'eux-mêmes en une totalité synthétique qui livrerait d'elle-même sa signification »[2]. Dès le départ, les synthèses à partir desquelles une compréhension de signification sera possible supposent une activité constituante que la psychologie aura tendance à minimiser pour se préoccuper de son objectivité réalisée. Du même coup, non seulement « l'essence de l'homme » est trop vaste ou trop étroite pour déterminer une quelconque connaissance, mais aucune somme de faits, par nature isolés les uns des autres, ne pourra d'elle-même engendrer une saisie essentielle de ce type. En mettant l'accent sur l'impossibilité de traiter la réalité humaine à partir de la seule positivité, Sartre reproche à la psychologie d'en faire *trop*, de prétendre « saisir l'essence en entassant les accidents »[3], et *trop peu*, de se soustraire à toute synthèse anthropologique qui serait seule à même de fonder l'unité de recherches empiriquement si variées.

A partir de là, le manquement est double : 1) Le psychologue ne perçoit pas la démarcation qu'il est pourtant bien obligé de faire entre les émotions et les autres phénomènes psychologiques, puisqu'en s'adressant à l'expérience pour délimiter les phénomènes émotifs, il applique une distinction *établie* : « A vrai dire, il pourrait s'apercevoir qu'il a déjà une idée de l'émotion puisque, après inspection des faits, il tracera une ligne de démarcation entre les faits d'émotion et ceux qui ne sont point tels : comment l'expérience en effet, pourrait-elle fournir un principe de démarcation s'il ne

1. L. Brogowski, *Dilthey, conscience et histoire*, « La doctrine de la signification », Paris, P.U.F., 1997. Sur la signification et la compréhension, p. 52-62.

2. *Esquisse d'une théorie des émotions*, Paris, Hermann, 1975, p. 8.

3. *Esquisse*, p. 12.

l'avait déjà ? »[1]. 2) Il ne rapporte les réactions corporelles, les conduites et les états de conscience que comme formes constituées, les unes aux autres, en fonction de l'ordre explicatif pré-établi (intellectualiste ou physiologiste, par exemple) *en relation de pure extériorité*.

La réalité « essentielle de l'homme » à laquelle se réfère Sartre pour combattre les insuffisances de la psychologie de son temps est une « essence » au sens d'une idéalité dont la nature pensable ne la détache en rien de sa réalité manifeste[2]. En n'assumant pas le choix interprétatif qui sous-tend ses explications, la psychologie n'explique pas les conditions rendant possibles ses explications. L'unité exigée par le phénoménologue est, pour autant, difficile. La *tabula rasa* effectuée par *La Transcendance de L'Ego* à l'égard de la subjectivité reste théoriquement valable, au point que les références à Husserl dans l'Introduction de l'*Esquisse* lui permettent surtout de mettre en avant la signification nécessairement visée, constituée dans l'émotion et seule capable de rendre intelligible l'analyse psychologique. L'unité aperceptive comme nécessité philosophique, après la purification de *La Transcendance de l'Ego,* ne peut être qu'un horizon de sens, au sens où l'entend l'herméneutique, non un préalable. Au niveau de la critique phénoménologique, Sartre se réfère davantage à Heidegger, en particulier pour poser la réalité du souci comme première réalité existentielle, comme pré-compréhension de l'existant humain par lui-même, en tant que cet être de l'existant est *mien*. La conception du *Dasein* offrirait au philosophe le moyen de relativiser le savoir expérimental sur l'homme par une exigence compréhensive radicale. « En tout cas, l'herméneutique de l'existence va pouvoir fonder une anthropologie et cette anthropologie servira de base à toute psychologie »[3]. Ce qui est appelé ici « herméneutique » relève d'un ensemble de problèmes et de significations propres à l'existant humain conscient de sa finitude et de sa spontanéité première. L'univers fini et originellement compréhensif de la réalité humaine, l'apparaître phénoménologique comme direction, comme activité restituant

1. *Esquisse*, p. 15.

2. Sartre refuse par ailleurs d'accorder, dans son anthropologie, une essence *a priori* à l'homme au sens d'idéalité autosuffisante. En d'autres termes, l'existence humaine est irréductible aux codes naturels déterminant dans son être. D'où la fameuse formule de 1945 : « L'existence précède l'essence »*L'existentialisme est un humanisme*, Paris, Nagel, 1945. En 1937, l'influence de Heidegger est directe, sans les reculs critiques qui apparaîtront dans *L'Être et le néant*, et indépendamment du problème de son interprétation anthropologique qu'il justifie pour partie dans *Vérité et Existence* (1947).

3. *Esquisse*, p. 22.

l'essentiel de cette réalité : Sartre dit reprendre à Heidegger et Husserl ces thématiques qu'il investit de sa propre préoccupation, à savoir la centralité de « la signification de l'émotion », et ce doublement : 1) comme conduite signifiante révélant ce qu'elle est « dans la stricte mesure où elle signifie ». Tout son être réside dans le *vouloir dire quelque chose de quelque chose à quelqu'un*, comme relation de l'homme à son milieu et à lui-même, de sorte qu'il faut considérer cette émotion comme projetant quelque chose d'essentiel pour la réalité humaine ; 2) comme conduite révélant ce qu'il y a de proprement humain dans une telle projection, aussi bien dans sa situation fondamentale que dans la manière dont il fait exister cette situation.

La critique des doctrines psychologiques

Le phénomène émotif, dans sa dimension signifiante et révélante, aurait d'abord échappé à la Gestalt Theorie, à l'associationnisme, au behaviorisme. Le déplacement de l'enjeu des résultats positifs des sciences psychologiques sur le terrain du sens court-circuite la vocation expérimentale en lui opposant « l'expérience phénoménologique », implicitement élevée au rang de vérité originelle. C'est donc en recourant à un fait de conscience désigné comme plus fondamental que Sartre prétend régler la question du droit de sa compréhension. William James désignait deux groupes de phénomènes concomitants dans l'émotion : les phénomènes physiologiques (rythme respiratoire, tonus musculaire, tension artérielle, etc.) et leur reflet psychologique (la conscience que l'on peut en avoir). Sartre remarque la *discontinuité* et *l'hétérogénéité* des phénomènes constatés ce qui interdit toute inférence. La « terreur », par exemple, est à la fois *plus* et *autre chose* que la somme des réactions physiques qui l'accompagnent, et dont on ne saurait dire qu'elles pourraient la *causer*. Un état corporel ne livre pas de lui-même la conscience terrorisée dans « son atrocité ». Autre chose qu'un désordre physiologique, elle *signifie*, en tant qu'émotion, « une certaine relation de notre être psychique avec le monde »[1]. On ne peut réduire les états de « joie » ou de « colère » à la conscience de leurs manifestations physiologiques. Considérons l'interprétation de Janet[2] : l'émotion résulte d'une désadaptation à une situation donnée et d'une décharge

1. *Esquisse*, p. 36.
2. *Esquisse*, p. 37.

correspondant à l'énergie psychique libérée. Tout en étant plus précise, elle ne rend pas compte de la *signification psychique d'échec* qui doit bien être *visée* pour que la dérivation énergétique soit possible. Là encore, Sartre renvoie le fait constaté et les explications psychiques causalistes à leurs conditions d'apparition. Certes, ces conditions ne sont pas élaborées pour elles-mêmes dans un cadre déterminé, comme chez Kant ou Husserl. Ce sont moins des conditions de « possibilité » que de réalisation. Se plaçant du côté de l'activation de l'émotion, Sartre n'établit pas d'enquête logique. Il reconnaît, par ailleurs, que Janet introduit la *finalité* pour justifier l'émotion parallèlement à son interprétation des conduites d'échec. De ce point de vue, la finalisation du « sanglot » (je pleure parce que je ne peux pas parler et non le contraire) replace une manière de *projet* dans le fait psychique constaté. Du même coup, le constat psychologique devient l'*effet* d'une *cause* qui n'est autre qu'un projet présent à lui-même, antérieur à ses manifestations physiques. Décrire l'émotion comme *conduite* fait apparaître l'ensemble des visées qui la conditionnent, autrement dit son *intentionnalité*.

Sartre reconnaît à ses prédécesseurs (comme Lewin ou Dembo) une certaine pertinence, la psychologie de la forme (Gestalt) et le fonctionnalisme ayant le mérite d'intégrer l'intention dans le comportement comme ce qui lui donne son sens. Il cite longuement P. Guillaume [1], approuvant son interprétation de l'émotion comme stratégie pour laquelle la volonté placée en situation d'adaptation face à un objectif difficile *varie concrètement*. « Les faits particuliers (…) ne sont intelligibles qu'à partir de cette conception d'ensemble de la topologie de l'émotion » [2]. L'analyse des champs de conscience privilégie l'interprétation de l'action comme réaction fonctionnelle, globale, supposant une synthèse pratique du sujet, par exemple au niveau de la perception. Guillaume fait donc de l'émotion une synthèse, une activité du sujet, sans aller plus loin, c'est-à-dire sans référer cette activité à une signification dans la relation de l'homme au monde. La colère n'est plus analysable en termes de prolongement instinctif, d'habitude. Ce qui est observable devient de ce fait une *totalité* à la fois organique et psychique que Sartre analysera de près dans *L'Imaginaire* et qu'il nommera plus explicitement « projet d'être » dans *L'Être et le Néant*. De manière évidente, il évalue les doctrines en fonction du degré de liberté qu'elles sont

1. *Esquisse*, p. 46.
2. *Esquisse*, p. 50.

disposées à concéder dans leurs analyses. Sartre n'analyse pas encore les conditions rendant intelligibles, par exemple, le passage d'une forme psychologique à une autre, pas plus qu'il n'élabore les conditions des ruptures humaines déterminant les discontinuités dans les actions. Les totalités constituées et relatives à un sens intentionnel sont encore incompréhensibles. Un recours au projet signifiant originel est nécessaire.

La psychanalyse et la coupure signifié-signifiant

La psychanalyse n'est pas discutée pour elle-même. Il s'agit seulement de lui reconnaître la place accordée au symbolique dans ses interprétations. L'appréhension de l'émotion comme conduite d'évitement a le mérite de renvoyer à une signification visée. S'en tenant à ce qu'il considère être le principe de ses « explications psychanalytiques » [1], Sartre reproche à la psychanalyse la coupure entre le *signifiant* (la conscience produisant la conduite) et le *signifié* (le sens accessible à l'analyste). Interprétant la conduite comme échappant au sujet qui en est l'auteur, la psychanalyse isole les faits de leur origine et fait de cette distance une relation causale comblée par le symbolique. Cherchant des marques symboliques renvoyant à leur auteur, elle se prive de l'intention qui fut à leur origine pour transformer le résultat en cause, en sacrifiant tout projet volontaire de signification. S'il existe des degrés dans la symbolisation, c'est que les significations résultent de choix. Mieux : elles sont des choix opérés par le sujet dans son rapport au monde. Délivré du béhaviorisme, le philosophe doit compter sur le travail de la conscience (usant du symbolique, certes, mais ne s'y pétrifiant pas) pour rendre compte des émotions. Tel qu'il est posé dans *L'Esquisse*, le problème méthodologique de la psychanalyse est assez simple puisque sa contradiction résiderait dans une application de deux principes théoriquement exclusifs l'un de l'autre : le lien de causalité *et* le lien de compréhension. Or, le premier lien suppose d'établir des principes universellement valables *a priori* et fonctionnant comme des lois de composition symboliques internes au sujet au nom desquels l'interprétation causale sera possible. « Une pelote à épingles *signifie* toujours dans le rêve des seins de femme, entrer dans un wagon *signifie* toujours faire

1. On peut mesurer la distance qui sépare un tel résumé des développements de *L'Idiot de la Famille* qui, trente ans plus tard, témoigneront d'un investissement des concepts psychanalytiques au cœur d'une phénoménologie reproblématisée par l'Histoire.

l'acte sexuel »[1].On peut saisir la portée critique de ce texte sans se limiter au contenu rejeté (le causalisme de la psychanalyse) mais en visant avec l'auteur ce qu'il offre de *nouveau*. L'émotion n'est pas un *fait* mais un *événement* exigeant autre chose que le recours à une sorte de langage transcendant et fixe dans ses significations. Il reste que Sartre reconnaît pleinement le hiatus suivant: la conscience comme présence à soi et présence au monde *semble* parfois accompagner les manifestations émotionnelles comme une liberté attachée à son ennemi intime. De cet accompagnement vraisemblable, on déduit la prééminence de laconscience dans la conduite émotive. D'où vient, si la conscience est constitutive de l'émotion, qu'elle *subisse* ainsi, de manière indiscutable, les sentiments de tristesse, de colère ou de joie comme autant d'*envahissements*?

C'est en partant de la réalité vécue de la conscience émotionnelle *irréfléchie* que Sartre résout le problème. L'émotion n'est pas une modification du monde, ni une réponse totalement imaginaire à une situation donnée. Par ailleurs, une négation purement mentale d'un environnement devenu soudainement difficile ne serait vécue ni comme une dépossession de soi, ni comme un débordement intime. Tout cet aspect irrépressible de l'épanchement semble bien atteindre le pouvoir du sujet sur lui-même, au point que, dans l'expérience d'une immense tristesse, par exemple, le langage paraît dépassé par les événements. Tout en prenant acte de ces apparences, Sartre dévoile la liberté, refuse les explications par l'inconscient et décrit les structures intentionnelles non perceptibles dans le cadre psychanalytique. L'essentiel de l'argumentation repose sur la distinction entre une « conduite inconsciente », inintelligible phénoménologiquement *du point de vue même de l'émotion*, et une « conduite irréfléchie ». Etant non positionnelle d'elle-même, l'émotion existe pourtant comme présence-à-soi-au-monde, mais sans que cet ensemble ne soit lui-même visé. La conscience non-thétique (de) soi en situation agit moyennant *nécessairement* (et en cela cette conception n'est pas idéaliste) la soumission d'un corps transformé en moyen de l'action. On le voit donc : la distinction entre les deux conduites, « inconsciente » et « irréfléchie », doit pouvoir, en droit, s'appliquer à tous les faits émotionnels constatés. Lorsque l'environnement me paraît triste, ou les rapports aux autres difficiles, ce n'est pas par une opération de jugement présente à elle-même comme telle (une raison sachant qu'elle raisonne), mais parce que la

1. *Esquisse*, p. 65.

tristesse et la difficulté atteignent la façon dont je m'y prend pour m'y engager. Pour autant, il y a bien pour Sartre une *activité* de la conscience sur elle-même rendant possible cette *passivité* ressentie dans l'émotion par chacun d'entre nous.

L'émotion et la liberté

Loin d'être un tour de force philosophique ou un arrangement rhétorique, la description de l'émotion dans *L'Esquisse* suppose une *activité passive* rendue d'autant plus nécessaire que le champ libre laissé par la purification de l'ego dans *La Transcendance de L'Ego* laissait le champ subjectif indéterminé. Bien qu'inachevée[1], l'analyse permet de rendre compte de l'unité vécue par le sujet dans tous ses « débordements ». Le vertige éprouvé dans l'émotion requiert la totalité de ses forces, et cette sorte de synthèse n'atteint pas le sujet de l'extérieur. Elle ne peut *l'atteindre* que parce que le monde – ce monde *là*, cernant la conscience émue – est signifié comme intolérable aux yeux d'une individualité qui va choisir de le fuir entièrement en s'éprouvant, en se constituant comme passif. Même si l'émotion n'est pas claire (et pour cause) aux yeux du sujet qui la vit, celui-ci la vit pleinement comme un débordement de son être tout entier. Le rire peut devenir ou ressembler à la tristesse mais chaque degré d'émotion suppose une certaine unité qui n'existe que par une passivité enfonçant la subjectivité sans la disperser. La colère elle-même, symbole de tous les « débordements », n'est ni *vécue*, ni *possible* comme dispersion, Sartre la décrit d'ailleurs comme un « enlisement ».

L'*Esquisse* peut donc se comprendre comme une tentative pour dépasser le déterminisme psychanalytique interprétant l'émotion et intégrant l'intentionnalité sans tenir compte du travail que celle-ci accomplit : la conscience se transforme pour transformer un monde qu'elle perçoit comme insoutenable. A l'instar des développements futurs de *l'Être et le Néant* (1943) et des *Cahiers pour une Morale* (posthumes, 1948), il s'agit de percevoir la liberté à l'œuvre dans une action sans efficacité : la conduite émotive, intentionnelle mais non- réfléchie, n'est pas *effective*. Elle n'a pas pour but de changer le monde, mais la signification que je lui donne pour le rendre supportable par un jeu auquel je joue sans m'y tromper (l'imagi-

1. *L'Esquisse d'une théorie des émotions* résulte d'un projet plus global, *La Psyché*, commencé en 1937, et constitue sa partie liminaire.

nation est une conduite *irréalisante*), ou auquel je veux jouer à fond, avec sérieux, à travers l'émotion: c'est la conduite *magique*. La passivité comme choix, le choix comme nécessité dans la conduite d'évasion se développant dans l'émotion, la critique d'une psychanalyse ne se suffisant pas à elle-même: tout cela renvoie à une approche nouvelle de la conscience que les ouvrages ultérieurs vont utiliser. L'évasion n'est pas un triomphe, mais une stratégie de fuite non rationnelle qui peut prendre des formes plus ou moins *affirmées* de passivité. Sartre décrit des tristesses et des peurs plus ou moins passives. Mais le sujet y construit un rapport au monde interdisant sa transformation. La psychasthénique décrite par Janet choisit la crise de sanglots pour éviter la confession; l'amoureux qui apprend que sa passion est réciproque choisit de danser de joie pour posséder dans l'irréel joyeux son aimée.

La nature de l'émotion est complexe en ce qu'elle suppose une passivité choisie et un dépassement authentique où le corps mis en scène finit par dicter sa loi, c'est-à-dire sa pesanteur et ses mouvements. La dégradation vécue dans l'émotion exclut donc la « mauvaise foi », thème central de *L'Être et le Néant*, sans pour autant exclure la responsabilité. Il s'agit d'une conduite « sérieuse » où la conscience cherche à coïncider avec elle-même, sans réflexion thétique, pour dégrader son pouvoir constitutif, afin de subir, par la fuite, un monde qu'elle refuse. Elle reste capable d'appréhender dans un monde concret et particulier des raisons suffisantes pour se pétrifier elle-même. Pour cette raison, Sartre tient le pari de représenter l'émotion comme étant rendue possible par une liberté visant à se nier. Reste que la spontanéité de cette « conduite irréfléchie » décrite permet de saisir la conscience active et émue « en situation », non de fixer des invariants qu'une philosophie – même phénoménologique – se doit de viser, fût-ce dans un cadre non substantialiste. L'émotion traduit une relation fondamentale de l'homme au monde dépassant le cadre strict de la psychologie: les aventures de la conscience exigent d'autres études, en particulier celle de l'imaginaire.

CHAPITRE II

L'IMAGINATION, L'IMAGINAIRE

LA PROBLÉMATIQUE SARTRIENNE

Certaine mais limitée, l'analogie qu'on observe entre les problèmes de l'imagination et de l'émotion relève d'une construction progressive de la philosophie de la liberté. Si la dégradation vécue dans l'émotion exige un mode de représentation actif des états de conscience qui la constituent, il reste que le simple terme de « spontanéité » ne peut suffire à cerner la conscience elle-même comme origine. En témoigne l'imagination. En effet, Sartre considère l'émotion et l'imagination comme des « actes », et les rapporte à la même fonction « incantatrice »[1]. L'imagination en tant que faculté est décrite comme une fonction active d'irréalisation, non comme une fuite ou un mixte de plusieurs facultés de l'esprit. La conscience s'enlisait dans l'émotion pour ne pouvoir finalement résister au conditionnement physique qu'elle-même produisait, si bien que, se livrant au magique, elle succombait à un dynamisme subi de l'intérieur : l'émotion. « L'image », décrite comme acte[2], suppose un développement autre de la conscience irréfléchie, dans la mesure où décrire la « tristesse » et la « joie », par exemple, peut ne pas suffire à saisir l'essence de ce qu'elles contribuent à produire. Il nous faut à partir de là comprendre ce qui rend

1. L'essentiel de *L'Imagination* est réfutatif. C'est dans *L'Imaginaire* que cette fonction incantatoire de l'imagination est développée.

2. Cf. la conclusion de *L'Imagination* : « L'image est un acte et non une chose », p. 162.

nécessaire la réfutation des interprétations traditionnelles de l'imagination, notamment la conception qu'entretient Sartre des « grands systèmes métaphysiques » et des données de la psychologie contemporaine[1] déterminant son retour à Husserl comme à un socle théorique essentiel. Cette orientation critique suppose qu'on fasse la différence entre l'émotion et l'image comme vécus de conscience radicalement distincts.

Décrire l'essence des conduites aboutit à percevoir celles-ci comme des exigences, non comme des états naturels de l'esprit ; et c'est sous cet aspect que la particularité de l'image est abordée. Le problème de Sartre est de rendre intelligible la genèse de l'image sans rien concéder au naturalisme qui lui paraît toujours définir des états achevés, là où le philosophe doit être capable de rendre compte des processus vivants de la conscience. Or, rendre compte, c'est reprendre l'intelligibilité de la réalité humaine à son niveau le plus simple : que faut-il, dans, pour et par la conscience, pour qu'une image existe ?

Comme l'émotion, l'image ne peut être considérée comme un accident arrivant à la conscience, mais comme l'une de ses attitudes essentielles. L'objectif de l'ouvrage *L'Imagination* en tant que synthèse de « recherches critiques »[2] est de rendre nécessaire la description du monde magique auquel l'image renvoie comme un univers de significations en tant que tel, comparable à un autre. Or, que le magique soit un monde humain, relevant en cela de significations visées et constituées, certaines psychologies ne le contestent pas. La principale revendication de Sartre réside dans le fait que les significations constituées puissent être décrites comme des vérités. Le Sartre de *L'Imagination* ne délaisse, ni ce à quoi renvoie le phénomène psychique (les essences relatives à une réduction eidétique appropriée), ni le phénomène psychique en tant qu'il exprime, de fait, l'existence humaine. Parce que s'exerce alors sur lui l'influence de sa formation, de son séjour à Berlin, de ses lectures de Husserl et parce qu'il entend considérer l'homme « en situation », Sartre cherche à ne pas traiter séparément les questions de fait et de droit. Face au fait de l'image, la question *Quid Juris ?* renvoie autant à des conditions de possibilité de ce que l'on en décrit qu'à la réalité vécue de ces possibilités décrites, si bien que dans les deux ouvrages qui traitent le problème de l'image,

1. *L'Imagination*, « les grands systèmes », p. 7-21.
2. *Ibid.*, p. 162.

L'Imagination (1936) et *L'Imaginaire* (1940), c'est l'ordre cartésien des certitudes ou des raisons qui primera sur l'ordre des choses.

Sartre n'exclut pas les problèmes liés à l'ontologie et à la connaissance de l'esprit humain, mais il appréhende la question de l'image en lui imposant un volontarisme radical. Toute structure de la conscience correspondant à une structure existentielle du monde, c'est moins la constitution des significations que leur vécu qui importe pour une entreprise visant à transcrire conceptuellement l'ambiguïté de la condition humaine. C'est ainsi que l'image, comme l'émotion, présupposent une contingence fondamentale et un échappement toujours possible de la conscience dans une situation donnée. Le tragique est une certaine dimension de la lucidité philosophique, comme en témoigne la littérature. « L'essentiel, c'est la contingence »[1]. Le caractère injustifiable *a priori* de l'existence suppose lui-même, pourtant, une sorte de conscience, de décision pour être appréhendé comme tel. La contingence ne peut se vivre dans la panique ou l'ennui que parce que chacun s'appréhende comme décidant seul et de manière injustifiable. Cette pesanteur significative suppose une activité imaginative, au service d'expression littéraire de la contingence ou du nauséeux, comme le montre la sémiologie appliquée à Sartre[2]. L'organisation de notre image mentale du monde se réalise à un niveau d'activité de conscience le plus souvent irréfléchi et non positionnel. Les « recherches critiques » de *L'Imagination* constituent à ce titre une introduction historique au problème de l'image.

LE POSITIONNEMENT THÉORIQUE DE L'IMAGE CONTRE L'OPTIMISME BERGSONIEN

Image et objet

Partant d'une description banale, « Je regarde cette feuille blanche, posée sur ma table, je perçois sa forme, sa couleur, sa position »[3] : Sartre constate tour à tour l'indépendance de la chose en soi (dont l'inertie ne doit

1. Sartre, *La Nausée*, *op. cit.*, p. 184 ; *EN*, p. 538-612.

2. A. Helbo, *L'enjeu du discours. Lecture de Sartre*, p. 39 à 97, Bruxelles, Éditions Complexe, 1978.

3. *L'Imagination*, Paris, P.U.F., 1983, p. 1.

rien à son positionnement par la conscience) et la spontanéité autonome de la conscience, pour qui exister et avoir conscience de son existence sont une seule et même chose. De fait, donc, l'inertie et la spontanéité décrites sont deux types d'existences irréductibles dont la relation apparaît problématique à travers l'image. En détournant la tête de la feuille blanche, je conserve le pouvoir de la faire exister autrement, comme image, sans pour autant jamais risquer de confondre ce type de présence avec la perception empirique. La vraie question est de se rendre philosophiquement capable de former des pensées vraies sur la nature des images en général, autrement dit de « ne rien avancer sur celles-ci qui n'ait directement sa source dans une expérience réflexive »[1]. Dès le début de ses analyses, Sartre psychologise l'erreur : c'est l'habitude qui rend possible la confusion entre la feuille « en image » et la feuille « en réalité », c'est par elle que nous savons qu'il s'agit en fait de la même feuille, et toute la critique va consister à réfuter les fausses raisons de ce positionnement d'identité.

L'essentiel est de faire une différence de nature entre l'image et l'objet, ici entendu au sens d'objet de la perception. Le Sartre psychologue interprète la confusion comme résultant d'un « glissement » d'un objet à l'autre, sans vraiment prendre en charge les raisons psychologiques du glissement, et donc de l'erreur. C'est le contenu de la confusion qui l'intéresse. La métaphysique naïve de l'image « consiste à faire de l'image une copie de la chose, existant elle-même comme une chose »[2]. C'est tout le préjugé de l'inertie de l'image, de la croyance en son existence en tant qu'objet dérivé, mais appartenant, au fond, à la même nature que l'objet lui-même, qui est visé par la critique sartrienne.

Un volontarisme radical

Toute la lecture que fait Sartre des « grands systèmes métaphysiques » tend à distinguer les interprétations en fonction du statut plus ou moins actif de la conscience. En reprenant le problème posé par le dualisme cartésien et l'incommensurabilité des substances pensante et étendue, Sartre oriente la relation des trois réalités corps-image-idée selon le critère, lui-même cartésien, de « clarté ». L'empirisme est sévèrement critiqué, réduit à un principe abstrait, métaphysique. « *Nihil est in intellectu quod non fuerit*

1. *Ibid.*, p. 3.
2. *Ibid.*, p. 4.

prius in sensu»[1] reprend Sartre, tout en reconnaissant à Hume, par exemple, une lucidité psychologique partielle. «Descartes posait à la fois l'image et la pensée sans image; Hume ne garde que l'image sans la pensée»[2]. C'est la continuité image-corps déduite de la contiguïté image-objet qui est ici refusée. D'où le soupçon de confusion, sans doute injuste. Il est impossible par ailleurs, de considérer que «l'image reste (...) pour Leibniz, un fait semblable aux autres faits», que «la chaise en image» ne soit «pas autre chose que la chaise en réalité»[3]. Nous voyons donc que Sartre réduit l'empirisme à un causalisme particulièrement insuffisant.

Derrière l'opposition entre l'idéalisme et l'empirisme, il y aurait une préconception de l'image comme «fait psychologique», autrement dit une disposition théorique à considérer l'image comme chose : en pensée ou en extériorité, qu'importe, puisque pour Sartre, il s'agit de reprendre le problème à la base et de repenser l'image totalement.

Pareillement, il réduit considérablement la conception bergsonnienne de l'image à une sorte de vitalisme métaphysique doublé d'un matérialisme psychologique. «Qu'on considère le rapport action-souvenir dans le sujet ou le rapport image-chose/image-souvenir dans l'objet, on retrouve le même hiatus entre deux espèces d'existence que Bergson tient à poser comme distinctes (...), pour avoir constamment confondu le noème et la noèse, il a été amené à doter cette réalité syncrétique qu'il nomme «image», tantôt d'une valeur de noème, tantôt d'une valeur noétique(...). D'unification, point : (...) un glissement perpétuel et sans bonne foi de l'un à l'autre»[4]. La reconnaissance du caractère vivant de l'image ne suffit pas à se la représenter adéquatement, tant que l'activité et la négativité, l'activité comme négativité au sein du monde, ne lui sera pas reconnue. C'est parce que «l'image est un acte, non une chose» que l'attitude imageante irréfléchie se distingue de la perception comme structure passive. Dans *L'Imaginaire*, la valeur constitutive de la conscience imageante orientera de manière plus décisive encore le projet descriptif. Mais la critique ne vise la psychologie que parce que celle-ci manque l'image comme activité négatrice de la conscience dans son rapport au monde. Comment les vérités de l'image pourraient-elles être ou devenir des vérités sur l'image?

1. *Ibid.*, p. 16.
2. *Ibid.*, p. 17.
3. *Ibid.*, p. 18.
4. *Ibid.*, p. 51.

Il faut que la méthode soit à la fois externe et interne à son objet. Fondamentalement, la possibilité que *L'Imagination* débouche sur un authentique dépassement des psychologies empiristes ou idéalistes implique la reconnaissance préalable d'un fait: la conscience est une relation, non une essence immuable ou fixe. C'est ce qui rend possible sa fécondité épistémologique, dans la mesure où, en la décrivant elle-même, le philosophe décrit ce qu'elle décrit. Pour fixer l'essence de l'image, la psychologie doit dissiper l'illusion de l'introspection qui supposerait un détachement sujet-objet à l'intérieur du sujet objectivant, sans que l'objectivation elle-même ne soit garantie dans son objectivité. Pour que la description soit davantage qu'un récit subjectif sur l'image, il faut que la réflexion se saisisse de la conscience première qu'il s'agit de décrire. Pour y parvenir, la conscience ne doit plus être représentée comme un lieu ou un contenant composé ou parcouru d'images. En partant du fait de la conscience, Sartre déplace et simplifie « le problème de l'image ».

Contingence et continuisme

C'est pourquoi, d'une part, le continuisme psychologique de Bergson lui paraît trop positif dans son rapport au monde, et finalement optimiste : « Un optimisme superficiel et sans bonne foi qui croit avoir résolu un problème quand il en a dilué les termes dans une continuité amorphe »[1]. D'autre part, cet état d'esprit optimiste, consacrant une psychologie de la richesse intérieure, s'oppose au radicalisme tragique dont témoigne l'œuvre littéraire de Sartre des années 30. Les situations du Roquentin de *La Nausée* (1938) s'opposent en tout point à l'ouverture et à l'harmonie de l'intériorité bergsonienne. La « contingence », source d'ennui, d'angoisse ou de nausée, n'est pas expérimentée par Bergson comme signe vécu de la liberté. Celui-ci démontre très tôt dans son œuvre, au contraire, que l'existence de la liberté irréductible et incommensurable aux déterminations scientifiques, n'est pas apparente sur le mode spatialisé et passé des « faits accomplis », autrement dit, en supposant *a priori* et abstraitement un moi figé. Tout l'intérêt de la démonstration de Bergson réside dans sa manière de sauver la spontanéité de la conscience contre l'inertie d'un Moi objectivé. Dans *L'essai sur les données immédiates de la conscience*,

1. *Ibid.*, p. 65.

les trois types de preuves classiques de la liberté sont écartés, tour à tour, comme autant de mauvais services rendus finalement à la liberté. « Définira-t-on en effet l'acte libre en disant de cet acte, une fois accompli, qu'il eût pu ne pas être ? Mais cette assertion, comme l'assertion contraire, implique l'idée d'une équivalence absolue entre la durée concrète et son symbole spatial : et dès que l'on admet cette équivalence, on aboutit, par le développement même de la formule qu'on vient d'énoncer, au plus inflexible déterminisme »[1]. La « contingence » sartrienne appartient précisément au premier type de preuve de la liberté refusé par Bergson pour cause de confusion entre succession et simultanéité. Les deux autres types de preuves refusés par Bergson (l'imprévisibilité et l'absence de causalité) présupposent pareillement une confusion entre « la durée et son symbole spatial »[2]. Ainsi, la critique sartrienne de la conception bergsonienne de l'image constitue-t-elle un véritable décalage théorique et méthodologique[3], et non une simple mise au point.

L'hétérogénéité décrite dans les ouvrages littéraires est double : entre l'homme et le monde et à l'intérieur de l'homme lui-même. Les mésaventures de Roquentin sont toujours intérieures, contrairement aux « héros » des maîtres de Sartre en la matière, comme Céline ou Kafka, même s'il semble parfois que, dans ce roman, « quelque chose va se produire »[4]. La conscience était une intimité ouverte chez Bergson, elle devient close chez Sartre. Le théâtre met en scène cette situation de clôture originelle, de tension entre la lucidité et l'engagement, où la liberté réside dans cette oscillation perpétuelle entre le dépassement visé de la contingence par l'action et la mauvaise foi d'une impossible transparence de l'homme à lui-même. La thèse à la fois romanesque et théâtrale de l'absence de nature humaine conditionne plus que tout autre sentiment la notion de « situation », comme mode immédiat « d'appréhension du réel comme monde »[5]. Loin d'être une évidence, le passage du thème de la contingence à la thèse de la liberté suppose non seulement un positionnement critique à l'égard

1. Bergson, *Essai sur les Données immédiates de la conscience*, Paris, P.U.F., 1991, p. 143.
2. *Ibid.* p. 144.
3. Sur l'existence d'une authentique méthode bergsonnienne, voir G. Deleuze, *Le bergsonisme*, Paris, P.U.F., 1966, chap. I, p. 1-28.
4. *La Nausée*, p. 82.
5. *L'Imaginaire*, p. 355.

des psychologies déterministes, mais la mise en avant du caractère *a priori* indépassable de l'existence par le concept; cette mise en avant risquant à tout moment d'être taxée de contradictoire : « démontrer » la contingence, ce serait dépasser l'épreuve de son fait, se situer dans la nécessité logique du langage. Il semble que, comme l'émotion, l'imagination joue à la fois le rôle démonstratif de la liberté humaine et celui du caractère éminemment problématique de sa situation fondamentale. C'est dans ce sens que l'ouvrage *L'Imagination* constitue, pour une large part, une réfutation de la psychologie optimiste de Bergson concernant « l'image », certes, mais aussi l'homme lui-même. C'est ainsi que Sartre soupçonne Bergson de conduire à un substantialisme, l'image servant à actualiser l'esprit dans les choses. « Vivre, pour l'esprit, c'est toujours s'insérer dans les choses par l'intermédiaire d'un mécanisme », reprend (fidèlement) Sartre à Bergson. Ce vitalisme de la conscience rend impossible, du point de vue sartrien, la distinction entre l'image et la perception. L'interprétation sartrienne de *L'Energie Spirituelle*, comme de *Matière et Mémoire*, exprime le refus de l'association : « Bergson n'a vu qu'on ne peut pas faire sa part à l'associationnisme »[1]. Dit autrement : Bergson poserait un dualisme entre l'image-chose et l'image-tableau, celle actualisant le passé par la mémoire, et celle intégrant le réel par le corps, mais il ne parviendrait pas à justifier l'unité autrement que par elle-même.

Il faut préciser le rôle de l'imagination dans la fonction synthétique de la conscience. Cette synthèse vivante produisant des états *a posteriori* séparables, extérieurs les uns aux autres, Bergson l'appelle le schéma dynamique. Pour Sartre, Bergson nomme bien une exigence, un principe d'unité que sa psychologie « matérialiste » ne peut justifier. L'imagination est bien créatrice pour Bergson, et sa réfutation tient tout autant de cette positivité supposée qu'à l'éventuelle ambiguïté de son système. « Il y a sur ce point chez Bergson deux théories inconciliables et qui, pourtant, ne sont jamais nettement distinguées : l'une a sa racine dans la psychologie, dans le biologisme bergsonien, l'autre répond aux tendances métaphysiques, au spiritualisme bergsonien »[2]. Pour Sartre, le rapport de l'image à la perception nécessite une rupture; s'agissant de deux « réalités » distinctes, l'unité à laquelle rapporter ces états de conscience si différents, est à situer du côté

1. *Ibid.*, p. 62.
2. *Ibid.*, p. 52.

de la conscience irréfléchie et en toute indépendance vis-à-vis de la théorie « sensible » de l'image. « Si l'on pose des contenus sensibles, il faut les relier, d'une façon ou d'une autre, par des lois d'association, puisque ce sont les seules lois qui conviennent à l'inerte »[1]. La question est de savoir si l'interprétation sartrienne de l'image comme totalement indépendante vis-à-vis de ces contenus sensibles est possible jusqu'au bout.

Le statut du négatif

La réévaluation du négatif dans la conception de l'image détermine le positionnement critique à l'égard de Bergson et prépare les développements de *L'Être et le Néant*. Concevoir la présence au monde comme manière de se rendre absent à lui par l'image, c'est en partie reprendre les données de Husserl[2], qui serviront de point d'ancrage à *L'Imaginaire*.

Le problème de l'image réside dans les « trois solutions »[3] évoquées pour expliquer sa genèse : un matérialisme, un dualisme corps-esprit pour lequel « l'image et la pensée seront données comme inséparables », ou une synthèse hésitante cherchant à conserver « le contenu inerte avec ses lois associatives et la spontanéité pure de l'esprit ». Les contradictions de la pensée classique amènent Sartre à conclure au caractère à la fois apodictique et non sensible de l'image : « L'image est une réalité psychique certaine; l'image ne saurait, en aucune façon, se ramener à un contenu sensible, ni se constituer sur la base d'un contenu sensible… »[4]. L'enjeu méthodologique est simple : constituer une psychologie de l'image indépendante de l'introspection et des seules données inductives, puisque ni l'une ni l'autre ne parviennent à dépasser vraiment le dualisme. C'est en reprenant l'exigence d'un certain type d'expérience que la référence à Husserl est ici déterminante, après la mise au point sur l'émotion effectuée par *La Transcendance de l'Ego*. Que faut-il penser de l'image pour que l'expérience philosophique nous livre sa vérité? « Existe t-il un type d'expérience privilégiée qui nous mette immédiatement en contact avec sa loi? »[5]. La formule indique la fidélité à Husserl et à sa science de la conscience pure transcendantale. La nouvelle expérimentation de l'image

1. *Ibid.*, p. 123.
2. *Ibid.*, p. 143.
3. *Ibid.*, p. 82-83.
4. *Ibid.*, p. 138.
5. *Ibid.*

devra partir de *l'épochè*, la mise hors du champ de certitude de la position d'existence qui est propre à l'attitude naturelle. Ce en quoi cette mise « hors jeu » sert la connaissance psychologique de l'image suppose que la « réduction » vaille autant pour le phénoménologue que pour le psychologue. C'est à un type d'expérience particulier que Sartre convie le philosophe, une expérience constituant une eidétique pure, et supportant bien entendu que le fait individuel servant de « support à l'essence » soit lui-même imaginaire, puisque la fiction suppose, pour être établie, de réaliser en elle « l'essence cherchée ». L'eidétique comprend, au sens fort, toutes ses « données exemplaires ». A ce stade, le modèle husserlien sert à séparer la mémoire et l'imagination, l'image-souvenir et l'image-fiction, et à faire de la distinction entre l'image mentale et la perception non seulement des variations d'une même intentionnalité originelle, mais des réalités séparées.

L'Imaginaire : l'aboutissement de l'opposition Sartre-Bergson

Les références continues de Sartre à Bergson visent ses dualismes célèbres et ce qui en résulte : la continuité entre le monde de la perception et celui des images. Si exister, pour une chose, c'est exister possiblement, c'est-à-dire par l'action d'un corps, c'est que l'actualisation progressive dépend de l'effort physique de ce corps, ce qui revient à affaiblir le rôle de la conscience. Cet univers sans aperception renaîtrait, selon Bergson, par l'action humaine dans le monde de la conscience. Le système nerveux condenserait les images corporelles issues de l'action primaire, simplement, sans signification, et les fixerait dans la durée du sujet. La mémoire n'est donc plus une faculté-réservoir des représentations mais ce qui donne sens à toutes nos perceptions. « Percevoir, c'est se souvenir », dit Bergson, c'est-à-dire projeter sur les objets extérieurs la richesse intégrée *a priori* sous la forme de perceptions pures et de souvenirs purs.

Pour Bergson, l'imagination n'est donc, en droit, ni libre, ni négative puisque c'est la coïncidence nécessaire avec la réalité qui active le dynamisme de la mémoire. Quant à la conscience, elle est cette fonction de synthèse, d'accumulation et de conservation du passé dans le présent, de projection de cette totalité dans l'avenir actualisant par l'action corporelle la mémoire constituée. Bergson n'a donc nullement besoin de poser une thèse d'irréalité du monde pour saisir la fonction de l'imaginaire. La mémoire joue le rôle d'intermédiaire entre l'homme et le monde. Or, distinguer la mémoire de l'imagination, c'est pour Sartre considérer que toute image ne me donne son contenu que comme absent, se *souvenir* n'est ni *prévoir*, ni *imaginer*. Sartre distingue des niveaux d'intentionnalité là où Bergson voit une continuité entre la mémoire et l'imagination. Nous pouvons néanmoins constater des points de convergence entre les deux penseurs.

a) La nécessité de différencier la perception et la conception de l'objet. S'il faut bien attendre « que le sucre fondre », c'est que l'objet conçu (la figure géométrique) se donne immédiatement à la conscience, là où le cube, en droit, se donne, peu à peu à une perception infinie.

b) La nécessité de distinguer entre l'image et le signe, de comprendre ce qui les sépare et ce qui les relie. L'imitation de l'artiste ne frappe pas par la magie mécaniste d'une ressemblance inconsciemment perçue et figée, mais grâce à un projet conscient désignant le corps en mouvement « comme une nature expressive »[1]. Cette imitation a une valeur affective, non objective. Ni la perception, ni le concept ne suffisent : Bergson et Sartre recourent à un intermédiaire qui est « connaissance » pour le premier et « conscience imageante » pour le second[2]. Ces deux points concernent « Le certain », autrement dit les données immédiates de la conscience sartrienne.

c) La revendication d'un dynamisme et d'une vie propre à la conscience, irréductibles à l'inertie extérieure, d'où « le grand progrès sur l'associationnisme »[3]. Sur ce point assez simple, le spiritualisme bergsonien lui paraît repousser efficacement le réductionnisme béhavioriste et l'influence de Taine.

d) La conception de l'image comme un paradoxe. Si Sartre réfute l'idée selon laquelle l'image serait, comme le croit Bergson, « une représentation dont les parties se juxtaposent »[4], les pages suivantes, notamment les références à James et à Bauer, témoignent de ce rapprochement. Sartre reproche à Bergson de ne pas aller assez loin, il faut *assumer* la contradiction de l'image qui n'obéit ni au principe d'individuation, ni au principe d'identité. C'est pourquoi elle se donne à la fois comme un *tout* – étant une conscience imageante intentionnelle – mais sans cohérence synthétique du point de vue de l'extériorité.

e) L'usage d'une durée spécifique à l'imaginaire, distincte du temps objectif et de la durée purement subjective, plus proche du premier que de

1. *Ibid.*, p. 53.
2. *Matière et Mémoire*, p. 172 ; *L'Imaginaire*, p. 60.
3. *L'Imaginaire*, p. 121.
4. *Ibid.*, p. 174.

la seconde : tous les événements imaginaires obéissent à tel point à la volonté du sujet qu'ils se confondent totalement avec sa conscience. Prévisibles, extérieures les unes aux autres comme des petits scénarios, les images se déroulent dans un *temps* où la succession n'implique pas la fusion des parties dans une durée homogène. « Ainsi le temps des objets irréels est lui-même irréel »[1].

f) la reconnaissance commune de l'impuissance à *partir* du négatif pour déterminer le positif. Contrairement à une certaine apparence, Sartre reprend à Bergson l'idée selon laquelle, si l'imagination est bien une condition privilégiée et empirique de la liberté humaine, l'inexistant qu'elle secrète, le néant produit par la conscience n'est pas un être complémentaire. Par ailleurs, la mort est irréductible à tout concept quantitatif : « un essai pour concevoir directement la mort ou le néant d'être est voué par nature à l'échec »[2]. Cette reprise conditionne toute la conception du néant dans l'ontologie de *L'Être et le Néant* et moralement la disposition problématique de la liberté.

Des oppositions justifient la démarche critique sartrienne. L'attention plus ou moins grande à la vie ne détermine pas, pour Sartre, le phénomène hypnagogique. Ce serait retomber dans l'illusion d'immanence, le parallélisme que de croire à deux mondes complémentaires par leur opposition, celui des songes et celui des images : « ...à chaque fois que l'un s'obscurcit, l'autre s'éclaire d'autant »[3]. Ce serait croire à l'harmonie fondamentale du rapport de l'homme au monde. Pour Sartre c'est le négatif qui prime jusque dans cette relation viciée par nature, non par adaptation ou accident. Les raisons invoquées sont relatives à ce pessimisme ontologique. La conscience active est fascinée, choisit l'inexistant comme relation fondamentale, s'y complait comme dans un jeu la faisant exister. L'inattention à la vie de Bergson est un résultat actif pour Sartre, non un état ; il demeure injustifiable en dehors du projet qui le détermine.

L'absence d'intentionnalité dans le schème dynamique de Bergson affaiblit les synthèses de la pensée et de la sensation que Sartre compare à des « mélodies », à des « tourbillons », à des « forces »[4]. Prisonnier d'un dualisme opposant la vie de la conscience (durée-devenir, interpénétration des éléments) au temps spatialisé (où le concept et l'image ne seraient que

1. *Ibid.*, p. 253.
2. *Ibid.*, p. 359.
3. *Ibid.*, p. 91.
4. *Ibid.*, p. 120.

de la vie pétrifiée), Bergson raterait la réalité mouvante *et* indépendante de l'imaginaire. On n'apprend pas ses images comme des perceptions. Le dynamisme suppose un *a priori*, un vitalisme que Sartre exècre jusqu'à son vocabulaire. Plus que Bergson, Sartre insiste sur le fait que l'objet imaginaire se meut dans une succession sans localisation temporelle marquée. C'est le sens de la liberté de la conscience imageante, dans sa relation au temps, par une certaine négativité, un peu comme si Sartre utilisait Bergson contre lui-même en temporalisant l'imaginaire indépendamment du temps objectif. « Si je me représente la course d'un centaure ou une bataille navale, ces objets n'appartiennent à aucun moment à la durée. Ils ne sont ni passés, ni futurs, ni surtout présents. Il n'y a de présent que moi réel en tant que je me les représente »[1]. Le déploiement ou la contraction n'affectent pas la nature de cette durée particulière qui, n'étant pas irréversible, n'obéit précisément pas aux principes de la psychologie bergsonienne. La réversibilité heurte le sens commun que défend Bergson. Mais cette défense a pour conséquence, selon Sartre, une confusion entre l'image et le concept. Plus radical, Sartre autonomise le devenir propre à l'imaginaire en utilisant notamment le phénomène de « quasi-observation » comme preuve psychologique : présentant l'objet absent en tant qu'absent, l'image d'objet n'obéit pas plus au devenir des choses que la conscience qui, *n'étant pas*, n'obéit à la loi des choses qui *sont*.

Conditionnant la possibilité de négation pour la fonction d'irréalisation, Sartre inaugure une critique du déterminisme psychologique qui réévalue le statut du négatif à un point tel qu'il eût été contradictoire pour Bergson, pour qui l'intuition ne crée pas à partir du manque. D'où cette esthétique de l'inachèvement dans la conclusion de *L'Imaginaire* : « Nous pouvons affirmer sans crainte que si la conscience est une suite de faits psychique déterminés, il est totalement impossible qu'elle produise autre chose que du réel. Pour qu'elle puisse imaginer, il faut qu'elle échappe au monde par sa nature même, il faut qu'elle puisse tirer d'elle-même une position de recul par rapport au monde. En un mot, il faut qu'elle soit libre »[2]. Si l'irréel conditionne à ce point la liberté et l'engagement, si la négation du monde par rapport à soi et de soi par rapport au monde se sépare du vitalisme harmonieux de Bergson, c'est aussi que l'imaginaire n'est pas une faculté « équilibrée » du genre humain.

1. *Ibid.*, p. 253.
2. *Ibid.*, p. 353.

L'opposition à Bergson pose davantage de problèmes qu'elle n'en résout, puisqu'il faudra à présent partir d'une telle réévaluation du négatif dans la description de la réalité humaine : ce sera l'objet de *L'Être et le Néant.*

LES ENJEUX SARTRIENS DU PROBABLE

Le « probable » se présente comme une expérimentation du certain phénoménologique. Il n'y a pas d'image sans intention, d'intention sans image : c'est sur cette base volontariste que Sartre associe le savoir à toute exigence, tout savoir ou intentions « purs » n'étant qu'abstractions. Les cinq chapitres composant la deuxième partie de *L'Imaginaire* ne se situent pas sur le même plan, car ils n'avancent pas autant de nouveauté les uns que les autres, et ils ne s'enchaînent pas dans le cadre d'une démonstration globale enrichie par l'expérimentation.

« Le savoir » considère la division des « *Bewusstheiten* » de Bühler (des consciences de règle, de rapport, d'intuition) en montrant qu'une image quelconque se donne comme *savoir.* Que faut-il comprendre ici? La référence à Husserl ne paraît pas suffisante. Dire que l'image est le remplissement (*Erfülung*) de la signification, c'est oublier la réalité psychologique qui confirme qu'il peut exister des images *sans contenu représentatif*: il ne s'agit alors ni de pure signification ou relation conceptuelle, ni de conscience empirique. Partant d'une réfutation de Bergson et de son dynamisme vitaliste de l'image, Sartre conçoit l'activité d'une conscience imageante comme un savoir *dégradé.* C'est l'essentiel de ce chapitre. L'exemple de la lecture le confirme. Nous sommes en présence d'un quasi-monde ne relevant ni de la perception, ni des images. Sartre reprend à Kant le principe de l'hétérogénéité du donné sensible et du savoir conceptuel. Il remarque simplement qu'il faut « savoir » ce que l'on veut voir pour pouvoir le percevoir. Ce savoir pré-objectif, s'il n'est pas encore visuel, se présente donc comme une attente de celui-ci. Le plus important est de savoir ce qui se passe *avant* le jugement « le tableau est bleu », pour y déceler l'activité imageante qui détermine la possibilité future de l'objet de la représentation, que celle-ci soit actualisée ou non. « Les phrases du savoir sont imbibées de savoir imageant »[1]. Deux idées maîtresses sont soutenues ici :

a) le savoir imageant peut réaliser les signes en les altérant, c'est encore un « savoir » pour Sartre, dans le sens où ce qui est visé n'est ni un désordre empirique envahissant la conscience, ni une réflexivité pure mais une dégradation.

b) il y a « quelque chose » (l'expression est répétée) qui apparaît par cette altération qu'il faut distinguer du concept et de la sensation. On peut interpréter la démarche de l'auteur comme une tentative pour dépasser sur le terrain psychologique l'opposition entre le spiritualisme bergsonien et le behaviorisme.

Le deuxième chapitre, « L'affectif »[2] vise essentiellement à montrer la place de la synthèse vivante de la représentation et du sentiment. Les affects ne sont pas des *états* mais des actes et ne peuvent être appréhendés que comme des intentionnalités particulières. Il n'y a pas de haine ou d'amour sans visées concrètes. Sartre volontarise contre l'intellectualisme *et* le biologisme l'origine du sentiment. Ce faisant, il déplace la question de l'origine, montre qu'il existe un mode à part entière d'appréhension affectif du monde qui nécessite de réévaluer le rôle de l'imaginaire. On peut même savoir très précisément ce qu'on désire, sans savoir réellement ce qui est désiré. Il faut alors résister à la tentation de « l'illusion d'immanence », la transcendance de l'objet restant de mise. Autrement dit, il n'y a rien de mystérieux dans cette conscience désirante qui, pour être inachevée, n'a pas à être doublée d'une mauvaise conscience. Ce désir est sans objet défini parce que sans objet définitif. On pourrait dire qu'il est désir comme manque qui se prend lui-même comme objet. (Sartre rapporte ce phénomène à la fatigue). « En un mot le *désir* est un effort aveugle pour posséder sur le plan représentatif ce qui m'est déjà donné sur le plan affectif; à travers la synthèse affective, il vise un *au-delà* qu'il pressent sans pouvoir le connaître; il se dirige sur le « quelque chose » affectif qui lui est donné présentement et l'appréhende comme *représentant* de la chose désirée »[3]. Si le désir est bien l'appétit doublé de conscience, il y a bien ce *rôle constitutif de l'absence,* l'important étant de saisir la place de ce négatif qui substitue *comme dans l'image* ce qui n'est pas à ce qui est. Le plus simple

1. *Ibid.*, p. 132.
2. *Ibid.*, p. 136-145.
3. *Ibid.*, p. 142.

serait de dire que l'image représente ce qui est désiré. Ce serait morceler la conscience qui pour la phénoménologie doit rester unifiée. La fragmenter serait faire voler en éclats l'intentionnalité. Celle ci est toute entière savoir *et* affectivité. « Si aimer les mains fines, c'est aimer fines ces mains », c'est que toute l'image affective détermine ce qui manque comme un appel, une attente, en se rapportant à ce qui dans ce qui est n'est pas. Cette manière d'être absent pour un objet taxé de « synthèse affecto-cognitive » prépare à tel point les descriptions de *L'Être et le Néant* que l'enjeu explicite paraît plus nettement encore. L'anti-romantisme radical se prolonge jusque dans la reprise de Stendhal « Je ne puis voir la physionomie des choses. Je n'ai que ma mémoire d'enfant. Je vois des images, je me souviens des effets sur mon cœur, mais pour la cause et la physionomie, néant. Je vois une suite d'images fort nettes, mais sans physionomie autre que celle qu'elles eurent à mon égard. Bien plus, je ne vois cette physionomie que par le souvenir de l'effet qu'elle produisit sur moi »[1]. La mémoire est bien une totalisation des effets vécus, non des objets en eux-mêmes, mais des affections, ce qui nécessite une puissance constitutive de l'imaginaire.

Le troisième chapitre, « Le mouvement »[2], explicite le rapport de l'imaginaire à la temporalité. L'attente dans la sensation visuelle du mouvement n'est pas un cadre vide, objectif, dans une conscience qui recevrait passivement l'impression de mouvement, mais la relation extérieure ressentie comme mouvement intériorisé. Il faut partir de la visée intentionnelle permettant, sous la forme de *rétention* et de *protention*[3], de constituer toute trajectoire en image. Bien entendu, les mouvements kinesthésiques ou corporels ne sont pas les « causes » de l'impression de mouvement. L'observateur ne perçoit que des mouvements lui *paraissant* extérieurs aux images. C'est pourtant comme *totalité* (inachevée, variant d'un sujet à l'autre, etc.) que l'image du mouvement (on peut dire, en suivant Sartre, « l'image-mouvement » ou « le mouvement en image ») contient le mouvement corporel qui joue le rôle, en soi assez curieux, d'un analogon corporel du mouvement repéré extérieurement. Toute reconstitution d'un mouvement extérieur, par les gestes des doigts, par exemple, nécessite une conversion du kinesthésique en visuel, l'enjeu étant dans l'optique volontariste

1. *Ibid.*, p. 145.

2. *Ibid.*, p. 145-164.

3. *Cf.* J. Toussaint Desanti. Ces termes désignent, dans les *Leçons sur la conscience intime du temps*, « le caractère du présent par lequel il retient le passé immédiat et anticipe le futur immédiat. », *Introduction à la phénoménologie*, Paris, Gallimard, 1994, p. 170.

de Sartre de ne pas séparer l'image du mouvement. A la limite, il n'y a pas « reproduction » du mouvement par le geste, mais appréhension de l'un par l'autre, ce qui donne une fonction réellement constitutive de l'image comme temps vécu.

Le quatrième chapitre, « Mot et image mentale »[1], distingue la conscience d'image et la conscience de signe. Même démarche, même critère : c'est le statut du négatif qui importe. Le signe est une visée à vide de son objet, l'image présente celui-ci comme absent. Paradoxalement, Sartre évoque une sorte de « plénitude » de l'image, qu'il faut comprendre comme un manque davantage visé par la conscience. « Dans l'image mentale, la fonction de l'analogon n'a rien de commun avec celle du signe verbal dans la conscience du mot »[2]. L'imaginaire est prolongé par l'expression linguistique, la lecture et l'écriture pouvant être soutenues et interrompues par la naissance d'images, mais c'est l'extériorité du signe qui en fait un outil pour la réflexivité de la connaissance. Le signe est une relation cognitive au monde, or l'image mentale « n'apprend rien ». Le décalage produit par l'image peut être qualifié de « savoir » par le philosophe, il reste que c'est par une dégradation que le sens apparaît. Sartre n'analyse pas les relations entre les facultés de l'esprit humain, et la place de l'imagination. Son but est de situer celle-ci comme entreprise de négation engagée, constitutive d'un divorce avec le présent refusé. Cependant, la magie de l'imaginaire n'est pas mystérieuse. L'analyse du cas de l'affectivité le montre. Il y a un enrichissement réciproque entre langage et imagination, mais la contiguïté n'est pas suffisante pour justifier la continuité ressentie. Sartre se résume à dire que si le signe vient se coller à l'image, il ne se confond pas avec elle. Nous sommes très loin des développements futurs issus des confrontations avec le structuralisme linguistique, en particulier du langage conçu comme dimension historique. En évitant l'illusion du langage-outil, *L'Imaginaire* implique une vision morale du langage, d'où une problématisation de celui-ci à partir de la liberté et de la responsabilité et la surévaluation des catégories de négation.

Le cinquième chapitre « La chose et l'image mentale »[3] reprend simplement les distinctions déjà opératoires entre l'*image* et la *perception* : la conscience imageante vise par *l'analogon* (qui peut être affectif) un être

1. *L'Imaginaire*, p. 164-170.
2. *Ibid.*, p. 164.
3. *Ibid.*, p. 170-185.

ou une relation absents à travers une présence visée. En précisant que la manière d'apparaître de l'image n'est pas localisable dans l'étendue, on enfonce le clou de la négation du réel et de la distinction image-perception. La conscience imageante est une croyance qui n'apparaît *telle* qu'à la réflexivité : elle est doublée d'une conscience (de) conscience d'image, et donc d'une deuxième croyance. Dans une telle perspective, croire et vouloir croire sont une même chose. Le volontarisme conduit philosophiquement à dévaloriser la question transcendantale des conditions de possibilité de l'accord constitutif entre les facultés, et à repousser le problème de l'origine du pouvoir imageant de la conscience : il faut et il suffit que la liberté soit la loi de formation des images opposée à la loi des choses comme aux lois du raisonnement. Par exemple, le simple fait que l'objet imagé soit décrit comme n'obéissant ni au principe d'individuation, ni au principe d'identité, refusant le modèle bergsonien et le positivisme, implique non seulement une nouvelle conception de l'image mais du rapport de l'homme au monde. L'imaginaire acquiert une durée autonome, devient un type d'existence pour la conscience, une catégorie vivante de l'engagement qui incarne, par son autonomie négative, la liberté de l'homme lui-même.

LE STATUT DE L'ANALOGON : L'INTENTIONNALITÉ IMAGEANTE ET LA CRITIQUE DE HUME

La critique sartrienne de l'empirisme, moins radicale qu'elle n'est revendiquée, conditionne toute l'orientation de l'ouvrage *L'Imaginaire*. Sartre reprend la distinction entre *impression* et *idée*, reconnaît sa pertinence[1] mais repousse « l'illusion d'immanence », c'est-à-dire la croyance la plus répandue selon laquelle le sens contenu dans l'image serait issu d'un lieu extérieur, par une relation de causalité dont ni la conscience, ni l'image ne seraient l'origine. Si l'illusion est un mécanisme activant dans une même volonté l'erreur et le désir, c'est parce qu'un intérêt finalise son processus. On se trompe par mégarde ou paresse dans son raisonnement. « L'illusion » nécessite quant à elle un saut, un prolongement de l'erreur par le désir. Avoir intérêt à se tromper dans la perception n'a de sens que par le

1. *Ibid.*, p. 18.

confort éventuel que procure l'impression de vivre dans un monde achevé, plein, *a priori*, des significations qui le composent. En distinguant l'impression de l'idée par leur degré de pénétration, Hume pose la nécessité d'une perception comprise comme activité de l'extérieur vers l'intérieur, du monde vers l'esprit. Il faut alors que cette activité ait pénétré suffisamment l'esprit pour que « l'image » existe. Sartre insiste sur ce point : la continuité monde-esprit est illusoire. Le philosophe empiriste, « relayé par la plupart des philosophes et des psychologues », s'y serait fourvoyé. Ne pas voir l'hétérogénéité radicale de la conscience et du monde, ce serait une forme de scepticisme à l'égard du sujet, de la puissance et de l'autonomie de la conscience. Le rang particulier de *l'image* doit, dans cette optique, être respecté. Par exemple, les rapports extrinsèques de l'image à l'objet et le phénomène de quasi-observation n'ont pour but que de définir en distinguant. Il faut comprendre cette distinction comme une brèche où se niche la liberté, si relativisée (en tant que puissance) par le philosophe écossais. L'image n'est *complète* que parce qu'elle est *négative*, et elle n'est *pensable* que dans son *inachèvement*. L'objet perçu dépasse au contraire l'intention qui s'y rapporte, si bien que la structure première de l'objet perçu est l'inachèvement dans le temps et l'espace, la discontinuité et le morcellement. Pourtant, l'acte perceptif délivre des significations nouvelles attenantes à cet objet que je veux percevoir comme objet, que je constitue au-delà de ce qui m'est donné de voir. Ce n'est donc pas la volonté qui manque dans la perception. C'est le manque lui-même qui me fait vouloir ce que la perception ne me donne pas. Et ce manque est, en quelque sorte, un don particulier, tout négatif, qui me fait constituer l'objet par ce qu'il ne me donne pas de lui en tant qu'objet perçu, par ce qu'il ne m'est pas donné d'y percevoir. Avare de toutes les données concrètes possibles, le cube réel est, du point de vue sartrien, plus riche dans ce qui sera, plus tard, l'univers opaque de l'En Soi. L'objet lui-même est une synthèse de toutes les apparitions qu'un sujet absolu pourrait effectuer. L'objet perçu est donc en droit infini. Il suppose : 1) une positivité débordante, à la fois dans sa présence et dans sa *connaissance*, fut-elle impossible ; 2) une passivité de la conscience percevante. On ne saisit la thèse de Sartre qu'en la rapportant à ses enjeux. Si l'objet perçu, tel qu'il existe hors de moi, et tel qu'il existe pour moi dans la perception, est infiniment plus riche, potentiellement, que l'image, c'est que les opérations percevante et imageante diffèrent *en nature*. Cette différence correspondrait, chez Hume, à une différentielle de spontanéité : on passerait d'un certain *quantum* fort de passivité (l'impression) à un *quantum* plus faible (l'idée), sans qu'une marque d'hétérogénéité ne sauvegarde l'autonomie de l'un ou de l'autre. Tout le travail critique de Sartre, dans *L'Imaginaire*, repose sur la destruction de cette continuité, à une restitution, parfois polémique, de différences. Si la perception ne saisit qu'une partie des possibilités de l'objet, la conception les réduit davantage. C'est ce travail réductif qu'aurait ainsi manqué Hume. « Ce n'est pas la chaise du monde extérieur, la chaise que j'ai perçu tout à l'heure ; ce n'est pas cette chaise de paille et de bois qui permettra de distinguer mon idée des idées de table ou d'encrier. Cependant, mon idée actuelle est bien une idée de chaise »[1]. On pourrait s'attendre à une simple description de la contiguïté de Hume, l'idée devant à la perception ce qu'elle perçoit d'elle-même. Par exemple, l'objet perçu en tant qu'idée n'existe pas par lui-même dans l'âme. « Qu'est-ce que cela veut dire, sinon que pour Hume, l'idée de chaise et la chaise en idée sont une seule et même chose ? Ce qui le prouve bien, c'est que ce qui vaut pour l'objet vaut pour l'idée. Si l'objet doit avoir une certaine quantité et qualité déterminée, l'idée doit avoir ces mêmes déterminations »[2]. La critique prend son sens dans le cadre d'une distinction entre trois types de conscience (percevoir, concevoir, imaginer). Il s'agit également, pour Sartre, de définir le « phénomène » comme objet strictement philosophique, irréductible aux sciences. Redonner à la conscience toute sa spontanéité est au cœur de son analyse de l'image, et de sa critique de Hume. Il reste à décrire la nature négative de l'image pour en faire le propre de la liberté.

La conscience imageante exprime autre chose qu'une puissance représentative. Si la chose déborde naturellement la conscience, c'est que l'objet de l'image n'a aucun pouvoir constitutif de connaissance. Autrement dit, Sartre confère à l'image un pouvoir *autre* que celui de connaître. La critique de Hume est, historiquement, injuste : l'empiriste n'a jamais soutenu que l'idée de chaise équivalait à « avoir une chaise dans la conscience ». Mais Sartre répond au problème de la genèse de l'image sur un autre terrain problématique, en se délestant, si l'on veut, de la question de la connaissance objective. Au lieu, par exemple, de chercher à sauver l'autonomie de l'esprit et la puissance cognitive de l'imagination, il décrit sa spécificité comme pauvreté essentielle. L'image est une synthèse plus démunie, par définition, que le réel. Elle se donne dans une « quasi-obser-

1. *Ibid.*
2. *Ibid.*, p. 29.

vation », sans évolution, comme stricte négativité. « Le monde des images est un monde où il n'arrive rien »[1]. Sa spontanéité n'est qu'une puissance négatrice, un dépassement métaphorique du réel. Tous ces caractères ne répondent donc pas au problème de l'origine de l'image à partir des préoccupations des empiristes comme des idéalistes.

Il s'agit à présent d'expliquer cette négativité au travail. La conscience imageante, analogiquement à la conscience émue, suppose un caractère irréfléchi. Il faut partir du fait d'une conscience non thétique de soi, cogito pré-réfléxif à l'œuvre, perpétuellement, dans un univers d'objets sensibles qui la débordent. Nous savons, à présent, que ce « débordement » tient à la pauvreté essentielle de l'image, comme à l'infinité des possibles du monde réel. A ce niveau, le phénoménologue et l'empiriste s'accordent : l'objet existe sans être perçu, la conscience ne fait pas exister la chose. Mais si, en mon absence, le monde que je perçois ici et maintenant continue d'exister, rien n'empêche qu'il puisse, en tant que présent, être nié. Sans être, pour autant, conceptualisé ou représenté, ce monde perçu peut être doublé en surface par cette faculté imageante produisant d'autres objets comme autant de « néants ». Précisément, imaginer la présence d'êtres par delà les êtres présents, c'est nier leur présence au profit d'êtres absents. C'est définir, dès le départ, toute cette présence comme insatisfaisante, et viser en images ce que le réel ne donne pas à voir. La négation du monde par la conscience imageante est donc une spontanéité irréfléchie, une négation adossée à une insatisfaction originelle permettant sa transcendance. Sartre insiste continuellement sur cette spécificité négative et active de la conscience imageante, sans spécifier cette dette première à l'égard du réel : le monde donne « trop » à l'esprit pour que celui-ci n'étouffe et ne veuille exister, se constituer par le refus. La spécificité de la conscience imageante comme conscience irréfléchie, non-positionnelle, est une *situation*. Naissant par le refus du monde, elle dépend donc de ce refus qui l'a fait naître. Sartre marque sa différence avec Hume en lui reprochant de ne pas distinguer entre ce qui détermine extérieurement l'idée et ce qui, dans le contenu de l'idée, peut ne rien devoir à l'extériorité. En même temps, la spontanéité négative de l'image (formulée avant *L'Être et le Néant* comme « néant d'être »), sa nature créatrice (d'où l'expression très bergsonienne de « courant de volonté créatrice »)[2] suppose une matérialité sur laquelle

1. *Ibid.*
2. *Ibid.*, p. 40.

s'exercer. Il faut donc comprendre le rapport de la conscience imageante à la conscience perceptive sur un mode analogue à ce qui rapporte la conscience émue à l'événement : dans les deux cas, la négativité est une liberté, naissant, de ce fait, *en situation*.

LA POSITIVITÉ DE LA FONCTION IMAGEANTE

L'Imagination est une étude critique visant à dépasser les doctrines antérieures. *L'imaginaire* vise la part d'irréel constituant le moi psychologique, cette fonction irréalisante réalisant négativement cette liberté, d'où une méthode particulière, un certain refus de l'empirisme et la mise à jour d'une intentionnalité propre à la conscience imageante. Pourtant, il y a bien une positivité de la conscience imageante. Elle apparaît à partir du rejet de « l'illusion d'immanence » qui suppose une conception active de l'image. Enfin se dégage la véritable nature de l'image comme « analogon » : une certaine relation de la conscience à la matière et au temps, ce que nous pressentons à travers cette aventure quotidienne et intime de la liberté.

L'analyse critique de « l'illusion d'immanence »

Saisir le sens et l'importance de l'illusion d'immanence dans la conception sartrienne de l'image, c'est placer au centre de son rejet la célèbre « thèse du monde » analysée par Husserl. Si la prise de conscience constante de notre environnement naturel conditionne notre croyance en une réalité extérieure continue et certaine, le sentiment de certitude lui-même envahit l'image au point d'en projeter l'origine dans le monde extérieur. « L'illusion d'immanence » se résume à cette projection, ce transfert non justifié de l'origine de l'image *dans* le monde. Restituer l'image dans sa fonction négative et constitutive, c'est renverser l'ordre des déterminations en expliquant la logique et la psychologie qui l'entravent. La question n'est donc pas seulement de nommer cette croyance « illusion » mais de remonter la chaîne intime de l'erreur. En admettant la donnée philosophique simple concernant l'illusion et ce qui la distingue de l'erreur (le désir associé au fait de se tromper), on comprend l'illusion comme refus, projet de négation du réel dont l'association avec l'image constitue le cœur du problème. Sartre renverse l'ordre problématique en refusant, dans la lignée de Husserl le résidu de positivité que tout le monde croyait percevoir dans l'image. S'il n'analyse pas les causes extérieures et antérieures de cette « illusion d'immanence », c'est que l'enjeu n'est ni purement moral (sauver la responsabilité humaine), ni purement épistémologique.

Sartre ne thématise pas la constitution de l'illusion d'immanence comme telle. Il décrit l'illusion d'une image existant dans la conscience comme un objet, conçoit la puissance de la conscience comme une transcendance négative dans sa positivité (le refus du présent) et positif dans sa négativité (le futur visé comme possible). Croire que l'image traverse la conscience et s'y positionne comme un effet du monde, c'est affaiblir l'autonomie de la subjectivité sur le plan de la connaissance et de la morale. On s'interdit également d'en décrire l'origine en termes actifs de constitution. La liberté restituée dans la perception et l'émotion ne suffit pas pour dire ce qu'il en est de l'homme dans son rapport au monde, si l'image est exportée vers un monde naturel préalable. Il faut donc saisir le rejet de l'illusion d'immanence comme une réévaluation de la négation dans la subjectivation. Sinon, la démarcation sartrienne entre le « certain » et le « probable » apparaîtra gratuite ou mal assurée. On peut résumer l'enjeu du refus à partir d'un axiome : il n'y a pas d'image constituée pour la conscience tant qu'il n'y a pas d'intention imageante. L'illusion réside au fond dans un défaut de mémoire, mais dont Sartre ne se préoccupe pas : la psychologie oublierait donc l'orientation nécessaire à la naissance de telle ou telle image qui fait basculer la *fonction* imageante en *attitude* à part entière.

La conscience n'étant pas dans le monde comme chose mais dirigée vers lui comme relation, l'irréalisation est une attitude de neutralisation et de dépassement pourtant paradoxale. On nie telle chose ou telle relation en leur opposant un être et une valeur différents. La négation contient *en elle-même* son résultat. Le refus du monde présent par l'imagination n'est donc pas compensé par un autre monde réel (l'image étant néantisation de l'être), il faut alors analyser la véritable nature de l'image comme analogon pour éclaircir ce paradoxe.

Le pouvoir de la négation par l'image

Imaginer, c'est dire non au monde d'une certaine façon. Le sens du pouvoir négateur de l'image peut se résumer ainsi :

a) Le monde n'est pas dépassable par la néantisation perpétuelle que constitue la vie même de l'imagination. L'image est une distanciation qui ne substitue pas au réel un quasi-réel mais qui permet au contraire d'appréhender ce réel, de réaliser ce qui est en tant que situation « Il ne saurait y avoir de conscience réalisante sans conscience imageante et réciproquement »[1].

b) Le lien philosophiquement posé ente la négation et l'imagination détermine toute l'économie conceptuelle de l'imaginaire et suppose que le rejet de l'illusion d'immanence (le prolongement psychologique de « la thèse du monde » de Husserl) n'engendre pas une autre illusion subjectiviste. N'étant rien par elle-même, l'image comme négation de l'être n'est pas un être autre que celui qu'elle nie.

c) Si l'inertie du monde, la pesanteur angoissante de sa contingence, l'absurde mécanisme de l'univers chosiste peuvent être doublés *de l'intérieur* par le pouvoir imaginaire, c'est que la négation vise un monde possible en refusant le présent; mais précisément, cette pétrification n'étant pas réelle, elle suppose une activité magique: toutes les descriptions sartriennes restituent le mouvement transcendant de l'image vers le monde qu'elle nie.

d) L'acte imaginatif étant à la fois « constituant, isolant et anéantissant »[2], le pouvoir de la conscience imageante est dans le positionnement du monde. La différence qu'elle fait naître par rapport à celui-ci est libre et imprévisible, les fausses pistes de ses prédécesseurs psychologues sont écartées dans la première partie de *L'Imaginaire*. Sartre pose ses propres hypothèses sur la nature de l'image mentale en privilégiant ce que la conscience conquiert en se donnant un objet absent. Le temps est une dimension capitale, la mémoire comme direction de souvenirs en témoigne.

e) Si, comme nous l'avons vu, le savoir est croyance et l'analogon présence, le pouvoir néantisant, irréalisant, détermine la vie psychique dans sa globalité. Sartre évoque la nécessité de pensée « réfléchie » et « irréfléchie » pour le chercheur visant une juste représentation de l'image qu'il ne peut thématiser qu'en la schématisant.

C'est sans doute la première circularité capitale dans l'œuvre de Sartre. L'ontologie de *L'Être et le Néant* et de la dialectique de la *Critique de la Raison Dialectique* mettront d'autres circularités constitutives au travail : le circuit de l'ipséité, les tourniquets dialectiques.

1. *Ibid.*, p. 239.
2. *Ibid.*, p. 348.

La nature de l'analogon : du manque à l'image

La perception suppose une conscience se dirigeant vers un objet qu'elle tient pour un objet, qu'elle tient pour présent, contrairement à l'image qui tient l'absence de l'objet pour sa condition d'existence. Si la perception visuelle de telle pièce me donne Corentin comme absent, il devient « intuitif-absent ». Il y a dans ce cas une absence, qui dans l'absence, l'emporte en présence sur la présence d'une chose présente. Le manque révélé est paradoxalement recherché. Il faut comprendre la thèse de Sartre (l'image négative) comme le refus de l'évidence psychologique liée à la recherche passive de présence. Même le pathos, la souffrance liée à l'absence de quelqu'un suppose un certain travail. L'élaboration imaginaire de l'autre ne comble pas magiquement l'absence mais la fait exister comme telle. La tristesse se nourrit ainsi de l'image que la tension première (je cherche bien du regard, j'écoute...l'attente est un tri permanent) ouvre comme une perspective. Sans cette ouverture, pas de déception ni de travail pour la conscience imageante. D'où vient le fait que l'on éprouve souvent la naissance de l'image comme une intrusion ? On peut subir la tristesse éprouvée en oubliant qu'elle se nourrit d'images pourtant impossibles sans constitution intentionnelle. La nature irréfléchie de la conscience imageante nous éclaire, Sartre insistant sur la nature non-thétique de l'image naissante. Sur le plan psychologique, on peut remarquer que si un sentiment comme la tristesse *paraît* dominer le sujet, l'atteindre comme une nuisance venue de l'extérieur, c'est aussi que les niveaux de perception sont comme brouillés par les effets de l'émotion. N'est-ce pas à proprement parler le but même de celle-ci ?

Sur le strict plan de la conscience imageante au travail, le passage du manque à l'image de l'autre manquant marque déjà l'étape supérieure mais irréfléchie du négatif. Thématiser la tristesse comme telle revient à prendre trop tard le train de l'imagination au travail. C'est supposer une présence claire et distincte de l'image, arrêtée et comme accomplie. Or celle-ci, nous dit Sartre, est toujours « dégradée », même renouvelée dans le souvenir. Inversement, la rencontre fortuite de l'autre attendu (il arrive après, par exemple, lorsqu'on ne l'attend plus) brise facilement la dialectique imaginaire. L'événement suppose un autre jeu, un autre travail de la conscience. Les émotions et les images s'entremêlent bien entendu dans la réalité, mais Sartre place la négativité imaginaire au centre de ses démonstrations. Il ne s'agit pas seulement, pour lui, de « montrer » que par la réflexion directe, le sujet accède à un champ de certitude (1re partie de *L'Imaginaire*), en l'occurrence l'activisme et le volontarisme sont explicites. Il lui faut, par ses réfutations, aboutir à un dynamisme dans lequel l'imaginaire est moins une fonction ou une faculté à déterminer de manière autonome que l'expression vivante de la liberté humaine dont le paradoxe est d'être une réalité secrétant de l'irréel.

Illustrations de la nature active du manque dans l'image

Considérons trois exemples :

– la pauvreté essentielle de l'image par rapport à la perception et la nature du refus historique.

– la distinction déterminante entre « le signe physique », « l'image physique » et son prolongement phénoménologique.

– l'argument du rêve, en particulier le rôle de l'imaginaire dans la conscience hypnagogique et le sommeil.

Dans ces trois cas, il s'agit de mettre en avant la nature de l'image-analogon comme un pouvoir d'irréalisation malgré lui, et le caractère à la fois intentionnel et non-positionnel de la conscience imageante.

La pauvreté essentielle de l'image

La pauvreté essentielle de l'image finie, par opposition à la perception ouverte que les appréhensions successives sur le monde ne sauraient achever dans une représentation suffisante montre la nature paradoxale de l'image. C'est du négatif de l'image que naît son autonomie vis-à-vis de celui-ci. La pauvreté de l'image, c'est d'abord l'indépendance vis-à-vis du monde extérieur, sans puissance autre que celle du *dessaisissement*. Sartre insiste sur la souffrance possible dans le choix actif et négatif de l'imaginaire. Le prix de la liberté, c'est le dynamisme sans contrepoids objectif pour fonder l'échappée hors du présent, de *l'ici-et-maintenant*. La conscience du réel sans le prisme imaginaire est à la limite du possible et du supportable puisque la rançon d'une relation réaliste au monde se réduit à la contingence. Les années 30-40 sont pour le Sartre philosophe celles d'une liberté dans et par l'intériorité, anhistorique. Le négatif de l'image vis-à-vis de la perception est le pendant psychologique de son détachement vis-à-vis de ses prédécesseurs et de la réalité objective naturelle. La conception de l'image-analogon place la liberté nécessairement *en situation* puisque la conscience imageante n'est pas un « être » subjectif en face d'un « monde » objectif.

L'image n'est pas le complément du monde mais sa contradiction vécue sur le mode de l'individuation : c'est en refusant le monde que le sujet se constitue comme tel[1]. En même temps, ce monde refusé n'est pas seulement l'univers biologique ou physique de la nature inhumaine, ce peut être le monde des autres, vivant et agissant autour de ce pôle du refus. L'analogon est à ce niveau anhistorique parce que la conscience crée du néant dans l'être en se situant idéalement hors du destin des autres et finalement hors de l'histoire, mais précisément sur le mode imaginaire. « Nous saisissons à présent la condition essentielle pour qu'une conscience puisse *imager* : il faut qu'elle ait la possibilité de poser une thèse d'irréalité. Mais il faut préciser cette condition. Il ne s'agit pas pour la conscience de cesser d'être conscience *de* quelque chose. Il entre dans la conscience d'être intentionnelle et une conscience qui cesserait d'être conscience de quelque chose cesserait par là même d'exister. Mais la conscience doit pouvoir former et poser des objets affectés d'un certain caractère de néant par rapport à la totalité du réel. (...) Il suit de là clairement que toute une création d'imaginaire serait totalement impossible à une conscience dont la nature serait d'être précisément “au milieu du monde” »[2].

Intentionnalité, négativité et totalité sont autant de décalages vis-à-vis du monde. L'erreur serait de concevoir la liberté en situation comme une plénitude. Le refus du monde est une inadaptation, une contradiction. L'histoire est donc déjà « trouée » par l'expérience active et négative de la liberté[3].

Enfin, le monde lui-même n'est positionnable comme tel pour l'homme qu'à partir d'une *tension* entre l'irréel et le réel à l'intérieur de l'homme. La fonction irréalisante de l'analogon est donc le négatif anhistorique de la liberté *en situation*. « Pour pouvoir imaginer, il suffit que la conscience puisse dépasser le réel en le constituant comme monde, puisque la néantisation du réel est toujours impliquée par sa constitution du monde »[4]. Si la subjectivité échappe à l'arbitraire ce n'est pas parce que le monde objectif et réel limite son pouvoir. Ayant déplacé sur le mode stoïcien la fonction

1. Cf. *L'Idiot de la Famille, Gustave Flaubert de 1821 à 1857*, Paris, Gallimard, 1971, t. I, (désormais *IF*). Sartre analyse le choix de l'irréel du jeune Flaubert comme une défense douloureuse, pathologique, face à un monde décidé comme insupportable. Cf. « Naïveté et langage », p. 21-49.

2. *L'Imaginaire*, p. 351.

3. *CRD* II, p. 320.

4. *L'Imaginaire*, p. 353.

libératrice de l'imaginaire en néantisation, Sartre soumet l'engagement à un décalage. Produire de l'irréel n'est pas transformer le monde et rendre cette transformation possible. L'engagement, tout négatif et détaché de la réalité empirique qu'il soit, existe donc bel et bien à ce niveau d'impuissance ontique où le phénoménologue le situe. Pour qu'une conscience imagine, il faut qu'elle soit en « situation-dans-le-monde ». C'est cette situation, « saisie comme réalité concrète et individuelle de la conscience, qui est motivation pour la constitution d'un objet irréel quelconque, et la nature de cet objet irréel est circonscrite par cette motivation »[1]. Néantisant l'être, la conscience s'offre le recul nécessaire au jugement moral et à la création esthétique.

La distinction entre le signe physique et l'image

Celle-ci illustre la portée significative de l'image qui, parce qu'elle est négative, constitue le sens de l'engagement originel de la conscience en situation. En quatre points, Sartre analyse la relation entre l'image et le signe en relativisant la matière de la perception par rapport à l'intention du sujet percevant.

Il lui faut montrer tout d'abord (premier point) que tel portrait ne produit pas l'image par le simple jeu de l'association. Interpréter une ressemblance, examinons le cas d'un tableau, ce n'est pas subir la similitude entre par exemple le souvenir du visage de Pierre et ce que la conscience perçoit sur le tableau. C'est solliciter à travers celle-ci « une synthèse projective qui vise le vrai Pierre, être vivant qui n'est pas là », viser une présence à travers ce qu'offre la réalité brute. Le rôle de l'imaginaire est de constituer des synthèses en faisant disparaître l'objet perçu au profit de l'objet recherché : c'est toute la magie de l'image.

Sartre montre ensuite que l'observation de l'objet, contrairement à celle de l'image mentale qui est une quasi-observation, ajoute à ce qu'il appelle « conscience imageante » qui fonctionne ici comme un souvenir des détails physiques dont la perception courante manquait généralement.

Le point suivant est capital en ce qu'il distingue l'image et le signe en fonction de leur degré d'intentionnalité. Si celui-ci échappe à toute mesure, il faut cependant noter que la conscience significative n'est pas positionnelle alors que la conscience imageante l'est toujours. Cela signifie que l'interprétation d'un signe vise la « nature » de l'objet, c'est-à-dire par

1. *Ibid.*, p. 354.

exemple ce que les mots *veulent dire*. L'image paraît mettre en jeu davantage la liberté humaine en concentrant l'effort de présentation dans une décision. Imaginer un visage à travers un tableau, ce n'est pas seulement donner un sens à la ressemblance perçue, c'est lui accorder l'importance d'un souvenir. Sartre dit bien que « l'originel a la primauté ontologique », mais c'est pour accentuer la puissance signifiante de l'imaginaire, fût-ce en reconnaissant sa dimension irrationnelle ou prélogique[1].

Enfin, le plus important pour l'auteur est de montrer la négativité en action de signification. Distinguer le signe de l'image, c'est mettre en avant une fonction forte de l'imagination. Si toute réflexion peut après coup distinguer le tableau représentant Pierre et le Pierre réel, dans la présence du tableau vécu, découvert, c'est d'abord l'absence du Pierre réel que le Pierre représenté fait apparaître. Telle est la portée de l'imaginaire qui a pour priorité psychologique de faire *surgir* le sens comme une résultante signifiante du *manque*. L'intention habite la conscience du signe, bien entendu, et il ne saurait en être autrement : comprendre, c'est toujours viser, totaliser, constituer un sens. Ce qui importe au philosophe, c'est de marquer le pouvoir négatif et constituant de l'image.

L'argument du rêve, le rôle de l'imaginaire dans la conscience hypnagogique et le sommeil

Sartre aborde le rêve à partir de la psychologie expérimentale. Il part de *sa* problématique qui est de situer l'imaginaire comme le mode d'appréhension négateur, et donc libre, de la réalité. Ce que les rêves signifient positivement et extérieurement à ce que le sujet en a décidé est *de fait* exclu du « certain ». Le Sartre cartésien utilise l'expérience des psychologues pour déduire des comportements observables des attitudes mettant en jeu une relation totale et projetée de l'homme au monde, non un pur déterminisme. Considérons les visions du sommeil, du demi-sommeil, l'univers fantastique des voyants et des rêves. « De toute évidence, les visions hypnagogiques sont des images ». Prenant appui sur le fait que l'image du demi-sommeil peut être à la fois impressionnante et irréelle, précise mais, contrairement à la chose perçue, sans contexte déterminé (elle n'est pas dépendante d'autres objets), Sartre en déduit l'existence d'une affirmation implicite accompagnant ces manifestations : elles sont

1. Cf. « La magie noire », *L'Imaginaire*, p. 53-54.

affirmées comme idéelles : « on pose la représentation comme existante en tant que représentation »[1]. Tout le passage qui suit illustre l'illusion d'abondance : l'étudiant en médecine voudrait retrouver un jour d'examen tous ces détails qui paraissaient foisonnants lorsque, de ses expériences quotidiennes, il revoyait en image les scènes les plus frappantes. Hélas, l'image est pauvre, indécomposable : « Alain, dans *Le Système des Beaux-Arts* défie quiconque a une image du Panthéon dans l'esprit de compter *sur cette image* les colonnes de la façade. Ce défi vaut également pour les images hypnagogiques »[2]. C'est bien en cartésiens que l'un et l'autre mettent en avant l'inépuisable du monde perçu et la pauvreté imaginaire. La perception ne succède pas au savoir, l'objet perçu existe avant la connaissance. Il doit donc être rectifié par le jugement, véritable mise au point de photographe, pour être perçu clairement. L'image hypnagogique se donne comme une *totalité constituée* : elle n'est jamais antérieure au savoir. Aucune mise au point n'est nécessaire, d'où le caractère brutal, soudain, de l'apparition et de la disparition. La conscience imageante donne ainsi tout ce qu'elle est, c'est-à-dire peu, mais tout ce qu'il faut pour prouver la liberté humaine.

L'endormissement et le rêve sont des *consciences captives*, mais ce qui importe, c'est la distinction entre *l'état* et *l'attitude*. Sartre privilégie le demi-sommeil pour montrer la complicité intentionnelle, la nécessité philosophique d'un sujet constitutif de sa passivité. Rejetant le dualisme bergsonien (l'image hallucinatoire serait due à un affaiblissement de l'attention à la vie) qui supposerait, dit Sartre « deux mondes complémentaires » et donc une moindre importance accordée au négatif, il faut considérer le phénomène hypnagogique comme une *attitude* (la conscience captive ou fascinée), non comme un *état* (un mécanisme automatique). Le simple « manque d'attention à la vie » est donc insuffisant pour Sartre qui ne peut se satisfaire d'une liberté trop accordée avec le monde vivant ou extérieur. C'est ainsi qu'il faut comprendre tout le développement de l'auteur sur l'attention et l'effort paradoxal qui nous fait tendre vers le sommeil[3]. L'image hypnagogique est fascinante, son propre est de ne pas être contemplée en extériorité, c'est pourquoi les synthèses opérées sont *a posteriori* souvent absurdes (l'image d'un carrosse au beau milieu de

1. *L'imaginaire*, p. 81.
2. *Ibid.*, p. 82.
3. *Ibid.*, p. 92-104.

l'impératif catégorique kantien). A l'inertie du corps correspond la suite d'images que le sujet suit dans sa captivité : l'endormissement témoigne tout à fait de cette conscience captive. « Dans cet état de passivité consentie, je peux ou non me laisser fasciner par le champs des phosphènes. S'il y a fascination, des images hypnagogiques vont apparaître »[1]. Il faut ici distinguer dans la liberté propre à l'intention de percevoir un visage dans une tache, de l'interpréter consciemment comme telle, de la liberté primaire à l'œuvre dans la conscience hypnagogique qui s'enchaîne sans raison dans la série des taches entoptiques, à la manière d'une « matière intuitive » dont le destin serait d'être appréhendée par une intention vide. Si la pensée est décrite comme « captive », c'est qu'une certaine fatalité associe la fascination présente à son futur, comme le choix d'achèvement d'une image. Le mouvement perpétuel des images hypnagogiques s'explique par : 1) la nature vivante de la conscience, une succession sans extériorité, Sartre et Bergson étant ici très proches, 2) des variations du champs entoptique fournissant « une basse intuitive renouvelée » (à nouveau il convient de saisir le mot dans une acception kantienne), 3) le mouvement des globes oculaires expliquant la confusion entre ce que l'on voit monter et descendre en même temps.

Ce qui importe également, c'est de distinguer ce qui est imaginé sans position d'existence et ce qui est posé comme vu et non existant. Se sachant à l'origine de sa vision, le sujet *éprouve* le corrélatif de son intention imageante comme représentation. C'est d'ailleurs à la fois la limite distinguant le rêve de cet imaginaire et la marque d'une liberté certes complaisante puisque distraite par sa propre captivité. Même en descendant le *critérium* de liberté, on retrouve une vraie spontanéité dans la conscience imageante, par exemple dans le fait qu'elle vit sans rapport avec tout le désordre de son indépendance vis-à-vis de la réalité objective, contrairement à l'attitude perceptive qui nécessite une relation de dépendance entre l'image perçue et son objet (par exemple une gravure). Le lien entre les deux types de conscience reste possible lorsque par exemple on se laisse aller à croire à d'autres successions que celles des taches entoptiques et à la multitude des phosphènes lui correspondant. La boule de cristal ne nécessite pas seulement l'accord et la suggestibilité du sujet mais une attention sans cesse *déçue* ajoutée à la volonté de dépasser cette déception par une signification. La définition de l'image mentale résume les données « certaines » de

1. *Ibid.*, p. 95.

l'ouvrage. Les raisons du rejet de l'illusion d'immanence, l'affirmation d'un pouvoir de négation par l'image, et la précision quant à la nature de l'analogon expriment une conception nouvelle de la relation de l'homme à la matière et au temps.

LES MANQUES DE LA VIE IMAGINAIRE

L'image et la compréhension

Il faut comprendre les analyses de l'émotion et de l'imaginaire comme les conditions de l'ontologie de *L'Être et le Néant*. Ces deux types de conscience privilégiée comme *négativité* et comme *conduites* sont par définition des situations en dehors de la réalité historique. Le Sartre d'avant-guerre, préoccupé à faire redescendre la liberté dans des soubassements inattendus, utilise tout ce que la phénoménologie apporte autour du principe d'intentionnalité pour valoriser *l'activité*. Le pouvoir négateur de la conscience rend possible l'imagination (condition transcendantale au sens kantien). Inversement, le fait imaginaire aussi simple à expérimenter que la durée de Bergson réalise à chaque instant cette possibilité (condition empirique). Le « rôle de l'image dans la vie psychique »[1] met l'accent sur la décision qui détermine toute forme de conscience imageante. « Les éléments idéatifs d'une conscience imageante sont les mêmes que ceux des consciences auxquelles on réserve ordinairement le nom de « pensées »[2]. L'image *produit* l'objet visé, contrairement à une conscience qui l'affirme seulement. La fonction symbolique évoquée par Sartre importe en ce qu'elle s'oppose à la vision ustensilaire de la psychanalyse selon laquelle les images issues de l'inconscient seraient assemblées plus ou moins consciemment par le langage, devenant alors *a posteriori* des symboles. Sartre s'appuie davantage sur la psychologie que sur la linguistique, en particulier sur les expériences de Flach. Les raisonnements simples ne nécessitent pas de « schèmes », c'est-à-dire d'images reflétant, exprimant la réalité des conditions posées. Ce sont des « compréhensions pures », par opposition aux « compréhensions imagées » qui ne dépendent pas de la nature de l'objet mais de la nature de l'attitude de la conscience qui la vise.

1. *L'Imaginaire*, 3e partie.
2. *L'Imaginaire*, p. 188.

Toute cette partie ne vise donc qu'à confondre dans une même fonction l'imagination et la compréhension. On ne *comprend* pas sur une image constituée, pas plus qu'on *illustre* par l'image une compréhension faite. Par choix directionnel, la « conscience compréhensive peut adopter la structure imageante »[1]. Il faut bien reconnaître que Sartre décrit les variations d'intention sans les justifier autrement que par elles-mêmes. Le recours à *l'intentionnalité* pour clore le rappel à ce qui ferme le schème symbolique (la protention et la rétention sur des impressions kinesthésiques appréhendées comme *savoir* par les images) permet de décrire un fonctionnement sans vraiment dire ce qui le rend possible. Il suffit de distinguer *pensée par l'image* (illusion des psychologues) et *pensée en image* (thèse sartrienne) pour saisir l'essentiel. Le rôle du schème est « présentificateur », nous dit Sartre, c'est-à-dire qu'il peut succéder à une réflexion plus ou moins pure, celle-ci n'étant pas nécessaire. Par contre, la constitution d'idées, la compréhension irréfléchie d'objets *présents* (le terme « prolétariat », la phrase « la nature imite l'art ») fait apparaître brusquement ceux-ci *comme s'ils étaient présents*. C'est la nature du mot de jouer le jeu de l'extériorité. Sartre nous invite simplement à réinvestir les distinctions déjà établies entre le réfléchi et l'irréfléchi pour retrouver la volonté au cœur de l'imagination.

Le manque comme positionnement

Si l'imaginaire est le positionnement magique d'un monde irréel, ce positionnement d'objets, qu'il soit sur le mode réfléchi ou non, suppose une spontanéité de la conscience qui irréalise bien sûr l'objet de l'image et ce de manière totale (contrairement à la perception, toujours partielle) mais qui s'irréalise elle-même afin de participer à l'image qu'elle produit, d'où ce « dédoublement » qui peut évoquer une certaine passivité. Même l'obsession du psychasthénique suppose un esprit agissant, produisant lui-même l'objet dont il a peur. Dans tous les cas observables, l'espace et le temps de l'imaginaire sont subordonnés à l'intention imageante faisant exister l'être absent à partir de son manque. Il faudrait expliquer pourquoi l'homme peut choisir de se faire souffrir, de vivre le refus du réel comme manque. C'est toute la contradiction du désir qui est en jeu, puisque les qualités topographiques sont secondaires, l'espace et le temps subalternes par rapport à

1. *Ibid.*, p. 200.

l'atmosphère voulue comme manquante. N'est ce pas le propre de la passion de guider l'esprit au-delà de lui-même, par lui-même et malgré lui? Il faudra du temps au phénoménologue pour invoquer l'activité passive, intégrer les déterminismes, en particulier sociaux, à la spontanéité. Ici, le désir est décrit à partir de « l'analogon affectif » qu'il engendre, sans être lui-même déterminé. Toute la quatrième partie de l'ouvrage (« La vie imaginaire ») approfondit le volontarisme précédent sans recourir à une causalité englobant la liberté. Le rapport à Autrui dans la constitution de ce choix d'irréalité n'est pas évoqué comme déterminant. C'est le fait de pouvoir donner comme absent l'être manquant ici existant ailleurs qui importe philosophiquement.

L'espace et le temps de l'objet en image sont des irréels. On admet plus facilement l'irréalité du premier que du second qui se confond directement avec la durée vécue du désir. L'explication sartrienne met en avant la différence de nature entre l'objet de la conscience et la conscience elle-même. « Il n'est donc nullement prouvé que le temps d'écoulement de la conscience d'image soit le même que celui de l'objet imagé »[1]. Le centaure, le sourire de Pierre imaginés ne varient pas au même rythme que la conscience, soit plus lentement, jusqu'à être immobile, soit plus rapidement comme dans le rêve. Encore que cette « rapidité » soit elle-même illusoire : un rêve de quelques secondes raconte donc une série parfois très logique d'événements. L'illusion procède non d'un principe mécanique mais d'une certaine croyance et donc d'un acte positionnel qui synthétise *a posteriori* les images mémorisées, pour imaginer leur cohérence. A la limite, la contemporanéité des durées est elle-même une synthèse imaginaire (j'imagine une scène qui se déroule effectivement dans la même durée). Pas de parallélisme donc, ce qui obligerait Sartre à soumettre la conscience imageante à une simultanéité échappant à la présence à soi du sujet. Le temps imaginaire n'est pas irréversible. Le monde de l'image est flou, inquiétant, « opaque »[2], certes pauvre au regard du monde perceptible mais potentiellement angoissant. C'est pourquoi la peur d'une situation réelle diffère en nature de celle, par exemple, des fantômes dont je peux, par ailleurs et sur le terrain de la seule raison, considérer l'existence comme impossible. N'est-ce pas précisément le surgissement de l'impossible qui crée cette peur jusqu'à se confondre avec elle?

1. *Ibid.*, p. 248.
2. A comparer avec « le visqueux », dans *La Nausée*, p. 254.

Enfin, Sartre reconnaît que cette pauvreté rend inefficients tous les changements volontaires des images sans affecter l'identité de celles-ci. Changer le nez de l'être imaginé, ce n'est pas sculpter sur l'irréel et transformer l'image, c'est changer l'image tout court. La spontanéité n'en est pas affectée : la conscience produit bien l'irréel, mais elle subit celui-ci par l'effort même de sa constitution. Ne pas vouloir penser ceci ou cela le fait exister. Certes, l'objet n'est pas individué, il existe sur un mode discontinu à chaque fois total, pauvre. « Ambigus, pauvres et secs en même temps, apparaissant et disparaissant par saccades, ils se donnent comme un perpétuel « ailleurs », comme une évasion perpétuelle » [1].

Mais affirmer que l'objet irréel et la conscience imageante réelle diffèrent en nature n'a pas seulement pour but de refuser la causalité entre l'image et les conduites. La difficulté est de séparer la sensation (réelle) de l'image (irréelle) pour ensuite associer les contenus imaginaires des réactions physiologiques. L'enjeu est de prouver que le corps entier participe à la constitution imaginaire, d'où l'apparence de similitude entre les réactions face à la stimulation extérieure (le lien entre l'acte perceptif et les réactions affectives) et celles qui accompagnent un objet irréel. Sartre distingue donc les deux plans et est obligé, pour justifier une certaine passivité ressentie comme telle, « vomissements, nausées, dilatation pupillaire, réflexes de convergence oculaire, érection » [2], de distinguer deux niveaux dans la structure imageante. Le dégoût d'un objet imaginé n'est pas divisible en une cause et un effet séparables, la scène irréelle imaginée s'accompagnant plus ou moins d'expressions physiques. Mais là encore, il n'y a pas de causalité entre l'objet irréel et les manifestations, en témoignent les scènes voluptueuses semblant provoquer une érection parce que le lien est recomposé *a posteriori*. D'un point de vue logique, Sartre pose donc une différence entre des niveaux d'imagination pour expliquer la variation visible des réactions et l'unité intentionnelle pour refuser la causalité. Faut-il encore justifier l'illusion de cette causalité : l'objet irréel se donne dans la conscience de dégoût ou de désir ressenti réellement comme l'auteur de ceux-ci. Le risque réside dans « l'illusion d'immanence », c'est-à-dire dans l'interprétation d'une continuité et d'une extériorité dans le temps. Il s'agit là d'une croyance liée à la mémoire confondant les objets réels et irréels dans un même souvenir. Ne s'agit-il

1. *L'Imaginaire*, p. 260.
2. *Ibid.*, p. 263.

pas pour Sartre d'en appeler malgré lui à une tendance psychologique humaine comme cause naturelle de cette confusion ? Décrire cette tendance psychologique à la confusion pour exclure la causalité extérieure consiste à déplacer le lien causal vers l'intériorité. Mais ce déplacement ne « sauve » la liberté du sujet qu'à la double condition : 1) rendre compte de cette confusion entre l'irréel et l'irréel (on croit être passif face à l'image qui procure le désir ou le dégoût); 2) expliquer comment le lien s'effectue positivement entre le désir ou le dégoût et l'état imageant. La stratégie sartrienne consiste à décrire le tout comme un progrès dans la réflexivité de la conscience imageante dégoûtante ou désirante.

Le sentiment s'enrichit de son objet par l'attention que la perception suppose, là où l'irréel joue le rôle de ce support, certes « vide », mais existant à titre de reflet du sentiment lui-même. Dans l'imaginaire, le dégoût et le désir se nourrissent d'eux-mêmes. Le « vertige » évoqué réside dans l'autonomie de cette conscience dégoûtée ou désirante alors plus active que lorsqu'elle perçoit : la fatigue éprouvée dans la constitution imaginaire provient d'ailleurs de cet effort nécessaire à la spontanéité, sans causalité extérieure. Il est aussi, pour cette même raison, plus « irréfléchi ». Sartre emploie ce terme pour marquer la nature non-thétique de la conscience imageante qui figure la haine ou l'amour. Le « savoir » (la mémoire du geste attirant ou offensant) n'est pas la cause mécanique des sentiments mais, inversement, son effectuation. La liberté réside dans la mémoire affective qui fait de l'émotion passée une matière au prolongement présent du sentiment. Faire renaître, par la conscience imageante, l'émotion d'hier dans un irréel présent, c'est faire du sentiment réel la *hylé* accessible à ma représentation. Non seulement c'est cela qui permet d'imaginer le sentiment d'autrui, mais c'est aussi ce qui distingue l'émotion face à un événement réel de l'émotion éprouvée face à la reconstitution imaginaire de celui-ci.

L'autonomie de la conscience imageante est une forme de désenchantement au cœur même de la magie imaginaire, dans la mesure où l'homme est toujours conscient d'obéir à ses fantasmes. Il faut remarquer que ce volontarisme reste imprécis quant aux formes de complicité. Par exemple, la différence entre la douleur du cancéreux et du psychasthénique est décrite à partir du couple réel-irréel : n'est-ce pas la reprise du dualisme physique-psychologique, malgré la réalité vécue de cette souffrance par l'irréel ? Le « psychasthénique », l'hystérique au sens freudien fait exister la douleur par son expression (le cri *réalisant* la souffrance), contrairement au vrai malade qui la subit comme un événement intime. Pareillement, l'amour de la personne présente nécessite (comme la perception) une certaine adaptation face à une réalité débordant sans cesse son intention corrélative. L'absence de cette personne ne fait pas simplement surgir un manque limité mais généralisé. C'est toute mon existence qui perd sa signification : la mélancolie et même le désespoir sont comme l'envers du manque intolérable que son image s'épuise à rattraper.

C'est le seul moment du livre où Sartre illustre l'autonomie de l'imaginaire par une réévaluation de l'amour telle qu'il en devient lui-même autonome. « ...il y avait toujours plus à aimer dans l'objet que je n'aimais en fait, en sorte que l'amour tel qu'il se présentait en face du réel était sous l'unité thématique d'une idée au sens kantien : l'idée qu'Annie comme réalité individuelle est inépuisable et que, corrélativement, mon amour pour elle est inépuisable »[1]. Il faudrait s'interroger sur l'origine et la nature d'une telle « idée » qui n'est pas un principe détaché du sentiment (cela n'aurait aucun sens : on n'aime pas l'idée représentant le réel éprouvé) mais qui subsiste en tant que savoir pour la conscience. Sartre compare le jeu du sujet face à l'irréel de son image à une « danse ». L'Autre réel offre à la conscience son imprévisibilité, son image ne sert qu'à simuler celle-ci. Le but des descriptions étant de démontrer l'autonomie de l'imaginaire vis-à-vis du monde objectif, l'auteur insiste sur la complicité constitutive de l'intentionnalité imageante, ce qui l'oblige à considérer logiquement l'affection réelle du « sentiment-passion » comme une situation dans laquelle la liberté du sujet est confrontée à une résistance extérieure. Pas d'extériorité dans le « sentiment-action » où l'imaginaire se donne ses propres lois, même lorsque le jeu se fait souffrance (l'algie, pour être le fruit d'un jeu, en témoigne cependant). L'effort pour faire renaître l'être aimé par l'image, cet analogon affectif, s'épuise dans la douleur, d'où, par exemple, l'impatience et la joie de la correspondance. Plus que des « nouvelles », la lettre ressuscite l'impénétrabilité de l'autre, son caractère irréductible qui n'existe en son absence que comme un savoir. Sartre distingue deux types de sentiments, « vrais » et « imaginaires ». Le contresens serait d'interpréter les seconds comme une défaillance malheureuse de l'amour alors qu'il s'agit d'un effort réel pour reconduire la passion en l'absence de l'autre, par les seules armes possibles de l'imaginaire. Il se trouve que celui-ci ne peut se constituer sans une dégradation et une reconstruction autant formelle que chaotique de l'être aimé. L'abîme entre

1. *L'Imaginaire*, p. 277.

le réel et l'imaginaire doit être compris comme une incommensurabilité à la manière de ce qui distingue la pensée de l'étendue chez Descartes. Psychologiquement, il faudrait expliquer ce qui unifie le moi réel et le moi imaginaire. Bien plus, pour échapper au risque d'un dualisme interne, il faut saisir le choix de l'irréel, non comme une solution de substitution plus ou moins accidentel, relatif à des échecs, des déceptions, mais comme une conduite globale, mettant en jeu toute l'existence. « ... On fuit la forme même du réel, son caractère de présence, le genre de réaction qu'il demande de nous, la subordination de nos conduites à l'objet, le caractère inépuisable des perceptions, leur indépendance, la façon même que nos sentiments ont de se développer »[1]. Ce n'est pas la déception, le décalage entre un réel possible et un réel effectué qui fait choisir le monde imaginaire au rêveur morbide, au schizophrène. C'est le réel tout court qui est fui, l'existence imaginaire comme tel voulu. D'où l'erreur commune d'interprétation qui fait croire à une sorte de procuration. Le rêve morbide ne peut vouloir réaliser son rêve puisque c'est la réalité qui est refusée. Nous retrouverons le choix d'irréalité pour interpréter la particularité névrotique du jeune Gustave Flaubert. Si tout enfant rêve de devenir (irréellement) un héros, (réel), le jeune Gustave se rêve irréel, en l'occurrence comédien, c'est-à-dire existant pour lui-même et pour les autres sur le mode radical, irrécupérable de l'imaginaire. Cette option originelle ne se veut pas compensable par une autre réussite (plaire à ses parents, à la société) mais autosuffisante. *L'Idiot de la Famille* considèrera cependant comme problématique ce que *l'Imaginaire* prend comme solution. Le choix d'irréalisation met en jeu une dialectique complexe, le rôle du philosophe est d'en reconstituer le sens à partir de contradictions vécues, l'histoire *et* la liberté, nécessitant une herméneutique pour laquelle l'imaginaire n'est qu'un pôle évolutif d'une situation historique. *L'Imaginaire* insiste essentiellement sur la pauvreté de l'image, l'impuissance du rêveur ou du fou. « On aurait tort de prendre le monde du schizophrène pour un torrent d'images, d'une richesse et d'un éclat qui compenseraient la monotonie du réel : c'est un monde pauvre et méticuleux, où les mêmes scènes se répètent inlassablement, jusqu'au moindre détail, accompagnées du même cérémonial où tout est réglé d'avance, prévu, où surtout rien ne peut s'échapper, résister ni surprendre. En un mot, si le schizophrène imagine tant de scènes amou-

1. *Ibid.*, p. 282.

reuses, ce n'est pas tant que le réel a été déçu, mais c'est avant tout, c'est qu'il n'est plus capable d'aimer »[1].

L'incapacité n'est pas relative à une négativité antérieure et originelle. Cette négation, se donne pour elle-même sans que l'auteur ne vise autre chose qu'une intention constitutive imageante, distincte de celle à l'œuvre dans le réel.

Les pathologies de l'imagination du rêve doivent être comprises comme des fuites excessives. Etant une relation, la conscience varie son positionnement, *inadaptant par définition*, selon certaines modalités existentielles.

L'hallucination n'est pas la projection extérieure d'une conscience imageante. Reprenant les raisons de la distinction image-perception, Sartre reprend à Husserl la donnée immédiate de la conscience naturelle. L'objet perçu, trompeur ou non, se donne *a priori* comme réel dans un champ préalablement objectivé par la conscience comme tel : corrélat noético-noématique d'une relation constitutive dans sa réceptivité, ce réel suppose une thèse du monde que Sartre nomme « prétention à la réalité »[2]. A l'inverse, l'objet imaginé, pour le malade comme le bien portant, n'est pas au milieu du monde réel mais *à la place* de celui-ci. L'enjeu, là encore, est assez réduit, puisque le rôle du sujet de l'irréel réside dans les actes permettant de nier le monde au profit de l'image par le délire. Les détails psychologiques concernant la durée et la localisation de l'hallucination illustrent l'hétérogénéité de la perception et de l'image, ce qui suffit à justifier la confusion faite non seulement par l'analyste mais par le malade lui-même, sur le modèle des preuves cartésiennes de l'existence de Dieu « je suis ici, moi qui vient de voir le diable » se tourne facilement en « je viens de voir le diable ici »[3]. L'existence du sujet halluciné prouve pour lui-même l'existence de ce qui l'hallucine, la croyance à la réalité d'une image se donnant comme un irréel, y compris pour une conscience « hallucinée ».

L'un des éléments majeurs de la pensée sartrienne est la circularité de la liberté et du déterminisme. Dans *L'Imaginaire*, la conscience est potentiellement victime d'elle-même lorsqu'elle se fait « obsédante ». Le « vertige » du paranoïaque, du psychasthénique réside dans le simple fait que c'est la crainte de l'obsession qui la fait renaître, comme « l'envoûtement » propre

1. *Ibid.*, p. 285.
2. *Ibid.*, p. 287.
3. *Ibid.*, p. 299.

à l'obsession et à l'hallucination. Postulant l'unité de la conscience dans le temps comme principe synthétique des états de conscience successifs, Sartre doit recourir à la résistance des produits de cette même conscience pour en justifier le pouvoir inhibiteur, presque diabolique. Toute aussi radicale est la description du rêve. Sartre ne réfute pas l'argument cartésien du rêve de la deuxième *Méditation*, il en perçoit le danger par rapport à sa propre doctrine. Du point de vue strictement cartésien, en effet, l'apparence du réel imaginé durant le rêve est analogue à celle du réel perçu durant la veille. Descartes suspend la maîtrise du sujet sur lui-même à la possibilité de la réflexivité, là où Sartre parie sur la conscience non thétique imageante. L'enjeu du statut de l'irréfléchi est de taille. Il conditionne toutes les thèses existentialistes concernant la nature de l'émotion, de l'imagination, en distinguant des niveaux d'intentionnalité. C'est pourquoi le dernier chapitre de *L'Imaginaire* fonctionne comme une mise au point vis-à-vis du modèle cartésien. En résumant, il faut refuser l'analogie du rêve et de l'imaginaire qui, en tant que telle, est nécessaire à Descartes pour réfuter la pseudo-évidence de la perception, alors que Sartre a besoin de sauver l'indépendance de l'imaginaire en faisant de l'image un être contemporain de la conscience. C'est le positionnement intentionnel qui diffère : il doit y avoir un « savoir » dans le rêve pour qu'une réflexion mnésique soit possible *a posteriori*, mais ce « savoir » dans le rêve n'est pas réfléchi. Rêver, c'est croire. Il y a plus ou moins dans le rêve ce caractère restrictif propre à la croyance dans la conscience perceptive. En même temps, dire « je perçois » revient à dire « je ne rêve pas ». D'où vient alors l'illusion de la croyance ? Logiquement, Sartre reprend la remarque de Spinoza : l'erreur apparaît comme la vérité, mais détenir la seconde suffit à faire disparaître la première. En termes phénoménologiques, la présence noématique de l'objet pour la conscience constitue la thèse du côté de la noèse non plus comme une *croyance* mais comme *erfüllung* de la visée intentionnelle. Réciproquement, la certitude noétique est la présence pour la conscience réfléchie de l'acte de positionnement, non plus comme une croyance mais comme un savoir. C'est moins l'origine que le fait de la croyance dans le rêve qu'une telle analyse éclaire. Le rêve est un imaginaire sans commune mesure avec le réel, ni avec le préalable, la conscience hypnagogique. Interpréter un bruit réel comme un pas dans le rêve, c'est le transformer entièrement, sans qu'il y ait la moindre confusion entre l'image et la perception. Le procès de la vérité est donc par nature exclu de la sphère du rêve car il suppose une évaluation. Une « conscience qui rêve » (expression radicalement volontariste) ne compare rien avec le réel, ses noèmes ne sont pas évalués donc pas évaluables. Cette « clôture » n'empêche pas la consultation de ses propres images hypnagogiques isolées ou de ses rêves. S'il n'y a pas de monde imaginaire (le temps et l'espace étant des qualités internes à l'objet imaginé) la nature du rêve est définie par les points suivants :

– le passage au rêve est celui de la croyance à la certitude.

– le symbolisme onirique ne provient pas du travail de la censure mais d'une impuissance à saisir le réel, à le comparer, à le prévoir, d'où cette absence de liberté dans le rêve.

– la fascination conditionne la conscience au point où elle ne se « sauve » d'une image rêvée que par une autre image.

– la certitude dans le rêve vise irréellement un autre moi irréel, le moi étant *dans* sa représentation (contrairement au théâtre qui implique une sympathie)

– le substrat matériel à l'impression d'être dans un monde matériel est l'identification à l'un des objets du rêve (ce n'est pas le contenu qui importe mais la croyance en l'affection qui s'y joue : on peut tristement ou gaiement constituer une image rêvée, en elle-même banale.)

– la pseudo-réflexivité du rêve ne peut être opérée (je rêve que je rêve) que par un moi-objet, non par la conscience.

– le désenchantement du réveil n'est pas la déception et les efforts pour sortir du rêve sont inutiles car ils lui appartiennent.

Toute évaluation implique un détachement : le désir de ne pas rêver dans le rêve est un désir rêvé, un rêve de désirer ce non désir là, sans réflexion effective, car celle-ci serait son détachement conscient, évaporerait le rêve dans le réel. Vécu et décrit comme une fiction envoûtante, le rêve manifeste la circularité fatale de la liberté.

LE PRINCIPE D'IRRÉALITÉ ET L'ŒUVRE D'ART

Le choix méthodologique de parvenir à des intuitions eidétiques n'est pas séparable de l'option existentialiste : choisir une autre voie, c'est tomber dans l'illusion d'immanence. L'originalité du volontarisme sartrien réside dans le fait de définir spécifiquement le positionnement imageant. L'image est un acte d'isolement, de constitution, de néantisation. Cela veut dire aussi que la mémoire, la perception, voire le rêve manifestent autrement la distanciation de la conscience vis-à-vis du monde. La position d'une thèse d'irréalité définissant la conscience imageante privilégie, pour une philosophie volontariste, davantage le négatif que les positionnements mnémoniques ou perceptifs. Certains principes de l'ontologie de *L'Être et le Néant* sont ainsi posés dès 1938. Reprenant les approches stoïcienne et cartésienne[1], Sartre voit dans la liberté un principe de distanciation en situation, ce qui suppose une béance vécue pathologiquement; la saisie horrifiée de l'univers chosiste de *La Nausée*, la contingence frappant même l'image irréalisante.

Cette distanciation, loin d'être arbitraire, est bien celle d'un point de vue, le positionnement néantisant est bien un refus de ce monde-ci, d'où le primat de l'ontique sur l'ontologique, ce qui lui fera même assumer un «matérialisme»[2]. Jusqu'aux *Cahiers pour une Morale*, Sartre règle le statut apodictique de la liberté sur le modèle du Cogito, une liberté constituante et constituée par la situation. La liberté évoquée rappelle le vocabulaire kantien. «C'est parce qu'il est transcendantalement libre que l'homme imagine». Les perspectives kantiennes écartées au début de *L'Imaginaire* n'empêchent en rien de pouvoir interpréter l'expression sur le mode criticiste. Le prolongement esthétique a une fonction précise.

Si la conscience imageante est comme la dérivée dont la faculté de nier serait l'intégrale, la définition de l'œuvre d'art comme étant un *irréel* est de ce point de vue nécessaire. La beauté ou la laideur ne peuvent se dévoiler à une conscience «irréalisante», que l'on doit comprendre comme préqualifiante du monde. Nécessairement aussi, la fonction représentative de l'art est privilégiée, qu'il soit figuratif ou non ne change rien. Comme transformation objective de la nature par l'imaginaire, dans un premier temps, l'art paraît relativiser l'approche négatrice de la liberté. La distinction entre «l'objectivation» et la «réalisation» (impossible) par l'œuvre d'art annonce dès *L'Imaginaire* la thèse esthétique de *Qu'est-ce que la littérature?* Il faut comprendre le divorce entre l'homme et le monde naturel comme une réalité originelle qu'aucune «œuvre» ne saurait dépasser, puisqu'elle la présuppose. La conscience imageante est autant révélatrice de la liberté que l'attitude créatrice ou que la contemplation esthétique. Nous verrons que sur le plan moral et politique, la solution volontariste fait surgir d'autres problèmes. La seule menace de la

1. Cf. «La liberté cartésienne», *Situations I*, p. 382.

2. M. Kaïl, «La critique sartrienne du matérialisme», *Temps Modernes*, «Témoins de Sartre», 1990, p. 309-349.

« conscience réalisante » est, pour le Sartre d'avant-guerre, la nausée, le malaise du dormeur qui s'éveille n'étant pas encore « historique ».

La réfutation du déterminisme psychologique ne suffit pas à constituer un système, il faut partir de la facticité radicale pour élaborer une grille de lecture globale de la Réalité Humaine. C'est l'ontologie qui va conditionner la reprise de la théorie de l'imaginaire appliquée à l'art mais très largement enrichie par les problèmes liés à l'émergence de l'histoire. La rédaction, en 1948, de *Qu'est ce que la littérature ?* suppose à la fois une ontologie (*L'Être et le Néant*) et sa problématisation morale et politique (*Cahiers pour une Morale*). Il faut donc saisir, autant que possible, la liberté non comme simple *valeur* nécessairement liée au décalage entre l'être et le devoir être mais comme *fait* dont l'intelligibilité permettrait de saisir l'essentiel de la réalité humaine. En ce sens, *L'Être et le Néant* prolonge l'exigence traditionnelle de la systématicité philosophique.

CHAPITRE III

L'ABOUTISSEMENT INACHEVÉ DE *L'ÊTRE ET LE NÉANT*

DE L'EXISTENCE AU CONCEPT

La nécessité d'un être transphénoménal du phénomène

En abordant directement le problème de l'être du phénomène, Sartre oppose l'être à son apparaître, tout en considérant le phénomène pour nous comme n'étant, en lui-même, rien d'autre que ce qu'il présente de lui : il est purement et absolument, en soi. Le monisme phénoménal suppose une forme de dépassement de l'opposition entre être et paraître par l'évaluation nouvelle de l'apparaître de l'être. Le caractère objectif du phénomène, infiniment descriptible, implique à son tour un être du paraître, une « essence » du phénomène, qui va jouer dans *L'Être et le Néant* un rôle analogue qu'il trouve dans la phénoménologie husserlienne. Le dépassement de l'existant particulier vers le « phénomène d'être » agit pour la conscience comme dévoilement de la nature *ontologique* de l'être du phénomène. Cette ouverture ontologique suppose donc une représentation trans-phénoménale, accessible non à une connaissance posée comme naïvement objective, mais à une description intégrant l'être de la connaissance à son exigence. D'où le caractère radicalement anti-positiviste de « l'Introduction » de *L'Être et le Néant* qui fixe la nécessité de vivre les problèmes de l'existence *en tant que problèmes* et de situer la condition humaine à partir de son intelligibilité. C'est tout l'enjeu du monisme : comment comprendre que la conscience saisisse ce qui, par nature, lui est hétérogène ? Sur un mode prolongeant l'incommensurabilité cartésienne des substances pensante et étendue, Sartre assume l'impossibilité de réduire *l'esse* du phénomène à son *percipi*. Le phénoménisme est trop optimiste en rapportant la description des manières d'être de l'objet à l'être global. L'enjeu est de restituer cette intelligibilité fuyante en mettant en relation les transphénoménalités de l'être du phénomène et de l'être de la conscience *par le négatif*. C'est l'absence, le néant de l'être du phénomène rapporté à la conscience qu'il *n'est pas* qui rend possible sa saisie, d'où l'importance de *sortir* du noyau hylétique pour intégrer l'objectivité à la constitution intentionnelle. C'est par le négatif que l'existence est conceptualisable, par le biais du double refus du strict ontologique et du strict ontique. Il reste que ce « négatif » est, à ce niveau, encore anhistorique.

La description authentique de l'existence demande une formulation et une méthode appropriées qui risquerait de fonctionner à l'infini sans le soubassement d'une *ontologie* prise dans un sens nécessairement affaibli, comme prolongement et non fondement totalisant. Ni ontologie de l'échec, encore moins échec de l'ontologie, *L'Être et le Néant* décrit l'inachèvement de la réalité humaine, éclairée par des descriptions concrètes qui en révèlent le sens sans garantie d'unité préalable ou future. Non seulement l'existant n'est soutenu par aucune autre forme d'être que lui-même, mais l'être de l'apparition est comme la condition de son propre dévoilement. Sartre ne peut supposer que « l'être ne se résout pas en un phénomène d'être »que par le recours à une « transphénoménalité » du phénomène devant pouvoir échapper à « la condition phénoménale » [1]. C'est ainsi qu'il faut comprendre l'intellection des essences, de cet être transphénoménal apparaissant à la conscience. L'*être en soi* se dévoile à la conscience comme *phénomène d'être*. Ce n'est pas le phénomène lui-même qui est un absolu accessible, mais la phénoménalité : tel est le sens, finalement assez kantien, des positions de base de l'« Introduction ». Le débordement et la connaissance de l'être ne s'excluent pas dans un tel cadre. Le *il y a* de l'être s'offre seulement à une conscience qui, n'étant pas, est capable de ce dévoilement. Si l'être du phénomène doit échapper à sa condition phénoménale, c'est pour une conscience prenant à son compte le problème de la genèse, pour elle, du phénomène d'être.

L'existence n'est pas un objet représentable pour une conscience qui lui serait extérieure et supérieure, et aucune genèse du phénomène d'être n'est envisageable à partir d'elle, ce qui revient à affirmer une incommensura-

1. *EN*, p. 16.

bilité de l'existence et du concept. Il faut comprendre l'importance que donne Sartre au concept de *transphénoménalité* appliqué non seulement à l'être du phénomène mais à l'être de la conscience. Le sens de la « preuve ontologique » est d'assurer une circularité entre les termes de l'être en soi tels qu'ils apparaissent à la conscience et ceux de la conscience qui les positionne. Merleau-Ponty met sérieusement en question cette indépendance qui est, en fait, une réciprocité de dépendances, en qualifiant de dualisme idéaliste l'attitude privilégiant en dernier lieu la conscience[1].

L'expérience du cogito pré-réflexif, la preuve ontologique

Afin d'éviter une régression à l'infini qu'impliquerait la réduction de la conscience à la connaissance, Sartre pose la conscience de soi comme « rapport immédiat et non cognitif de soi à soi »[2]. Considérer la conscience comme connaissance de connaissance, ce serait transposer la dualité du sujet et de l'objet dans la relation de transcendance que constituerait une conscience positionnelle du monde et de soi. Or, la régression à l'infini de la conscience de conscience (*idea ideae*) rend celle-ci impensable : un rapport à soi non-réflexif est nécessaire pour qu'une conscience réfléchie existe, le « cogito pré-réflexif » conditionne la synthèse réfléchie du cogito cartésien, non à la manière d'une condition extérieure et antérieure à l'expérience, mais sur le mode d'un « cercle »requérant l'expérience *en fait* de soi (il faut que je compte pour avoir conscience de compter) et la synthèse non positionnelle (de) soi « comme seul mode d'existence qui soit possible pour une conscience de quelque chose »[3]. La conscience n'est pas « possible » avant l'être. La révélation de l'être de la conscience joue le rôle inverse de la preuve ontologique. Le rapport *percipi-percipiens* fait apparaître l'essence du noème comme *percipi* et l'être de la noèse comme *percipiens* : Sartre reprend entièrement à Husserl le fait primordial de conscience en tant que « dimension d'être transphénoménale du sujet ». Dit autrement : le caractère intentionnel de la perception du monde requiert un être résistant à la stricte réflexivité comme à l'opacité mystérieuse de l'en soi. La « preuve ontologique » consiste à concevoir avec certitude l'existence d'un monde objectif indépendant de sa modalité positionnée à

1. Cf. R. Barbaras, *L'Être et le Phénomène*, Paris, Millon, 1991.
2. *EN*, p. 19.
3. *EN*, p. 20.

partir de l'être pré-réflexif du *percipiens*. Si le monde est tel qu'il apparaît, il n'est pas réductible à cette apparition, ce qui nous enfermerait dans la subjectivité. « La conscience est un être, pour lequel il est, dans son être, question de son être, en tant que cet être implique un être autre que lui »[1]. L'intentionnalité anime, constitue le noyau hylétique mais ne suffit pas à sortir du solipsisme. Il faut considérer l'être en soi en tant qu'Autre nécessaire à l'existence de l'être pré-réflexif comme à l'être du phénomène[2]. La « preuve ontologique » sartrienne est donc à saisir comme nécessité comprise du caractère transcendant du monde pour la conscience intentionnelle. Toute l'analyse de la spécificité de la transcendance, dès l'Introduction de *L'Être et le Néant*, vise à écarter les solutions idéalistes et réalistes au problème de la genèse de l'être du phénomène. L'immanence comme mode de représentation privilégié de l'être ne restitue pas suffisamment l'activité constitutive du sujet, l'idée d'une dépendance du monde à sa pure représentation ne tient pas compte de la résistance ontique de celui-ci.

LES PRIVILÈGES DU NÉANT : SA CONCEPTION

Le néant comme positionnement essentiel de l'en soi

La réévaluation philosophique du néant est inséparable de ce que signifie, pour l'homme, *s'interroger*. C'est toujours l'être qui, dans toute question, est mis en question. Une forme d'attente perpétuelle de dévoilement concernant l'être accompagne toute question. L'être ne peut être interrogé dans sa totalité qu'à partir d'une négation potentielle le concernant. Cela signifie que tout jugement affirmatif ou négatif suppose que la positivité apparente de l'être qui nous entoure soit, du point de vue du sujet, essentiellement et intimement entachée de négativité. Ainsi appréhendé, le néant n'est pas ainsi un accident de l'être en soi, à la manière dont la mort

1. *EN*, p. 29.

2. Sur la nécessité de la projection constituante vers l'Autre du monde, *cf.* A. Badiou, « Saisissement, déssaisie, fidélité », *Les Temps Modernes*, « Témoins de Sartre », p. 14-22, 1990.

apparaît comme dimension propre à la temporalité, ou, dans la *Critique de la Raison Dialectique*, comme un «trou dans l'histoire»[1], mais il est la condition originelle de tout positionnement de l'être sur le mode de l'interrogation.

En prenant ses distances à l'égard de la *selbständigkeit* comme de toute théorie de la *causa sui* de l'être, Sartre n'avance pas d'explication de l'être du phénomène extérieure à la problématique de son apparition. Il restreint en quelque sorte l'analyse au pur apparaître de l'être, posé comme « soi », identité sans activité ni passivité, « en soi », autrement dit sans rapport à soi propre à la conscience, pur « être »[2], indépendamment de relations modales au possible ou au nécessaire. La négation de l'être en son sein peut donc avoir, de ce point de vue, une origine, elle ne saurait recevoir de fondement autre que la liberté. L'évaluation du négatif humain dans sa diversité[3] conduit à la dépendance ontologique du néant à l'égard de l'être. Le néant ne peut se néantiser que sur fond d'être »[4] dans la mesure où, au préalable, la réalité humaine a été décrite comme liée à la négation potentielle qui la fait exister au sein de l'être comme conscience. Non seulement « de l'être on ne dérivera jamais la négation », ce qui injustifie le néant du point de vue causal[5], mais la possibilité concrète de nier renvoie à une condition de possibilité : «que le non être soit une présence perpétuelle, en nous et dehors de nous»[6]. Cette permanence du néant au sein de l'être résiste à toute détermination logique ou dialectique, si l'on se contente d'opposer le néant à l'être comme son antithèse contemporaine. Autre plus radical, le néant contredit l'être sans le compléter, en le niant postérieurement à son positionnement. Il n'est pas non plus le vide qui est «vide de quelque chose». Le néant n'est pas vide dans le cadre d'une synthèse dialectique au sein de l'être. L'opposition à Hegel dans *L'Être et le Néant* porte essentiellement sur cet aspect *a priori* indéterminé du néant sartrien. Nulle chance

1. *EN*, 4e partie, chap. II, p. 589; *CRD* II, p. 320.
2. *EN*, p. 31-32.
3. *EN*, p. 37-56.
4. *EN*, p. 56.
5. En cela, contrairement à ce qu'il dit (p. 46), Sartre se distingue de Bergson en ce sens que, pour ce dernier, le caractère « inconcevable » du néant vient du fait qu'on ne peut, à partir de lui, *déduire* l'être. Pour Sartre, on ne déduit pas la négation de l'être car elle exprime la liberté; pour Bergson, on ne déduit pas l'être du non-être, la question de l'origine de l'être à partir du néant étant de fait, un «faux problème». Bergson, *L'évolution créatrice*, Paris, P.U.F., 1969, p. 272-298; *La pensée et le Mouvant*, Paris, P.U.F., 2003, p. 104; Deleuze, *Le bergsonisme*, *op. cit.*, p. 6-7; Jankélévitch, *Henri Bergson*, Paris, P.U.F., 1999, p. 200-228.
6. *EN*, p. 46.

de le récupérer dans un mouvement temporel qu'offrirait une inspection philosophique de l'être. L'enjeu est de rendre autonome le néant sur le plan ontologique en radicalisant sa contingence. La « conception phénoménologique du néant »positionne ce néant sur le mode anthropologique : la caractéristique dévoilante du *Dasein* fait de l'homme l'être par lequel le néant surgit de l'être. L'angoisse ne peut révéler quelque chose de l'être que par son caractère de réflexivité douloureuse. « La contingence du monde apparaît donc à la réalité humaine »[1]. A l'attitude spéculative de Heidegger s'oppose une forme d'utilitarisme humaniste chez Sartre. Il faut que l'affirmation du néant, comme fondement de toute négation, de tout positionnement de l'être, puisse servir une compréhension renouvelée de la réalité humaine, qu'elle ne soit pas pour cette raison coupée de l'expérience humaine la plus concrète. Le recours incessant de Sartre aux raisons psychologiquement éprouvées de la négation de l'être n'est ni gratuite, ni réductrice vis-à-vis de l'analytique existentiale de Heidegger dont, par ailleurs, elle tire l'essentiel concernant le sens de l'angoisse[2]. La mise en situation humaine, psychologique, joue comme restitution des conditions d'existence du néant au sein de l'être dont la réalité humaine est, en quelque sorte, dépositaire. « L'absence, l'altération, l'altérité, la répulsion, le regret, la distraction »[3] sont des réalités humaines du néant. Ayant rejeté la question du fondement de l'être en termes créationnistes *ex nihilo*, ou substantialiste, de type *causa sui*, Sartre prolonge cette attitude concernant le néant. « L'Être par qui le Néant arrive dans le monde est un être en qui, dans son Être, il est question du Néant de son Être : l'être par qui le Néant vient au monde doit être son propre néant »[4]. Le néant dépend de l'être pour exister comme néant, et non réciproquement. Le risque serait de lui conférer une sorte de pouvoir de transcendance au cœur de l'immanence, alors que s'il ne fait que « hanter l'être », c'est qu'il neutralise l'opacité du monde déterminé *et* le questionnement lui-même par une double distanciation.

Le néant est une modification non de l'être mais de son rapport à lui. Il n'est pas donné à la réalité humaine « d'anéantir, même provisoirement »,

1. *EN*, p. 53.

2. Cf. Heidegger, *Être et Temps*, § 40 : « La disponibilité fondamentale de l'angoisse : une insigne ouverture au Dasein », trad. Fr. Vezin, Paris, Gallimard, 1986. Sur le rapport à Heidegger, les concepts de « rien », de « néant » et « d'angoisse », voir *EN*, p. 62-65.

3. *EN*, p. 56.

4. *EN*, p. 58.

la totalité des étants par rapport à laquelle elle se situe. « Ce qu'elle peut modifier, c'est son *rapport* avec cet être »[1]. Cette mise hors circuit est un échappement dont les conditions de possibilité renvoient non à l'être lui-même, ce qui serait contradictoire (c'est ce qui rend le déterminisme inopérant, notamment en psychologie), mais à un projet d'être originel de l'homme. « Cette possibilité pour la réalité humaine de secréter un néant qui l'isole, Descartes, après les stoïciens, lui a donné un nom : c'est la liberté »[2].

Dans *La Nausée*, Roquentin éprouve la contingence à partir du sentiment de cette dépendance et de son impuissance à fuir ce sentiment. C'est même l'impossibilité de fuir ce trop-plein de positivité et la conscience qu'il en prend qui aboutissent à l'écœurement de la « nausée » : de ce point de vue, celle ci est un aveu d'impuissance. « Il n'est pas donné à la réalité humaine d'anéantir, même provisoirement, la masse d'être qui est posée en face d'elle »[3]. La néantisation n'est pas une faculté intermédiaire entre deux états du monde. Le fait, pour l'être, de se rendre présent à lui-même par la conscience ne fait pas de la conscience l'origine possible d'un autre phénomène qu'elle-même, « fût-ce une seconde néantisation »[4]. La conscience de l'absence d'un être le fait certes exister pour ma conscience comme manquant ; pour autant, il n'est pas davantage au monde, cette présence d'absence pour moi ne le fait pas exister comme être, le néant est condamner à viser l'être qu'il n'est pas sans faire dépendre, en échange, la présence réelle de cet être de sa visée.

Contingence et temporalité. Le Néant et le privilège du futur

Sartre ne conçoit pas le néant comme milieu, ou moyen terme entre l'être et le non être. Son caractère originellement contradictoire suppose un en deçà existentiel, un préalable à ce que la psychologie et la logique peuvent en décrire[5]. En tant que négation, il est positionnement de l'être, refus irréflexif de celui-ci dont la mise à distance exprime tout le pouvoir.

1. *EN*, p. 59.
2. *Ibid.*
3. *EN*, p. 59.
4. *EN*, p. 63.
5. Sur le contingent logique, cf. Patrice Bailache, « Voyager dans le monde des possibles. Comment tient-on compte, en logique, du possible, du nécessaire, du contingent ? » *Pour la science*, oct.-déc. 2005, p. 60.

L'*époché* suppose un rien porté par la réalité humaine, une négativité inhérente dont le sentiment de contingence n'est que l'expression psychologique. Le fait que ce qui est pourrait ne pas être touche aussi bien l'essence du néant en tant que positionnement. L'angoisse doit donc à ce niveau être distinguée de l'hébétude ou de la frayeur face à la totalité des étants. « Dans l'angoisse, la liberté s'angoisse devant elle-même en tant qu'elle n'est jamais sollicitée ni entamée par rien »[1]. La contingence atteint le néant lui-même dans une réflexivité douloureuse par laquelle la simple nature ontique de l'être surgit dans une sorte d'injustification ontologique. Sartre anthropologise la contingence : c'est parce que les possibles offerts sont vécus comme relatifs à « mon possible » que l'angoisse s'avère révélante comme rapport au monde, et dans l'essence même de la conscience. Comme rupture constitutive, l'apparition de la contingence pour la conscience nécessite une séparation fondamentale, « la conscience se voyant coupée de son essence par le néant ou séparée du futur par sa liberté même »[2]. En privilégiant le rapport au futur pour décrire la tension propre à la conscience, Sartre fait du néant une puissance active par sa négativité, comme altérité interne à l'identité individuelle vis-à-vis de l'être. La dimension temporelle ne fait pas qu'intensifier le négatif, elle le transforme en projet.

Toute la moralité découle problématiquement de ce rapport à soi de l'être dont le néant assure la rupture. La tonalité kantienne de la radicalité auto-nomique de l'exigence morale subjective permet à Sartre de dépasser « l'hétéronomie de la volonté »[3]*et* d'ouvrir cette réflexivité douloureuse au futur. A travers l'angoisse comme saisie réflexive, non-thétique de la liberté, la conscience de la contingence échappe pour partie, cependant, à la quiétude purement réflexive du constat phénoménologique. Le statut si discuté du vécu dans l'ontologie est relatif au devenir de la conscience spontanée réalisée comme conscience réflexive de contingence. Le fondement de toute négation « au sein même de l'immanence », sur le plan du cogito, peut donc être interprété comme restriction anthropologique du problème de l'être[4]. C'est grâce à cette restriction que l'on peut com-

1. *EN*, p. 71.
2. *Ibid.*
3. « La valeur tire son être de son exigence et non son exigence de son être », *EN*, p. 74.
4. Voir J. Launay, « Sartre lecteur de Heideger », *Temps modernes,* « Témoins de Sartre », p. 413.

prendre le caractère révélant de l'angoisse, le lieu *humain* de la révélation, le propre révélant de l'humanité, ainsi que sa nature irréductible.

Le lien de la contingence à la temporalité est décrit dans *L'Être et le Néant* comme relation « angoisse-fuite » et fait de l'homme l'être « par qui le néant vient au monde »[1]. Le fond d'interrogation sur l'être par lequel Sartre se situe dans le prolongement (discutable) de Heidegger peut être interprété comme « angoisse », comme condition de possibilité de la mauvaise foi. Il « faut » que l'être puisse être son propre néant. « Ainsi apparaissent les transcendances du passé et du futur dans l'être temporel de la réalité humaine »[2]. C'est pourtant à partir d'une temporalisation de l'être par la présence refusée de son futur dans l'angoisse que le problème se pose, et l'exigence interne à l'angoisse de « devenir sans le vouloir », voire même de « vouloir sans le vouloir » est plus ou moins mal vécue. La présence du néant dans l'être témoigne déjà de la négation au sein de l'être comme futur. Le privilège accordé au néant pour justifier l'existence de l'angoisse et la décrire, suppose à son tour le privilège du futur dans l'être de la conscience comme conscience d'être. Les réalités psychologiques sont, de ce fait, à la fois *négatives* et *intégrées*. Tous les sentiments et les relations indiquant la présence du négatif *dans* l'être positif et non en dehors de lui, Sartre les nomme *négatités* : la distance, l'altérité, le regret, l'absence.

L'existence et le néant

Le néant apparaît sur un fond d'interrogation sur l'être. Le point de convergence essentiel réside dans une pensée du non correspondant chez Heidegger à une thématique du rien. En interprétant le « dépassement » ou « transcendance » évoqué par Heidegger dans *Qu'est-ce que la métaphysique ?*, Sartre déduit le néant de la réalité humaine[3]. Cette traduction permet à Sartre d'anthropologiser la nature même du rien par lequel l'en soi peut apparaître dans sa massive contingence, son indissoluble opacité. La lecture anthropologique du néant et du *Dasein* est rejetée clairement

1. *EN*, p. 81.

2. *Ibid.*

3. « Das sein (...) sich nur in der Transcendenz des in das Nichts hinausgchaltenen Dasein offenbart ». « *L'être* ne se révèle que dans la transcendance de la réalité humaine qui, dans le *néant*, émerge hors de l'existant », trad. H. Corbin, *Qu'est-ce que la métaphysique ?*, Paris, Gallimard, 1968 (*Was ist Metaphysik ?* Edition Klostermann, p. 40).

par Heidegger dans sa *Lettre sur l'humanisme*[1]. Selon le philosophe allemand, Sartre comprendrait l'existence au sens traditionnel d'*existentia*, concept antithétique de l'essence (*essentia*). C'est en renversant l'ordre métaphysique classique qu'il faudrait, selon Sartre, partir de l'existence comme *actualitas* pour déterminer l'essence, alors pure possibilité d'être conçue comme idée. Chez Heidegger, l'horizon problématique est tout autre puisque le terme *eksistenz* ne renvoie pas à la réalité humaine comme conscience, mais marque la présence extatique de l'être accessible à l'homme, appelé à soutenir une certaine vérité de l'être. Le souci étant le souci de l'être[2], Heidegger exclut la phénoménologie de l'angoisse associée à la seule condition humaine. Mais, en comparant Hegel et Heidegger[3], Sartre montre le caractère élucidant que la conception du *Dasein* engendre. Le rôle dévoilant de l'angoisse, l'humanisation de ce néant venant « iriser le monde », « chatoyer sur les choses » implique un pouvoir paradoxal de l'impuissance, l'homme étant non seulement l'être par qui le néant vient au monde, mais celui à qui la présence de l'être se dévoile sous une forme originellement négative, cette négation fondamentale, non dérivée de Heidegger, supporte les « négatités » futures comme condition existentielle de possibilité. Il faut que l'activité incessante de néantisation s'unifie en son point d'ancrage négateur, véritable pôle de liberté, en lui-même injustifiable, et dont la réflexivité constitue précisément l'angoisse. La néantisation n'est pas produite ou déterminée par ce qu'elle met précisément en question : le néant n'est pas conçu à *partir de* l'être. Le privilège du néant se vit contradictoirement dans le refus impossible de la liberté, rendant inévitable la tentation d'échappement à soi du pour soi que constitue la mauvaise foi.

La mauvaise foi, le mensonge

Une synthèse en soi pour soi rendrait la différence ontologique impossible. La réalité humaine ne peut se produire elle-même dans une sorte d'autarcie métaphysique. Le pour soi doit assumer sa dépendance à ce qu'il fait de lui-même comme néant d'être par lequel un sens quelconque peut être posé à l'existence. La condition rendant possible la mauvaise foi

1. Heidegger, *Lettre sur l'humanisme*, Paris, Aubier, 1964.

2. Heidegger, *Être et Temps*, § 41 sur « l'être du Dasein comme souci » ; § 64-65 sur la temporalité comme « sens ontologique du souci ».

3. *EN*, p. 51 *sq*.

est donc l'être négatif de la valeur comme devoir être analysé *après* l'expérimentation existentielle de la mauvaise foi[1]. Puisque le pour soi s'appréhende lui-même comme non être, « étant non-être, il ne peut tirer de soi la force nécessaire pour se néantiser »[2], la présence à soi comme le devoir être paraissent frappés du même sceau de contingence radicale. Les déterminations psychologiques de la mauvaise foi renvoient à des conduites inauthentiques d'évitement de la finitude. Ainsi, la mauvaise foi est distinguée du mensonge, comme on peut le faire du désir et de l'erreur. Une disproportion intime rend possible cette conduite à partir du constat nécessairement réaliste qui l'engage à se vouloir comme mauvaise foi. « Le véritable problème de la mauvaise foi vient évidemment de ce que la mauvaise foi est foi »[3].

Qu'en est-il de l'inauthenticité sartrienne, et que peut révéler la négation contradictoire de la liberté? En distinguant la mauvaise foi du mensonge, Sartre décrit non la négation de soi ou de son être par laquelle on définit généralement cette attitude, mais la négation de son être *comme néant* « au lieu de diriger sa négation vers le dehors », la conscience « la tourne vers elle-même »[4]. Il n'y a pas réciprocité logique du mensonge à soi et du mensonge à autrui. Le menteur vise ce qu'il est censé connaître pour pouvoir mentir. Il choisit, en cynique, de nier ce qu'il sait d'un être posé *a priori* comme entièrement transcendant à sa négation, et donc à la vérité acquise au préalable. En niant la vérité, il fait jouer au langage le rôle inverse de révélateur du monde. L'événement devient comme prisonnier d'une conduite « jouée, mimée », celle du personnage de menteur, mais il est posé dans sa transcendance même dans la mesure où la conscience est bien obligée d'admettre pour elle-même ce qu'elle doit refuser à l'autre : une parole vraie sur l'être. Sartre ne pousse pas très loin dans *L'Être et le Néant* l'analyse des conditions existentielles du mensonge comme négation de l'être, considérant « qu'il ne requiert pas de fondement ontologique spécial »[5]. Mais les *Cahiers pour une Morale* révèlent la nécessité d'une altérité préalable, puisque le « mensonge met la liberté de l'autre entre

1. « Le pour soi et l'être de la valeur », 2e partie, chap. I, « Les structures immédiates du pour soi », III, *EN*, p. 123.

2. *EN*, p. 57.

3. *EN*, p. 104.

4. *EN*, p. 83.

5. *EN*, p. 84.

parenthèses »[1]. Sartre y distingue plus nettement l'enjeu de la différence entre le mensonge à soi et le mensonge à autrui appartenant fondamentalement à « l'essence de la violence ». L'être préalable du *mit sein* est simplement et normalement requis dans *L'Être et le Néant*, comme condition minimale de ce phénomène « normal »supposant « mon existence, l'existence de *l'autre*, mon existence *pour* l'autre et l'existence de l'autre *pour* moi »[2]. L'horizon existentiel n'est pas supposé original pour que soit possible le mensonge. Sartre reprend le positionnement du *mitsein* sans le prolonger, ainsi que le fait Heidegger, par une problématique de l'être comme conditionnant l'être pour autrui (*mitdasein*). Notons que l'axe est psychologique, la vérité des conduites du trompeur, relative à son projet de mensonge, devant être distincte du projet de la mauvaise foi, c'est cela qui est pour Sartre en question. La « structure intersubjective du *mitsein* »[3] n'est évoquée que pour réfuter l'inconscient, autrui étant nécessaire pour fonder consciemment la synthèse nécessaire entre la « thèse inconsciente et l'antithèse consciente », le but étant de montrer que non seulement il n'est pas possible de mentir inconsciemment, mais qu'il est « impossible de recourir à l'inconscient pour expliquer la mauvaise foi »[4]. La distinction du mensonge et de la mauvaise foi démasque l'activité constitutive du contenu du mensonge, du rapport à autrui et de l'image de soi. Le menteur ne va pas jusqu'au bout de la négation entièrement tournée vers l'extériorité, celle-ci fût-elle relative à une conscience autre préalable. Si la femme frigide « distrait sa conscience du plaisir qu'elle éprouve pour se prouver qu'elle est frigide »[5], elle nie cependant autre chose que l'extériorité de l'en soi, ou d'un rapport neutre au monde. Cette négation particulière suppose un autre engagement. La mauvaise foi n'est pas une simple inversion du mensonge, en ce qu'elle suppose un projet de nous faire être ce que nous sommes, là où le mensonge consiste à jouer pour l'autre ce projet, par peur ou intérêt. Les descriptions sartriennes de la femme frigide, de la coquette, du garçon de café[6] visent l'état d'esprit nécessaire, constituant la condition de possibilité psychologique de tout rapport à autrui, comme de l'impossible synthèse en

1. *Cahiers pour la morale*, éd. A. Elkaïm Sartre, Paris, Gallimard, 1981, p. 207-208 (désormais *CM*).

2. *EN*, p. 84 ; sur le *mitsein* et le *mitdasein*, Heidegger, *Être et Temps*, § 25-27.

3. *EN*, p. 87.

4. *EN*, p. 87.

5. *EN*, p. 90.

6. *EN*, p. 90, 91, 95.

soi / pour soi que je suis condamné à viser comme pure « représentation »[1]. Ce terme théâtral *signifie*, renvoie précisément à une volonté d'être, « sur le mode d'être ce que je ne suis pas ». L'attitude de la mauvaise foi réside essentiellement dans le refus d'assumer la distance à soi constitutive de son être *comme manque d'être*. Ce manquement au manque est condamné à échouer, la synthèse étant impossible entre l'homme et son personnage, et cette présence à soi de l'échec de la mauvaise foi redouble du dedans l'imperfection ressentie par tout homme, jusque dans « l'idéal de sincérité ». L'impossibilité « d'être ce qu'on est » (mauvaise foi), comme d'être ce qu'on n'est pas (mensonge) rend la sincérité elle-même suspecte d'être trop rassurante[2] et, pour ainsi dire, d'être une forme particulière de « chosification ». L'homme qui s'avoue à lui-même qu'il est méchant, « s'évade pourtant » de fait de cette « chose méchante » qu'il n'est plus tout à fait suffisamment pour pouvoir la décrire. « Il tire un mérite de sa sincérité et l'homme méritant n'est pas le méchant, en tant qu'il est méchant, mais en tant qu'il est par delà sa méchanceté »[3]. Il y a donc une connaissance rendant possible la critique de la mauvaise foi comme anti-valeur. L'ignorance ôterait à la conduite humaine son caractère de conscience de facticité. Il faut que la synthèse visée soit ratée en connaissance de cause pour qu'une conduite de mauvaise foi soit possible. L'ignorant parfait serait innocent, sa conduite serait pure coïncidence avec soi, ce que le mythe de l'innocence-ignorance, « ignorance des réalités du monde qui sont « laides »[4], exprime en confondant vision du Bien et non-vision du Mal.

Négation, néant et liberté

La problématisation de la liberté repose entièrement sur la nature *négative* apparaissant sous la forme du *doute* (méthodologique, sceptique, ou phénoménologique dans *l'époché*) ou du vécu brutal de la contingence. Cette manière de considérer qu'au sein de l'être, le néant est un « être par quoi le néant vient aux choses » (*ibid.*) suspend donc de fait le problème de

1. *EN*, p. 96.

2. Dans une autre perspective, sur le soupçon concernant l'obsession de vérité, de transparence, d'aveu, *cf.* M. Foucault, *Histoire de la sexualité*, t. I, *La volonté de savoir*, Paris, Gallimard, 1976.

3. *EN*, p. 101.

4. Sur l'innocence, l'ignorance et l'être de la valeur comme non-être, *Vérité et Existence*, p. 99-102.

l'origine du néant à une enquête sur l'environnement du questionnant fait de « non être ». Sartre fait de l'origine de la négation une façon d'interroger la raison d'être des multiples négations qu'il constate, en les renvoyant à une faculté fondamentale, d'où un glissement anthropologique du problème de l'être à la nature négative du questionnement, de cette négativité, au néant comme « structure du réel » et fondement de la négation. Cependant, le « problème du néant » le fait apparaître lui-même comme contingent, cette contingence qu'il faisait surgir à la surface de l'être l'atteint aussi bien : le « néant » *exprime* ontologiquement la situation fondamentale de l'homme (interdisant toute synthèse En Soi /Pour Soi) puisqu'il est déjà pensable comme étant ce qu'il n'est pas et n'étant pas ce qu'il est. Si son origine nécessite une suspension définitive de jugement, *comment* se rend-il accessible à lui-même ? Et ce vécu qui accompagne sa propre réflexivité, Sartre en fait une réponse, l'angoisse, l'épreuve douloureuse d'une certaine révélation de contingence, la « mauvaise foi » et le « mensonge »incarnant des conduites d'évitement elles-mêmes révélantes.

A ce niveau d'analyse, la représentation d'une *activité* de « néantisation » conditionne l'économie conceptuelle de l'ouvrage, puisque ce néant[1] peut être compris comme un geste d'inachèvement philosophique aidant à penser tout type d'altérité, en l'homme, dans son rapport au monde et à autrui, jusqu'au positionnement de la valeur comme devoir être niant l'être présent. Si le néant n'est pas le complément de l'être mais son contradictoire[2], le positionnement d'une telle faculté de « néantisation » marque ce rapport de l'homme au monde et à lui-même d'un conflit originel que la dialectique de la rareté prendra en charge plus radicalement dans la *Critique de la Raison Dialectique*. A l'instar du rapport Bien – Mal sur le plan moral, il y a dissymétrie entre l'être et le néant, ce qui relativise les efforts de synthèse (par exemple vécus dans le bonheur, ici complètement absent, douteux dans les *Cahiers pour une Morale*) entre les deux pôles « être » et « néant », sans pour autant ôter à ces efforts synthétiques toute valeur dévoilante : on pourrait lire dans la mauvaise foi une lucidité admise puis refusée, au nom d'un bonheur illusoire, mais existant comme tel. La nature *contradictoire* doit pouvoir accompagner la relation entre l'être et le néant, pour que la liberté puisse apparaître et être décrite comme

1. Sur le plan de la conception du Néant comme sur le problème d'Autrui, *cf.* 3e partie de l'*EN*, p. 265.

2. *EN*, p. 47.

problématique. Il n'y aurait aucune description ni aucune justification possible de *l'angoisse* si l'être et le néant comme catégories ontologiques de cette faculté de distanciation se complétaient au sein d'une harmonie plus ou moins préétablie : c'est tout l'enjeu *moral* du refus, dans *L'Être et le Néant*, du naturalisme et du finalisme que la philosophie de l'histoire de la *Critique de la Raison Dialectique* va, là encore radicaliser[1]. Les conceptions « dialectique » et « phénoménologique » du néant[2] supposent le refus de la contemporanéité logique de ces deux pôles, de leur complémentarité, au point que la question est de savoir si une description du néant *peut être* dialectique sur un plan qui n'est pas historiquement situé[3], puisque la dialecticité suppose un conflit temporalisé. L'enjeu est d'évaluer le dépassement réel du dualisme dans un cadre où l'être reste le « fondement du néant en tant que néantisation de son propre être »[4]. La signification de cette dépendance du néant à l'être est la radicalisation de la situation existentielle, le relatif « matérialisme » de Sartre devant en assurer l'urgence et l'authenticité. Toute attitude contemplative nous renvoie alors aux conduites précédentes de mauvaise foi. Pour que le néant puisse incarner négativement la liberté, il faut que sa puissance négatrice soit affirmée comme facticité à la fois nécessaire et impossible, suffisamment contradictoire pour appeler, d'elle-même, son propre dépassement.

La nature antagonistique de la dialecticité

La dialecticité du néant réside dans sa nature contradictoire par rapport à l'être qu'il n'est pas et qu'il nie comme néant actif, néantisation, et comme tel, dans la réflexivité douloureuse de l'angoisse. Dans son rapport au temps et dans son rapport à l'ordre, la relation entre l'être et le néant ne suppose pas d'antériorité ou de supériorité de l'un des termes, mais suppose un antagonisme fondamental. Cette conception pour le moins antagoniste du rapport entre l'être et le néant exprime sur le plan de l'ontologie la vision sartrienne de la relation originelle de l'homme au monde : un décalage subi et permanent, et de l'homme vis-à-vis d'Autrui, puisque sa propre néantisa-

1. Sur le double rejet de la naturalisation des rapports de violence humains, *CRD* I, p. 274-277.

2. *EN*, première partie, chapitre I, p. 37.

3. Sur la dialecticité, voir G. Gurvitch, *Dialectique et Sociologie*, Paris, Flammarion, 1977, p. 204-227.

4. *EN*, p. 119.

tion n'est jamais neutre, fût-ce dans le cadre préhistorique de la description phénoménologique. Egalement contingents, l'être et le néant s'opposent, et leur hétérogénéité marque une distance et une différence absolue entre l'être de l'en soi et l'être du pour soi qu'aucune dialectique ne pourrait dépasser. Le matérialisme sartrien est, dans *L'Être et le Néant*, ontologiquement polémologique, il se traduit ensuite psychologiquement par une description des conflits, aussi bien pour ce qui est de l'être des valeurs [1] que du circuit de l'ipséité [2]. Mais c'est, dès le départ, l'appréhension de la réalité humaine qui privilégie sa disproportion interne. Paradoxalement, le pouvoir du néant vient de son impuissance. C'est l'un des nombreux malentendus concernant sa conception. Celui ci n'est pas « rien », puisque si le « phénomène de vie » qu'est la mort cesse d'être *interrogé* par la mort choisie, il ne cesse pas pour autant *d'exister* comme phénomène. Se suicider n'est pas ajouter un refus supplémentaire et « libre » à la situation être-néant, mais retranchera la puissance, donnera raison à la contingence, fuira l'interrogation, la distanciation, sans pour autant l'annihiler par la néantissement de sa propre négation. La stricte dépendance du néant à l'égard de l'être sert l'impossibilité de la coïncidence pour soi-en soi. Une fracture est décelable phénoménologiquement, c'est la « facticité du pour soi » [3] dont l'analyse révèle là encore le conflit révélateur. Autrement, l'angoisse perdrait son statut de voilement de l'être par la conscience. « L'humanisation du néant » [4] qui oppose par ailleurs Sartre à Heidegger est à ce prix. C'est pourquoi l'anthropologie de Sartre présuppose une analyse précise de cette dépendance et de ce conflit à l'intérieur de la réalité humaine qui le détermine. L'humanisme de Sartre est entièrement suspendu à la nature *conflictuelle* de la dialectique de l'être et du néant que les deuxième et troisième parties de *L'Être et le Néant* prolongent. Si « l'être *est* et le néant *n'est pas* » [5], c'est que « l'être est antérieur au néant et le fonde ». Encore faut-il entendre par « fondement » une simple antériorité dans la représentation, non dans la *valeur* : c'est ce qui distingue Sartre du strict matérialisme. Cela signifie que la négativité du néant n'ajoute *rien* à la plénitude opaque de l'En Soi [6]. Aucune unité de l'être n'est donc

1. *EN*, p. 123.
2. *EN*, p. 142.
3. *EN*, p. 117.
4. Cf. V. Descombes, *Le même et l'autre*, Paris, Minuit, 1979, p. 61-67.
5. *EN*, p. 51.
6. Cf. sur ce point Deleuze, *Le Begsonisme*, introduction, *op. cit.*, p. 5.

nécessaire, et sa négation intervient par le négateur qu'est la conscience humaine. « L'homme est l'être par qui le néant vient au monde »[1]. Ce fait est doublement important. Sur le plan *logique*, la relation entre ces deux régions de l'être Pour Soi et En Soi est *a priori dissymétrique*. L'être en soi, parfaite identité, ne peut se réfléchir ou entrer en relation avec lui-même sans contredire le postulat de départ, c'est-à-dire la coïncidence absolue avec lui-même. Le fait de poser l'identité (qui, sur le plan logique, est bien une relation) de l'être apparaît sur le plan critique injustifiable, sauf à considérer la contingence du surgissement du néant comme événement conflictuel arrivant à l'être et conditionnant la prise de conscience de son identité absolue. Sur le plan *anthropologique*, si l'être en soi n'a nul besoin de son apparition à une conscience pour être, l'univers naturel nécessite la présence d'une distanciation pour *s'éprouver* comme plénitude d'être. A l'humanisation du néant correspond l'humanisation de la nature par la néantisation qui fait surgir le déséquilibre, condition de l'histoire[2], et dont l'orientation suppose un choix moral[3]. Est-il possible d'envisager une compréhension de la nature passant par celle de l'homme conçu comme participant à ces deux régions de l'être ? Comme véritable *lieu* de dévoilement de l'essence de l'être par la conscience (nauséeuse puis engagée) de sa contingence, il peut faire l'objet d'une herméneutique particulière, la « vie » étant elle-même interprétation continuelle. Le positionnement de l'être suppose un horizon téléologique[4], même si cette finalité est à la fois conflictuelle et négative. Le problème de l'origine du surgissement du néant à partir de l'être qu'il nie et contredit exprime celui de la naissance de l'esprit dans la nature. Le *privilège* du néant réside dans sa fonction dévoilante, pour autant que la présence (le « il y a » parvenu au stade de la réflexion) de l'homme sur terre implique un engagement à partir de cette prise de conscience. Le fondement de cet engagement nous renverra donc à la question de l'authenticité : il faut auparavant décrire le cheminement vécu, intériorisé de l'apparition du néant *pour lui-même* : c'est à l'intérieur de cette dialectique propre à la situation conflictuelle de la néantisation que

1. *EN*, p. 59.
2. Faisant l'objet de la *Critique de la raison dialectique*.
3. Faisant l'objet des *Cahiers pour la morale*.
4. D'où la nécessité elle-même dialectique de comprendre la vie à partir d'elle-même.

l'angoisse joue son rôle philosophique majeur. L'angoisse ne peut être pensée comme révélante que dans un cadre théorique préalable orientant cette négativité.

L'ÉPREUVE DE LA LIBERTÉ : L'ANGOISSE

Négation et contingence

La prise de conscience du caractère contingent de la situation fondamentale de l'homme n'implique pas, en elle-même, de crise de la subjectivité : sur le strict plan conceptuel, le fait que ce qui est pourrait ne pas être – y compris la distanciation de l'être vis-à-vis de lui-même par la néantisation – ne comprend pas l'autre fait vécu de l'angoisse. Celle-ci joue le rôle, dans *L'Être et le Néant*, de condition de possibilité de la mauvaise foi. Le lien entre ces deux faits, la contingence et l'angoisse, constitue un événement philosophique, une relation particulière que l'on peut se représenter sous la forme d'un saut qualitatif[1] intérieur, une conversion métaphysique[2], perçue psychologiquement, et révélant le propre de la condition humaine. Encore faut-il que cette expérience de la facticité soit appréhendée comme fait fondamental, et assumée comme tel, en écartant toute réflexion « complice »[3]. Le Moi est toujours à « refaire »[4]. Ce ne sont pas tant les multiples existences de possibles qui sont angoissants plutôt que leur dépendance stricte à l'égard d'un moi qui se perçoit lui-même comme construit. Si « l'essence » est pour l'homme un avoir à être perpétuel, aucune *erlebnis* ne s'offre à la conscience descriptive du moi présent, l'homme étant toujours séparé de son « essence », qui est offerte à la seule compréhension rétrospective. C'est parce que cette « essence » est une exigence projetée sans être un recours « qu'elle est saisie comme angoissante ».

1. *Cf.* G. Marcel, *L'existence et la liberté humaine chez Jean-Paul Sartre*, Paris, Vrin, 1957.
2. *CM*, 486.
3. Sur le soi comme être insaisisable, *Saint Genêt, Comédien et Martyr*, Paris, Gallimard, 1952, livre II, chap. II, p. 69-70.
4. *EN*, 1re partie, chap. I-IV.

L'examen de la négation à l'œuvre dans l'angoisse précède, dans *L'Être et le Néant*, celui de la mauvaise foi[1]. C'est le concept d'imprévisibilité qui donne à l'angoisse son statut dévoilant de la liberté humaine. De la valorisation de l'expérience de la contingence vécue dans l'angoisse, et de l'imprévisibilité éprouvée par la conscience découle une « dégradation essentielle de l'en soi »par laquelle le pour soi apparaît dans sa pure négativité comme « néant ». L'enjeu est de définir la liberté comme « structure permanente de l'être humain »[2]. C'est dans ce cadre que l'angoisse doit être reconnue comme une expérience privilégiée et souffrante de sa manifestation. La « séparation de l'homme de son essence » est vécue et pensable comme une exigence de sens, c'est à ce niveau que Sartre se démarque fondamentalement de Kierkegaard et de ce qu'il considère comme l'héritage de Heidegger. La compréhension intime de la contingence dévoile pour lui l'exigence d'un devoir être inassimilable dans sa totalité achevée. C'est parce que le «fond existant»[3] ne dit rien, de lui-même, de ce qu'il faut en faire, que l'ensemble des possibles existe pour moi comme autant de « valeurs ». C'est l'action elle-même qui délivre le pour soi du poids inhérent à son propre futur comme choix, et donc création. Si l'acte de me lever me permet « d'éluder » la question « Est-ce que le travail est ma possibilité ? »[4], c'est que tout le sens angoissant est donné par l'indétermination *a priori* de tous mes possibles. La conception du néant joue ici un rôle moteur, elle rend philosophique l'appréhension du « rapport originel aux valeurs »qui ne peut, dans l'angoisse s'appuyer sur l'être. « La valeur tire son être de son exigence et non son exigence de son être »[5]. L'engagement est, de ce fait, l'origine de l'angoisse et non son prolongement, comme on a pu le croire en interprétant la notion sartrienne de «projet». Du même coup, Sartre ne valorise l'angoisse et sa nature révélante que pour sauver, sur un mode kantien, l'autonomie du sujet existant[6]. Le but explicite est de faire de l'épreuve du choix existentiel une donnée quotidienne de l'exigence éthique (la « situation ») et la preuve de la liberté par l'exigence morale. En voulant fonder la morale par la liberté,

1. La négation dans l'angoisse est décrite dans « L'origine du néant », p. 56-82, celle de la mauvaise foi constitue le chapitre II.

2. *EN*, p. 71.

3. *EN*, p. 73.

4. *Ibid.*

5. *EN*, p. 74.

6. « L'hétéronomie » de la volonté est le piège par excellence du fondement de la valeur dans l'être, *EN*, p. 74.

Sartre fonderait ici la liberté par l'exigence morale. C'est ainsi que l'on peut saisir, d'un part, le rôle du « néant », lequel évacue ontologiquement de l'origine de l'acte tout être permanent susceptible de garantir l'exigence morale et, d'autre part, la présence de cette menace comme critère nouveau, plus radical, de la moralité de l'engagement. On le voit ici : la précarité originelle de la situation, appréhendée à travers cette exigence sans fondement d'avoir à se fonder nécessite le recours à une catégorie radicale de délaissement, le « néant » jouant ce rôle d'inachèvement originel de la condition humaine. La nécessité par le négatif permet à la fois de faire de l'existence injustifiée un fait insupportable devant être dépassé, et du support de ce dépassement un avoir à être qui définit la valeur. La « conversion morale », objet des *Cahiers pour une Morale*, s'impose d'elle-même comme horizon de sens de l'angoisse, indépendamment de la possibilité de sa compréhension.

C'est dans *La Nausée* que s'exprime, comme dans une rencontre extraordinaire, le caractère quasi-monstrueux, injustifiable, de la *nature*[1] comme « excès d'être », ainsi que la possibilité non de refuser cet excès mais de s'y conformer. Moralement, Sartre rejette ce refus en décrivant le quotidien de la mauvaise foi. Il faut qu'exister « à la manière des choses » soit *toujours* une possibilité, pour que le divertissement pascalien[2] puisse être à ce point une anti-valeur. Le roman met en scène l'anti-valeur, l'inauthenticité résidant toujours dans un engagement cherchant à prendre appui sur l'être, et donc masquant l'origine négative du choix d'être. Une fois décrite, cette situation posera le problème inverse : en admettant la négativité, l'être de la valeur est-il tout simplement pensable jusqu'au bout sur le mode négatif ? Le risque est qu'une fois posé comme origine indépassable de l'être de la valeur, on ne puisse sortir du négatif sans retomber dans une « complicité »à l'égard du positif rejeté. Ce sera la question des « perspectives morales » de *L'Être et le Néant*. Mais l'objectif descriptif ne contient pas le contenu de la prescription qu'il rend pourtant nécessaire. Dans *La Nausée*, la mauvaise foi sert à masquer la précarité, la chute originelle que constitue la conscience de contingence. On peut donc la distinguer de l'autre chute, celle que constitue l'expérience de la « honte », laquelle suppose le rapport à autrui[3]. On peut rapprocher ce thème de l'excès d'être

1. Ainsi en témoigne la célèbre expérience du marronnier, *La Nausée*, p. 162-167.
2. Sur Pascal, *CM*, p. 38, 155, 440.
3. *EN*, 3e partie, chapitre I, L'existence d'autrui, « Le problème ».

décrit dans *La Nausée*: « Ma place n'est nulle part; je suis de trop »[1], la jeune femme « qui s'est rendue à son premier rendez-vous »[2] et qui masque son engagement en jouant l'envoûtement, ainsi que de la description du garçon de café qui en fait « de trop » pour être ce qu'on attend de lui[3]. Pour que la conscience du manque de justification de l'être puisse devenir angoisse, il faut que la contingence de l'être en soi puisse être intériorisée : cela signifie que le Pour Soi contient potentiellement cette révélation comme un miroir possède, en puissance, la capacité de refléter n'importe quoi. Ce pouvoir de refléter la contingence du monde constitue une subjectivation particulière, le *sujet* dont il s'agit ici devant être non substantiel pour que l'absence de garantie, de permanence constitutive du choix ne puisse jouer à son tour le rôle de l'être. Sans Ego constitué, l'inachèvement originel de ce sujet éclaté[4] rend ainsi possible ce reflet du monde. Encore faut-il que l'être-en-soi contienne à son tour une certaine insuffisance pour que son reflet soit possible. Sur ce point, la phénoménologie ne peut rien affirmer : *L'Être et le Néant* ne produit pas de cosmologie déterminée dans la mesure où cet en Soi n'est pas totalisable, comme n'est pas pensable « l'être en soi de la totalisation d'enveloppement » dans la *Critique de la Raison Dialectique*[5]: *l'angoisse* naît de l'impuissance de l'homme à s'intégrer dans une chaîne de causes extérieures et à donner un sens à cette impuissance en *l'assumant*, c'est-à-dire en choisissant la contingence perçue comme son propre *destin*.

Angoisse et temporalité dans L'Être et le Néant

Si la saisie réflexive de la liberté par elle-même constitue l'angoisse, le « sérieux » définit l'évitement de cette réflexivité, le positionnement coupable du pour soi « à partir du monde », « dans la substantification rassurante et chosiste des valeurs »[6]. Mais l'opposition de l'angoisse et de l'esprit de sérieux se fonde sur la faculté préalable d'envisager le futur comme une *œuvre*. Les efforts de distraction sont des échecs dans la mesure

1. *Ibid.* p. 156.
2. *EN*, p. 91.
3. *EN*, p. 95.
4. J. Colombel évoque une « diapora temporelle » du sujet sartrien dans *Sartre ou le parti de vivre*, Paris, Gallimard, 1995.
5. *CRD* II, p. 312.
6. *EN*, p. 75.

où l'angoisse est refusée au lieu d'être assumée comme une configuration partielle mais fondamentale de notre pouvoir néantisant. Sartre considère l'univers des possibles comme la preuve temporelle de la liberté angoissée, puis refusée, dans l'attitude de mauvaise foi. Si la fuite devant l'angoisse est d'abord échappement à soi de soi-même comme origine des possibles, le futur n'est pas le seul « objet » visé par la distraction, le passé pouvant menacer l'illusion d'innocence. Mais c'est en jouant à être son essence « sur le mode d'être de l'en soi » [1] que la conscience échappe illusoirement à son devenir. La temporalité n'est pas une simple dimension mais une condition de l'angoisse et de son refus « sérieux ». De la même façon, la « complicité » est le refus de reconnaître la distanciation à l'égard de soi-même, et peut se comprendre comme une application spatiale de la mauvaise foi. Sérieux (temporel) et complicité (spatiale) sont deux aspects du même refus de la temporalité originaire que Sartre décrit du point de vue des vécus de conscience. Mais tous ces efforts vains de se considérer « du dehors » comme chose au sein de l'en soi supposent comme condition de possibilité une situation fondamentale et indépassable de « néantisation de l'homme au sein de la temporalité » [2].

La mauvaise foi et le mensonge dépendent de ce qui est pourtant décrit après dans *L'Être et le Néant*, [3] à savoir : 1) la facticité du pour soi et 2) la temporalité.

1) la facticité n'est constatable que par le néant, « négatif qui est néant d'être et pouvoir néantisant tout ensemble » [4], qui lui-même ne se trouve pas en suivant un quelconque fil conducteur applicable sur le plan de l'être. Sans « fil conducteur », méthode intuitive prolongeant les données du cogito pré-réflexif, le philosophe appréhende la facticité du pour soi à partir de la situation de pure contingence et à partir d'une déduction du manque d'être en face de l'être que seul le cogito permet de faire. Sartre soupçonne bizarrement Heidegger de vouloir fonder une éthique « dont il prétend ne pas se préoccuper », de tenter de confondre « son humanisme avec le sens religieux du transcendant » [5], mais c'est afin de montrer l'impossibilité, pour l'en soi, de fonder sa propre néantisation. L'exclusion de l'idée de

1. *EN*, p. 78.
2. *EN*, p. 80.
3. *EN*, chap. I et II de la 2ᵉ partie, p. 117, 145.
4. *EN*, p. 116.
5. Sartre n'aurait-il pas dû écrire « passage de l'inauthentique à l'authentique » (p. 118) ?

causa sui participe à la démonstration de la facticité du pour soi qui elle-même conditionne le cadre, la situation temporelle de l'angoisse.

2) N'est-ce pas, au fond, que toute néantisation est temporalisation de l'en soi ? L'en soi n'est fondé que parce qu'il n'est plus tout à fait, qu'il est devenu pour soi, et donc mis à distance par une néantisation.

La contingence de l'en soi est conditionnée par ce que Sartre appelle une « totalisation en cours » dans la *Critique de la Raison Dialectique*, et qui n'est ici que la face immanente de la facticité du pour soi. « C'est cette facticité qui nous permet de dire qu'il *est* »[1]. La gratuité, le trop plein d'être a son revers psychologique, cette impression « d'être », pour le pour soi, alors que précisément cet être n'est vécu que comme « n'être pas » de l'en soi. Sur les trois dimensions temporelles analysées dans le cadre de *L'Être et le Néant*[2], le futur est privilégié pour deux raisons : le passé n'a de sens que visé, constitué intentionnellement par une conscience qui se projette au-delà d'elle-même pour se donner un nouveau sens. Il n'y a aucune indépendance ni puissance en dehors de cette projection, d'où le rejet pur et simple du causalisme de la psychanalyse. Par ailleurs, ce futur permet d'établir le lien entre le passé et le présent. Sartre considère les concepts de protension et de rétention hérités de Husserl comme efficaces à partir de ce lien. C'est parce que mon passé est « mien » que le lien s'établit, la facticité étant ce lien ontologique unissant passé et présent. L'angoisse est alors mon risque et la liberté mon être. Le passé est impuissant à hanter le présent sans cette facticité qui unifie les événements contre la dispresion de l'en soi. Mais c'est en souffrance et sans garantie, contre la menace d'une diaspora temporelle que le sujet futurise ainsi son passé comme l'un de ses possibles. Le présent n'est tel, lui aussi, que projeté hors de lui, et le futur est relatif à sa mémorisation et sa valorisation dans le présent. Cette mémoire du futur, c'est encore la facticité présente à elle-même qui la fait vivre, et la temporalité constitutive de l'angoisse qui la cadre.

Si l'angoisse dévoile l'absurdité de l'être, c'est donc parce que la conscience n'est autre que le reflet dans et par la distanciation surgissant au sein de cet être. L'échec que *L'Être et le Néant* met souvent en scène concerne le manque de raison d'être d'une réalité humaine qui échappe potentiellement à la causalité, mais qui refuse d'assumer cet échappement. Être vivant sans être finalisé produit la rupture au sein de l'être que signifie

1. *EN*, p. 121.
2. *EN*, p. 145-211.

l'angoisse. Cette rupture est irréductible à toute psychopathologie, dans la mesure où celle-ci réduirait la révélation de la contingence à un dérèglement de l'âme, supposant par là même une normativité des états d'esprit. *L'Être et le Néant* met en jeu un double mouvement pour réévaluer philosophiquement l'angoisse : faire de cette épreuve émotionnelle une expérience négative mais certaine de la liberté et la situer moralement comme une possibilité universelle. La conscience malheureuse peut par ailleurs indiquer une crise spirituelle liée à un contexte historique particulier dont Hegel explicite les conditions [1]. L'angoisse ne résiste à sa conceptualisation que par ce qu'elle dévoile de l'existence. Entre sa réduction pure et simple au concept et son oubli dans l'action, Sartre ouvre une brèche : ajouter au négatif évoqué par Hegel le « scandale de la pluralité des consciences », le problème de l'angoisse et de l'altérité [2], par une économie conceptuelle rendant compte des *faits*. Encore faut-il pouvoir tirer une vérité de l'épreuve de l'angoisse qui, en droit, ne délivre pas d'elle-même un quelconque savoir. Sartre ne sort pas de la configuration hégelienne du devenir. Le philosophe allemand détermine l'indistinction première de l'être et du néant comme indétermination contenant son propre dépassement. « La vérité n'est ni l'Être ni le Néant, mais le fait que l'Être est passé (et non passé) dans le Néant et le Néant dans l'Être » [3]. Confronté à l'angoisse, l'homme doit situer le fait de la contingence lui-même comme une épreuve révélante, dont le sens souffrant désigne une vérité propre au Dasein. Ce sens n'est pas une vérité de la qualité « souffrance », sans une valorisation elle-même contingente de la contingence éprouvée. Sartre ne fait qu'approfondir une région de l'ontologie hégélienne en considérant la réalité effective (*Wirklichkeit*) du négatif, mais en tant que face purement négative de l'immédiateté réfléchie. En d'autres termes, Sartre ne se préoccupe pas de la question « qu'est-ce qui est ? » mais de la question « qu'est-ce que c'est ? ». L'angoisse accompagne la présentation réfléchie mais non justifiée de la finitude. A partir de là, les conduites d'évitement vis-à-vis de l'angoisse, du dévoilement de la contingence, ont une raison d'être théorique ayant à voir avec le déséquilibre interne que la non-coïncidence de la conscience avec le monde fait naître, et avec un mode précis de fonctionnement lié à l'alternative de la mauvaise foi et de

1. A. Sanguennec, *Hegel, une philosophie de la raison vivante*, Paris, Vrin, 1997.

2. Hegel, Préface à *La Phénoménologie De L'esprit*, trad. J. Hyppolite, Paris, Aubier, 1939-1941, I-II.

3. *EN*, p. 289.

l'authenticité. L'épreuve de la liberté suppose une forme de reconnaissance philosophique particulière de ce pouvoir de fuite de l'homme à l'égard de sa condition. L'originalité de Sartre réside sur ce point dans l'objectivation des crises de la subjectivité. Donner un statut *révélateur* à la saisie réflexive de la contingence nécessite le dépassement de l'opposition rendue classique par Pascal et Kierkegaard[1] entre l'irréductibilité et l'intelligibilité de l'angoisse qu'aucune « foi » située *a priori* du côté du problème dépassé, ne peut sauver. Or, dépasser le subjectivisme, c'est faire de la néantisation le propre même de toute présence au monde et de sa fuite une donnée universelle de la Réalité Humaine.

Sans l'universalisation du négatif de la conscience par le concept de néant, le lien entre la liberté et l'angoisse resterait au stade du probable. Pour faire de l'angoisse le corollaire de la liberté, il faut que soit posée une relation immédiate entre les deux, aussi révélante et certaine que le cogito cartésien vis-à-vis du doute. D'où la circularité, de fait impliquée par les conduites de mauvaise foi, et sa mise en avant dans *L'Être et le Néant*. « Ce pouvoir néantisant néantit l'angoisse en tant que je la fuis et s'anéantit lui-même en tant que je *la suis pour la fuir*. C'est ce qu'on nomme la *mauvaise foi*. Il ne s'agit donc pas de chasser l'angoisse de la conscience ni de la constituer en phénomène psychique inconscient mais, tout simplement, je puis me rendre de mauvaise foi dans l'appréhension de l'angoisse que je suis, et cette mauvaise foi, destinée à combler le néant que je suis dans mon rapport à moi-même, implique précisément le néant qu'elle supprime »[2]. L'enquête phénoménologique dévoile le cercle : « je fuis pour ignorer mais je ne peux ignorer que je fuis »[3] et implique la présence de deux types apparemment distincts de transcendance : « l'ek-stase qui nous jette dans l'en soi et l'ek-stase qui nous engage dans le non-être »[4]. Toute l'analyse de la mauvaise foi, à commencer par la distinction avec le mensonge ou la réfutation de l'interprétation psychanalytique doit placer la néantisation comme une donnée immédiate de la conscience, un fait dont l'indubita-

1. Pascal, *Pensées*; Kierkegaard : *Crainte et Tremblement*, Paris, Aubier, 1935, p. 121. Sur le « sérieux » et la subjectivité, la subjectivité pure « *die über-greifende Subjectivitä* », *Le concept d'angoisse*, trad. P. H. Tisseau, Paris, Alcan, 1935, p. 215; *Crainte et Tremblements*, sur la crise morale, p. 83; sur « la détresse et l'angoisse » propres à la foi, trad. P. H. Tisseau, 1935, p. 121; sur « l'expérience », *Frater taciturnus & 1-4, Étapes sur le chemin de la vie*, trad. F. Guignot, Paris, Gallimard, 1975, p. 323-360.

2. *EN*, p. 80.

3. *Ibid.*

4. *Ibid.*

bilité de la liberté dépend philosophiquement. A ce titre, la réévaluation philosophique des négatités vécues et produites dans l'immanence est comparable à la réévaluation du statut de la violence dans la *Critique de la Raison Dialectique*. La description du caractère intentionnel de la mauvaise foi n'empêche pas des degrés d'irréflexion précédant son apparition. Il existe une transcendance dévoilée par l'angoisse vécue dans l'immanence dont témoignent les conditions humaines les plus banales : le jeu de la *séduction*, c'est le cas de la jeune femme qui feint sa propre inconscience pour fuir sa responsabilité, ou le jeu de l'automatisation dont témoigne la « danse » du garçon de café[1]. Davantage qu'une condamnation morale qui supposerait un être en soi des valeurs que seule une éthique est à même de prendre en charge, l'analyse précise la facticité *et* la transcendance, la facticité comme *étant* la transcendance[2] dans toute situation humaine. Dès lors, l'empâtement de la conscience dans la chose, la fuite dans la réification sont des témoignages de l'angoisse comme le fait de douter témoigne de la nature pensante du sujet.

Morale et angoisse

La temporalité est la condition du pour soi. Le « temps du monde »[3] est une certitude subjective dont la réalité renvoie tour à tour au caractère a-temporel de l'en soi ne « disposant pas de temporalité » et du pour soi dont le caractère ek-statique implique un surgissement problématique de la finitude. Le risque serait d'essentialiser à rebours ce qui, par définition, révèle une « existence », et donc de contredire la nature nécessairement inachevée de la Réalité Humaine. Il faut donc *situer*, préalablement à toute réflexion sur l'usage de la liberté, le « concept métastable transcendance-facticité » en le rapportant à une situation plus globale faisant intervenir Autrui. L'angoisse est certes une expérience dévoilante pour la subjectivité puisqu'elle témoigne de la facticité et de la transcendance du rapport de la conscience à l'être mais elle ne devient pleinement intelligible que par sa mise en situation : le rôle donné à Autrui dans la description de la liberté révélée par l'angoisse place celle ci – dès l'*Être et le néant* – aux portes de l'Histoire. L'homme, en tant que conscience *est* libre par *ce qu'il n'est pas*

1. *EN*, p. 95.
2. *EN*, p. 92.
3. *EN*, p. 245.

(au passé comme au futur). Le rapport de l'angoisse à la conscience du temps est aussi immédiat que celui de l'exaspération du doute à la révélation du cogito : la néantisation suspend l'identité à un projet d'être comme à un poids. Cette forme de pesanteur axiologique – il faut bien donner un sens, une valeur à son être choisi – envahit la relation de l'homme au monde. L'angoisse est la forme que prend la conscience de la liberté comme un *vertige* toujours possible[1] : « c'est dans l'angoisse que la liberté est dans son être en question pour elle-même ». La distinction avec la peur déterminée par la présence d'un danger imaginé est relative à cette absence de cause qui caractérise le vertige. « La peur est peur des êtres du monde (...), l'angoisse est angoisse devant moi. Le vertige est angoisse dans la mesure où je redoute non de tomber dans le précipice mais de m'y jeter ». La peur de la peur, à laquelle on assimile trop souvent l'angoisse, peut très bien à son tour être déterminée : le sportif, l'étudiant peuvent craindre de ne pas être à la hauteur, d'être parasités par la présence de l'enjeu et de ne plus pouvoir penser à leurs objectifs mais au risque d'échec. Mais là encore, il faut un resserrement de la conscience sur elle-même pour que cette peur d'avoir peur puisse être *dévoilante*, c'est-à-dire qu'elle puisse, en tant que pur vécu, se faire réalisation de la facticité et de son caractère originel ; il faut une césure entre les causes attribuées à l'action et sa représentation pour que le sujet se perçoive comme étant à l'origine de ses propres motifs. « L'existence de ce rien qui s'insinue entre les motifs et l'acte »[2] suspend la série de causalité avec laquelle l'homme de mauvaise foi voudrait bien s'enchaîner.

Une forme de transcendance particulière définit la néantisation réfléchie dans l'angoisse. Aucune neutralisation de cette prise de conscience autrement que par l'action n'est possible. C'est en cela que *L'Être et le Néant* suppose une conception *a priori* volontariste de « l'angoisse » comme les *Cahiers pour une Morale* le supposent à propos de la « conversion ». La réintégration, au sein de la subjectivité, de la facticité suppose une activité réelle, une transformation de soi par la transformation du monde. Si l'homme *doit* (ce devoir être n'est pas fondé par l'ontologie puisqu'il suppose une création de valeur que l'éthique aura à fonder) assumer le *continuum* de la néantisation comme un *état de fait*, le refus de l'angoisse prend, lui, une forme contradictoire. La facticité et la tempo-

1. Sur l'analogie entre la prise de conscience de la liberté et le vertige, *EN*, p. 64.
2. *EN*, p. 70.

ralité conduisent au fait le plus radical de la « transcendance » comme dépassement visé et reconduit dans son impossibilité même par la détermination volontaire de tout existant conscient. « L'esprit de sérieux » neutralise en apparence l'angoisse, et son efficacité suppose pour un temps une suspension de liberté jouée sous la forme d'une soumission à la nécessité. Mais le fait de suspendre ainsi sa liberté suppose à son tour un effort : il y a donc un certain coefficient d'adversité intime qui accompagne toute fuite devant la situation de liberté. Le néant que toute attitude « sérieuse » prétend supprimer est présupposé dans la suppression elle-même comme sa condition d'existence. C'est l'un des paradoxes de l'angoisse niée que d'accompagner la négation comme une condition de possibilité :

– L'angoisse est philosophiquement réévaluée sur le mode gnoséologique et pratique. *Il n'y a pas d'ignorance possible de l'angoisse* et de ce qu'elle révèle. C'est en cela que *L'Être et le Néant* ne propose certes pas une réduction de l'angoisse à un moment d'un cheminement s'achevant conceptuellement mais ajoute à la conscience vécue de la condition humaine l'impossibilité logique d'y échapper. A nouveau, la comparaison avec Descartes est possible puisque la fuite hors de la conscience de la facticité présuppose une conscience pleine et active de celle-ci, une connaissance aussi précise que la stratégie choisie pour y échapper. Se savoir libre par l'angoisse c'est connaître son propre délaissement.

– *La valorisation morale de l'angoisse* est entièrement suspendue à un objectif sous jacent par lequel la révélation de la facticité se présente comme condition de surgissement du *sens* à partir du *non-sens* [1]. De lui-même, l'absurde n'engendre rien d'autre que lui-même ; il ouvre cependant la voie à des conduites possibles. La *sincérité* de la conduite authentique ne se distingue pas du « sérieux », de la « complicité » ou de la « mauvaise foi » par *l'innocence*, mais par l'épreuve de l'angoisse qui donne à la liberté son vrai poids philosophique. Refuser l'innocence revient à rejeter la synthèse En Soi – Pour Soi comme une forme de synthèse idéalisée.

Si l'angoisse ne prouve pas logiquement la liberté humaine, c'est que l'ignorance des causes qui la déterminent n'épuise pas sa puissance révélatrice, à commencer par l'hypothèse d'un déterminisme psychologique. Face au psychologisme, il faut donc rappeler que l'angoisse n'apparaît pas

1. Sur le sens produit sur fond de non-sens assumé comme tel, voir André Stanguennec, opus cite.

comme une simple preuve de la liberté, mais que la prise de conscience propre à cette liberté est l'angoisse. Chaque homme peut redouter l'épreuve de la liberté en tant qu'elle se comprend dans la stricte intimité de l'immanence angoissée, mais la nature potentiellement universelle de ce qu'elle dévoile ainsi que l'ouverture de chaque projet au-delà du monde présent et subi font de l'expérience de l'angoisse une authentique reconnaissance. Si le rien qu'elle fait surgir dans l'être peut être vécu comme un rappel à *ma* responsabilité de *ma* finitude, la conscience de l'absence de détermination ne me dit rien, en elle-même, de ce qu'il faudra en faire. Ni l'optimisme, ni le pessimisme ne feront l'économie de la transcendance du projet d'être par lequel ils *pourront* avoir un sens. Et cette donation de sens concentre une formidable responsabilité sur les épaules de tout un chacun, si bien que l'on pourrait rapprocher la *mauvaise foi* (esprit de sérieux) ou son symétrique le *cynisme* (l'ironie) d'une forme d'égoïsme moral et d'égocentrisme psychologique. N'être sûr de rien ne dispense pas de donner un sens au « rien » par lequel il vient au monde, faute de quoi les attitudes de complaisance ou de fuite deviennent possibles à viser, tout en étant impossibles à réaliser.

Enfin, l'angoisse constitue l'épreuve de la liberté sur le plan de la *subjectivation*. L'inquiétude de l'existant humain n'est certes pas liée à la mémoire d'un péché originel mais au souci fondamental de résister à la différence qui sépare l'homme d'un monde auquel il appartient. Le simple fait que le substrat de soi-même ne peut être que *visé* dans le temps signifie l'échec *a priori* de tout subjectivisme, et donc de toute fondation subjective de la pratique. Le lien établi avec l'analyse kierkegaardienne du pressentiment *par l'angoisse* de la liberté tient à l'importance accordée à la culpabilité. « Ce qui s'offrait à l'innocence comme le néant de l'angoisse est maintenant entré en lui-même, et ici encore reste un néant : l'angoissante possibilité de *pouvoir* »[1]. Le penseur danois décrit les conditions préalables au péché originel, aucune résolution conceptuelle n'est envisageable, faute de pouvoir achever l'existence dans un système : « a) il peut y avoir un système logique b) mais il ne peut y avoir de système de l'existence »[2]. Précisément c'est l'inachèvement qui est pour Sartre constitutif de l'identité angoissée. La menace provient ici du futur possible.

1. Voir sur ce point Kierkegaard, *Le Concept d'angoisse*, Paris, Gallimard, 1990, notamment p. 204-205.

2. Kierkegaard, *Post-scriptum aux miettes philosophiques*, Paris, Gallimard, 1949, p. 72.

Si le Je n'est qu'un Moi passé au rang de Sujet, cette diaspora temporelle de l'Ego se vit comme l'intériorisation d'une facticité propre à l'En Soi dont le Pour Soi n'est que la réflexion. En ce sens, la liberté est aussi une épreuve identitaire, puisqu'au quotidien, la valeur de nos choix se pose comme un devenir *autre* de soi-même que seule l'action peut nous faire vivre comme une appropriation. En morale, la durée ne valide pas davantage que le fait ne valide le droit: à la pesanteur de la conscience de sa propre facticité correspond « l'angoisse éthique » thématisée assez tôt dans l'ouvrage[1], et qui fait apparaître, dans l'urgence de l'action, l'exigence de valorisation. Le sujet non substantiel de *L'Être et le Néant* ne peut revendiquer un « sens du monde » venant naturellement de lui-même comme d'un prolongement signifiant. Il reste donc à assumer la négativité de l'angoisse comme le contradictoire de « l'esprit de sérieux », sans solution religieuse mais avec « l'aperception angoissée des valeurs comme soutenues dans l'être par ma liberté »[2]. L'angoisse éprouve le pouvoir de néantisation sur le mode de la contingence. On pourrait en déduire une relativisation telle du devoir être qu'il finirait par se fondre dans l'être lui-même. Ce qui interdit la confusion entre l'être du devoir être et l'être de l'être en soi est l'exigence éthique qui doit prolonger la description phénoménologique par des prescriptions morales : ce sera l'enjeu fondamental de *Vérité et Existence* (1947), comme des *Cahiers pour une Morale* (1948).

LE POUR SOI ET L'EN SOI :
LA DIALECTIQUE NON DUALISTE DE *L'ÊTRE ET LE NÉANT*

Le manque d'être du pour soi comme pour-être

La conscience n'étant rien d'autre que ce dont elle a conscience, la suppression de l'Ego transcendantal husserlien confère à la néantisation un rôle fondateur de toute représentation et de toute action. Du même coup, l'analyse de l'être pour soi, de ses structures immédiates, de sa temporalité et de sa transcendance ne résiste à l'objection de subjectivisme que par l'absence préétablie de sujet substantiel. Le circuit de l'ipséité fait l'éco-

1. *EN*, p. 73.
2. *EN*, p. 74.

nomie d'un Je constitué, à tel point que l'Ego apparaît à la conscience comme un « En-Soi transcendant » [1]. La conscience de soi est non-thétique et perpétuellement en situation, rapportée à un univers qu'elle n'est pas, positionnant à la fois le monde des choses signifiées par elle, sa relation à ce monde et sa situation de relation sur fond de facticité généralisée. La « transcendance » dont il s'agit réside dans l'échappement à l'être en soi constitutif du pour soi, dans sa nécessité visée de dépassement de la contingence, non dans sa réalisation. C'est pourquoi la temporalité est au cœur du problème. Sartre prolonge la transcendance de l'ego par une dépendance absolue de la conscience à l'égard de son contenu. N'étant pas ce qu'elle vise, l'intentionnalité fait de la conscience un appel d'être. « Le Pour Soi est l'être qui est à soi-même son propre manque d'être. Et l'être dont manque le Pour Soi, c'est l'En Soi… Ainsi la réalité humaine (l'être-là, *Dasein*) est désir d'être-en-soi » [2]. L'impossibilité de la conscience du pour soi avec lui-même fait de chaque positionnement de soi dans le temps un projet d'être marqué par le manque d'être initial, ce qui pose immédiatement le problème de l'identité voulue : comment échapper à la mauvaise foi dans la recherche de réalisation de soi-même, fût-ce à titre de projet d'être ? L'inachèvement du pour soi signifie le refus d'un Moi constitué comme d'un Je constitutif. Le *manque* concerne non seulement la présence à soi irréfléchie, dont l'émotion ou l'image témoignent, mais le « circuit de l'ipséité » lui-même [3] en tant que la « personne » est, par son rapport au monde, une identité présente à elle-même comme absence.

Ce manque propre à la présence à soi comme absence de Je réalise une volonté éparse d'être, dont l'unité dans le temps dépend entièrement d'un projet fondamental. « C'est en tant qu'être qui est ce qu'il n'est pas et qui n'est pas ce qu'il est que le pour Soi projette d'être ce qu'il est (…). C'est pourquoi le possible est pro-jeté en général comme ce qui manque au Pour Soi pour devenir En-Soi-Pour-Soi » [4]. La coïncidence manquée constitue le pour soi ; le circuit de l'ipséité engage une temporalité propre à cette finitude du pour-être.

A la facticité et à la négativité s'ajoute donc une tension extrême mettant en jeu le simple fait de la possibilité pour l'homme de vouloir être quelque chose. Si tout le sens ne peut être que voulu et pro-jeté dans le

1. *EN*, p. 142.
2. *Ibid.*
3. *EN*, p. 143.
4. *Ibid.*

temps comme un avoir-à-être perpétuel, le manquement insignifie à ce point l'image que chaque homme se fait de sa propre identité constituée que l'exigence du devenir (l'engagement éthique) est lestée de sa propre insuffisance. En refusant tout achèvement des possibles, Sartre relativise jusqu'au manquement lui-même qui apparaît alors frappé de facticité.

L'idée de causalité comme projet : l'en soi est insignifiant par lui-même, le pour soi est instable

a) Si le pour soi est temporalité, l'en soi ne possède aucun devenir réfléchi. Du même coup, les trois dimensions temporelles décrites[1] dépendent de ce que le pour soi peut découvrir de sa propre activité de néantisation. Le « temps du monde » tire curieusement son caractère « objectif » de la temporalité vécue subjectivement par la conscience. La permanence intemporelle de l'être n'est ni une réalité absolue inconnaissable, ni une illusion pure et simple. L'en soi est perçu à travers le devenir du pour soi. « Il n'est donc pas vrai que l'intemporalité de l'être nous échappe : elle est, au contraire, donnée dans le temps, elle fonde la manière d'être du temps universel »[2]. L'aspect immuable de l'en soi ne dispense donc pas le pour soi de produire incessamment des « anéantissements » de « ceci », autrement dit de transformer par son activité négative le présent en passé, les successions extérieures en événements. Sartre déconsidère, au point de l'ignorer, la causalité physique, dans une perspective faisant de la connaissance objective un résultat relatif et particulier de projection du pour soi dans l'en soi qu'il n'est pas. Cette connaissance scientifique de la causalité est simplement « la saisie première de la temporalité de l'apparu comme mode ek-statique de l'être »[3]. L'ambiguïté propre à la saisie du caractère objectif du temps vient donc du fait que c'est par le passé que j'appartiens à la « temporalité universelle » et que je peux la comprendre.

Le présent dévoile l'échappement à soi, la permanence mobile de la néantisation. Dans son effort pour se constituer comme identité, le pour soi saisit sa propre transcendance par delà les relations purement extérieures entre les parties de l'en soi. La mobilité perçue[4] implique l'instabilité du

1. *EN*, p. 145-210.
2. *EN*, p. 246.
3. *EN*, p. 249.
4. Sur la conception sartrienne du mouvement, voir *EN*, p. 252-253.

pour soi reconnue à travers les mouvements externes. Si « le Pour Soi est au présent présence à l'être »[1], la permanence réside dans la continuité de l'instabilité reconnue par la conscience : le devenir propre au pour soi ne reflète, ni ne relève d'une durée propre au devenir de la nature.

Le futur manifeste dans le pour soi l'univers des possibles, autrement dit les temporalisations représentées pour une conscience qui parvient à imaginer ses projets d'être, son activité souhaitable de néantisation. Toute perception simple de « la table ou de l'encrier » manifeste l'essence de la chose. Il faut saisir cette forme de temps objectif sur fond de contingence radicale, faute de quoi il deviendrait nécessaire de se référer à une temporalité propre à l'extériorité, ce qui nécessiterait une métaphysique du devenir naturel. « Ainsi, le temps est pur néant en-soi qui ne peut sembler avoir un être que par l'acte même par lequel le Pour Soi le franchit pour l'utiliser »[2]. C'est à travers la distance qui sépare le pour soi de lui-même que son devenir autre peut être compris, problématisé dans le rapport à autrui, et que le devenir autre de l'altérité radicale de l'en soi peut être conçu.

b) La dialectique du pour soi dépendant de l'en soi pour exister comme néant et de l'en soi nécessitant un pour soi pour être reconnu dans sa facticité ne sauve des reproches de dualisme sous jacent que dans la mesure où l'on se place sur le plan d'un matérialisme très particulier. Sans Esprit Objectif, sans substance pensante constituée, ni matérialité constituante, l'univers des choses apparaît toujours relatif, non déterminant. C'est pourquoi la critique sartrienne du matérialisme est inséparable de sa dé-substantialisation du Sujet[3]. La « mondanité » par ailleurs connaissable selon certaines modalités du rapport en soi-pour soi n'a pas d'autre privilège que l'antériorité, mais sa passivité conditionne à ce point la *situation* du pour soi que Sartre a pu qualifier l'entreprise de *L'Être et le Néant* comme étant celle d'un juste « matérialisme »[4]. La *dualité* de l'être en soi et de l'être pour soi suppose d'une part *l'unité de l'être* (l'être transphénoménal des phénomènes correspondant à la transphénoménalité du Sujet) et, d'autre part, la réfutation de tout idéalisme de la matière. Le pouvoir de

1. *EN*, p. 255.

2. *EN*, p. 257.

3. Cf. M. Kaïl, « La critique sartrienne du matérialisme », *Temps Modernes*, « Témoins de Sartre », p. 309, 1990.

4. *Ibid.*

transformation de celle-ci suppose une distanciation que le déterminisme n'a même pas les moyens théoriques d'évoquer[1]. Si l'oppression suppose le préalable de la liberté, la mise en mouvement réelle ou imaginaire du monde implique une certaine verticalité, un « trou » dans la série causale objectivable dont la « connaissance » est alors un simple témoignage. L'idéalisme prétend pouvoir appréhender l'être comme *totalité* et le spiritualisme encercler l'en soi dans sa propre réalité. Le réalisme suppose l'inverse de l'idéalisme et le matérialisme pose l'encerclement de l'esprit par le conditionnement matériel. Sartre ne passe pas d'une logique à l'autre, comme le dira Merleau-Ponty[2]. Il relativise les relations moralement fondatrices ou *verticales* et les rapports gnoséologiquement déterminants ou *horizontaux* en les soumettant à une situation plus originelle. Aucune essence n'est requise pour penser la relation dissymétrique entre ces deux pôles de l'être. Distinguer *fondement* et *choix* de son être, c'est par exemple considérer le poids de l'extériorité comme déterminant dans la mesure où aucun projet ne se suffit à lui-même pour rendre raison de la transformation visée de l'en soi. La finitude vient à l'homme *du dehors*. Marqué par « le scandale historique que provoque l'abolition du subjectif »[3], l'homme n'est ni une synthèse harmonieuse du néant et de l'être, ni un pur esprit volontarisant son monde extérieur.

Il faut donc se tourner du côté du monisme pour saisir l'entreprise de *L'Être et le Néant*, et d'une critique du matérialisme pour comprendre l'enjeu politique de l'ontologie. Si le néant ne *fonde* rien de lui-même, le pur causalisme échoue à justifier n'importe quel choix. « Cette *possibilité* de décoller d'une situation pour prendre un point de vue sur elle (...), c'est précisément ce qu'on appelle liberté »[4]. La chaîne causale et connaissable comme telle *n'indique rien sur ce qu'il s'agit d'en faire*, pas plus que l'objectivation du passé ne renseigne sur la possibilité *ou* le devoir être futur. Renvoyer dos à dos les substantialisations matérialistes et spiritualistes au profit d'un monisme volontariste suffit-il à organiser, faute de pouvoir « fonder », l'unité vivante et concrète de la réalité ? A *l'ambiguïté*

1. Cf. la seule référence explicite au matérialisme dans l'*EN* évoquée par Michel Kaïl, « La critique sartrienne du matérialisme », *Temps Modernes*, « Spécial Sartre », p. 309, sur l'analyse des distinctions « idéalisme – réalisme » et « matérialisme – spiritualisme ».

2. Cf. R. Barbaras, *De l'être du phénomène*, Grenoble, Millon, 1991, p. 135.

3. *Ibid.* p. 337.

4. Cf., « Matérialisme et révolution », *Temps Modernes*, 1945, p. 194.

du matérialisme marxiste qui nécessairement conduit à faire des structures objectives le reflet et le guide de l'action correspond celle de l'ontologie phénoménologique de Sartre. Sa philosophie ne repose pas sur l'hésitation, encore moins sur un dualisme dénié mais précisément sur *l'ambiguïté* dont les recherches morales seront l'écho. L'ambiguïté (décrite) de la situation humaine est donc à distinguer de *l'ambivalence* propre à tout dualisme.

LE RÔLE CONSTITUTIF DE L'ALTÉRITÉ : LES EXIGENCES D'AUTRUI

La rencontre d'un autre pour soi[1] intervient comme un événement majeur pour la conscience qui, sur le strict plan de la réflexion, présuppose logiquement et phénoménologiquement Autrui sans pour autant souffrir de sa présence. Le « problème »[2] réside dans la nécessité du pour autrui dans la constitution du pour soi. La « structure ontologique » du sujet dont le souci fait apparaître l'altérité comme une distance et une proximité tout aussi indépassable que conflictuelle. A la stricte dépendance du moi à l'égard de cet Autre qui conditionne l'existence même de la conscience positionnelle du monde s'ajoute donc ce qui fait sans doute la profonde originalité des descriptions sartriennes à l'égard de Husserl : l'expérimentation problématique *a priori-a posteriori* d'Autrui. L'apparition d'une transcendance qui n'est pas la sienne renvoie la conscience à un monde qui n'est ni le non-moi objet, ni le non-moi reconnu comme simple équivalent à soi. C'est bien la *différence* qui est première. Or cette différence surgit à partir de l'expérience que chacun fait de son propre *corps*. « Ainsi la nature de *mon* corps me renvoie à l'existence d'Autrui et à mon être-pour-autrui »[3]. Il faut distinguer *l'apparition* psychologique du problème, autrement dit, l'écueil du solipsisme[4], de ses *implications ontologiques* et de ses *conséquences morales,* étant entendu que la tonalité éthique traverse bien cette troisième partie de *L'Être et le Néant*, sans qu'elle s'y réduise.

1. Le Pour-Autrui, *EN*, 3e partie, p. 265.
2. *EN*, p. 265.
3. *EN*, p. 261.
4. *EN*, p. 267.

L'apparition psychologique du problème d'autrui

Si le corps est bien ce par quoi je prends conscience de moi même comme apparition pour Autrui, c'est que dans la multitude des perceptions possible, la vision détermine la sensation d'existence extérieure : l'être-pour-autrui est avant tout vécu comme perçu dans le *regard*. Partant de l'expérience de la *honte*[1]. Sartre découvre une structure intentionnelle et constituante de la présence de l'autre sous une forme *originellement conflictuelle*. Ce que dévoile la honte n'est pourtant pas mystérieux : « J'ai honte de ce que je *suis*. La honte réalise donc une relation intime de moi avec moi : j'ai découvert par la honte un aspect de *mon* être »[2]. Si Autrui est décrit comme la seule médiation possible « entre moi et moi même », c'est que cette apparition n'est pas *a priori* une réflexion et *a posteriori* une représentation. Le regard de ce non-moi-non-objet se vit *a priori* comme « chute originelle » et *a posteriori* comme responsabilité. Mais tous les qualificatifs de mon être agissant, la vulgarité de tel ou tel geste, l'adresse ou la grâce, sont suspendus à une mise en scène originellement *polémique* du corps. Si l'on n'est pas vulgaire « tout seul », c'est bien que le positionnement du corps conditionne les jugements possibles à leur tour médiés dans la stricte intimité par l'image que je me fais de l'image qu'Autrui se fait de moi. A la limite, sa présence effective actualise la souffrance potentielle de ma propre objectivation, mais le regard que je porte sur moi la convoque déjà : je me perçois dans la glace tel que j'imagine qu'Autrui me perçoit, et ce dans une illusion que le regard va faire disparaître. L'expression de « chute originelle » est à comprendre dans le sens d'une « chosification » subie[3]. Tous les sentiments apparaissent sur fond d'opposition possible, si bien que la reconnaissance nécessaire à l'existence même de l'antagonisme paraît secondaire sur le plan du vécu psychologique.

Les implications ontologiques d'une conception antagonistique des relations humaines

L'être-pour-Autrui est l'intériorisation de la menace vécue notamment à travers le regard objectivant, « chosifiant », de cet autre. Non seulement

1. *EN*, p. 265-266.

2. *Ibid.*

3. Voir sur ce thème *Huis Clos*, Paris, Gallimard, 1945. Sur l'importance du thème d'Autrui dans la compréhension biographique de Sartre, voir *Les Mots*, Paris, Gallimard, 1964.

donc, l'échappement à soi produit une transcendance à l'égard du monde, mais à cette fracture, le pouvoir de néantisation de la conscience, s'ajoute la distanciation produite par la relation à l'autre. Si le pour soi renvoie au pour autrui comme une relation d'être à être, non d'une connaissance établie de soi-même à une autre connaissance établie de l'Autre, c'est donc un *approfondissement* des structures intimes du Cogito que la description des vécus psychologiques du conflit dévoile, non des conséquences aléatoires. D'emblée, « A l'origine du problème d'autrui, il y a une présupposition fondamentale : autrui, en effet, c'est l'autre, c'est-à-dire le moi qui n'est pas moi; nous saisissons donc ici une négation comme structure constitutive de l'être-autrui »[1]. La nature conflictuelle et constituante de la rencontre fait de la disharmonie le premier événement historique que Sartre n'appréhende par encore pour lui-même, c'est-à-dire pour ce qu'il est historiquement, l'ontologie réduisant la dialectique de la reconnaissance à des relations de conscience : les références à Hegel ne consistant, par exemple, qu'à réfuter son « idéalisme de la connaissance »[2]. Malgré son caractère préliminaire sur le plan dialectique, elle ouvre cependant le champ à une philosophie de l'histoire de l'inachèvement humain par la description du déséquilibre propre à toute relation.

Il faut penser en même temps l'échec théorique du « solipsisme »[3] *et* l'irréductibilité du Cogito à toute détermination extérieure. La solitude est impossible et à la limite du concevable, mais le pour soi résiste à toute synthèse avec autrui comme avec le monde. Aucune objectivation de cette relation à l'autre ne peut épuiser la richesse de la relation à Autrui, puisque l'on ne se situe pas sur le terrain de la connaissance abstraite, *mais* aucune harmonie préétablie ne peut garantir l'accord possible entre les consciences. « Aucun optimisme ne saurait donc faire cesser le scandale de la pluralité des consciences... La tâche qu'une ontologie peut se proposer, c'est de décrire ce scandale et de le fonder dans la nature même de l'être : mais elle est impuissante à le dépasser »[4]. L'optimisme dont il s'agit est *épistémologique* : il consiste à croire pouvoir *déduire* du caractère *a priori* universel de ce que le sujet perçoit de sa dépendance originelle à l'autre une *vérité* de la conscience de soi « sous le nom de reconnaissance de moi par

1. *EN*, 275.
2. *EN*, 283.
3. *EN*, 267-277.
4. *EN*, p. 289.

autrui et d'autrui par moi » (*ibid.*) Pour Sartre, l'universalité dont il s'agit[1] est relative au divorce entre « l'objectivité », le je renvoyé par l'autre à sa propre représentation, et la « vie » de l'objectivation, autrement dit l'intériorisation pré-réflexive du conflit. C'est dans cette mesure qu'Autrui n'est pas *constitué* mais seulement *rencontré* et que, pour autant, l'intériorisation de l'objectivation par Autrui est le seul point à partir duquel le rapport conflictuel entre les consciences peut être conçu. C'est tout le sens de la critique de la totalisation hégélienne[2]. La certitude apodictique du cogito est traversée par le conflit qui sur le plan d'une ontologie devient alors une modalité essentielle de l'être, non un accident de la réalité humaine. Nous sommes donc, ici, sur le plan du *certain*, non du *probable*. La *transcendance* réaffirmée de l'Ego dirigée contre le résidu substantialiste de Husserl[3], la *dramatisation* de la dialectique hégélienne du Maître et de l'Esclave et *l'humanisation* du *Dasein* et de ses corrélats (la substitution de « l'être-avec » à « l'être-pour » enrichie par l'affirmation du caractère événementiel de la rencontre avec Autrui) : ces trois commentaires des phénoménologies de l'altérité humaine peuvent être compris comme autant de mises en situation historique de toute philosophie de l'être traitant du problème d'Autrui. Ce qui donne une dimension quasi-historique à ces analyses critiques, c'est le statut accordé à la chute originelle engageant d'une manière ou d'une autre, le conflit pratique, et donc la nécessité de le régler. « On *rencontre* Autrui, on ne le constitue pas »[4]. L'ontologie comme théorie de l'être doit ici comprendre cette « chute », comme la raison dialectique devra prendre en compte les *déviations* inhérentes à tout projet collectif humain.

Le *danger* n'est pas une déclinaison des possibles contingents à l'histoire mais peut, dès *L'Être et le Néant*, être appréhendé comme une transcendance subie, un devenir autre que l'expérience du regard de l'autre concrétise, bien avant les problèmes liés à la compréhension linguistique.

1. Cf. le problème de l'intelligibilité d'autrui comme concept régulateur, « nous trouverons un peu de secours chez un Kant… », p. 269-274.

2. La triple critique de Hegel, Husserl et Heidegger relève pour Sartre en dernier lieu de leur insuffisance à conférer à la relation à Autrui un statut intégré à l'ontologie à partir du dévoilement de la nature originelle de l'antagonisme.

3. Sartre reproche également à Husserl la réduction de la description de la présence-absence d'Autrui à un problème de « connaissance », *EN*, p. 280.

4. *EN*, p. 295.

Enfin, la présence à soi de cette personne que je suis pour l'autre dévoile l'essentiel de mon être de deux façons :

1) *L'extériorité* du fondement « je suis le fondement de mon propre néant, mais en tant que j'ai mon fondement hors de moi »[1] comme échappement à soi.

2) *L'irréductibilité* de l'antagonisme à un dépassement ou une synthèse : « ce danger n'est pas un accident mais la structure permanente de mon être-pour-autrui »[2]. A partir de ce conditionnement de l'ontologie par le conflit, par ailleurs souvent exprimé sous une forme théâtrale et dramatique[3], le problème de la Réalité humaine est qu'elle ne peut percevoir d'elle-même que le tragique de sa situation.

La liberté ne peut même pas se prémunir du danger par « l'attention », puisque celle-ci suppose déjà une objectivation de l'intention de l'autre appréhendée comme projet d'être : « L'attention est attention directionnelle vers des objets »[4]. Le royaume de la subjectivité décrit par l'ontologie est bien celui d'un risque qu'aucune théorie de l'être ne doit esquiver, le piège étant de confondre la réévaluation philosophique de l'antagonisme dans une logique *compréhensive* et *descriptive* et une réévaluation morale. Pour autant, la question même des conséquences « morales », au sens d'une préoccupation de l'être de la valeur par lequel le pour soi aura à se déterminer, est déjà présente dans la phénoménologie des relations humaines.

3) Les conséquences morales de l'appréhension antagonistique d'Autrui :

L'apparition d'Autrui est un *événement* pour une conscience qui, à travers la perception de son propre corps, *reconnaît* son identité. Sartre insiste à plusieurs reprises sur le fait qu'il s'agit bien de saisie d'un être et non d'une simple image dans la tête d'un autre, ni même d'une donnée

1. *EN*, p. 300.

2. *EN*, p. 314.

3. Cf., *Huis Clos*, sur la caractère indépassable du conflit, scène V : la honte est ici un *destin*.

4. *EN*, p. 315.

relative à la pure réflexivité. Il s'agit bien d'une re-connaissance pratique en situation, et si « je me saisis comme objet mais pas pour moi », c'est que l'attitude ainsi objectivée, pour avoir un quelconque caractère essentiel, doit pouvoir exprimer quelque chose d'originel du projet d'être fondamental, constitutif de chaque individu. Mais cette importance même présente un aspect éthique que la préoccupation ontologique ne peut masquer.

La principale efficacité morale de la phénoménologie est la *dénaturalisation* (appréhendée comme un *fait)* de l'identité humaine relative au projet d'être, et, partant, la description du danger propre à des relations humaines décrites comme autant de tentatives de naturalisation de mon être par l'autre et dont le « regard » objectivant n'est au fond que l'expression. « S'il y a un Autre, quel qu'il soit, où qu'il soit, j'ai un *dehors*, j'ai une *nature*; ma chute originelle, c'est l'existence de l'Autre »[1]. A l'épreuve de ma liberté dans la saisie réflexive de ma propre spontanéité indéterminée (l'angoisse) vient s'ajouter le danger venu du dehors de mon objectivation comme *nature*.

Autrui en tant qu'objet, c'est son corps, autrui en tant qu'essence, c'est sa nature. Le geste par lequel cette naturalisation réciproque s'accomplit est une reconnaissance dans et par la séparation dont la dimension morale ou pratique apparaît dès l'analyse des trois dimensions ontologiques du corps : « J'existe mon corps : telle est la première dimension d'être. Mon corps est utilisé et connu par Autrui : telle est sa seconde dimension (...) J'existe pour moi comme connu par Autrui à titre de corps. Telle est la troisième dimension ontologique du corps »[2]. L'être-là empiriquement donné de la subjectivité dans sa relation conflictuelle engendre, à partir de ce positionnement, un type d'analyse des attitudes[3]. Tout se passe comme si un lien conceptuel attachait la *facticité* au *conflit*. Ce lien, c'est le corps qui le produit en étant ce par quoi la contingence de l'En Soi intervient dans la présence à soi de son propre être phénoménal *et* dans la reconnaissance par Autrui – que *je* reconnais- de cette présence. Le conflit est originel par le fait assez simple de la nécessité de percevoir autrui comme objet. La chute originelle totalise la facticité et le conflit, d'où l'importance du « regard » dans la description des relations humaines, toujours libres et teintées de

1. *EN*, p. 321.
2. *EN*, p. 401.
3. C'est l'objet des analyses de la 4e partie de l'*EN* : « Avoir, faire et être ».

menace. Cet aspect définitif de l'antagonisme vécu pratiquement fait de la *valeur* un enjeu quasi-historique.

La liberté, prison du corps

C'est par le corps qu'Autrui existe pour moi en tant qu'objet. Mais si le corps de l'autre peut exister ainsi, ce que je suis comme corps n'est pas vraiment un objet pour moi. Je ne peux jamais prendre un point de vue réellement totalisateur sur le corps, me poser en face de lui comme une réalité constituée indépendamment de mon rapport signifié par autrui. C'est le corps qui fonde la facticité du pour soi, « la contingence que le pour soi *existe* ». La contingence que le pour soi est sur le mode factice, il doit précisément la dépasser. Mais tout le problème réside non seulement dans le caractère « nauséeux » lié à la facticité fondamentale du pour soi, mais au surgissement de la contingence dans le monde par moi et malgré moi-même, le corps comme « forme contingente que prend la nécessité de ma contingence » [1]. Le corps est un vécu, non un connu de la conscience. Sartre refuse de définir des sensations prouvant une quelconque autonomie du corps pour soi. C'est par la conscience que le corps existe pour lui, le corps-instrument présupposant cette appropriation (en elle-même injustifiable jusqu'au bout, d'où le risque de la nausée [2]). La conscience ne détient pas son corps comme un moyen neutre, externe, mais le corps n'est pas un lieu indépendant d'existence pour la réalité humaine. Le dualisme exclu, Sartre décrit l'enracinement du corps, son empâtement possible implique cette double configuration de l'injustifiable et du nécessaire, la conscience ne pouvant exister sans lui. Ce double sens de la situation inscrit le paradoxe de la nécessité contingente du corps existé comme engagement vis-à-vis du monde et d'autrui.

Le corps et le monde

Vis-à-vis du monde, le corps ne se réduit pas à l'expérience anatomique que nous en faisons, ni à la somme de parties qui n'ont d'existence qu'à partir d'un corps décomposé *a posteriori*, le cadavre. Les trois dimensions

1. *EN*, p. 356.
2. *La Nausée*, p. 23.

ontologiques du corps appréhendées dans *L'Être et le Néant*, la facticité [1], le corps pour autrui [2], le corps pour moi en tant qu'il existe pour autrui [3], reposent sur une définition du corps comme totalité synthétique en situation. Le besoin relève d'une dialectique de la rareté prise en charge par la *Critique de la Raison Dialectique* [4], en particulier dans sa dimension de *praxis*, l'ontologie se bornant à considérer la nature biologique comme relative à une projection de signification, y compris dans la sensation [5]. Le corps adapte l'homme à ses outils [6] qui l'adapteront au monde. Au-delà de l'outil qu'il utilise comme son propre prolongement dans le monde, le corps manifeste mon engagement. « Le corps n'est pas un écran entre les choses et nous, il manifeste seulement l'individualité et la contingence de notre rapport aux choses-ustensiles » [7]. Le corps reprend les significations déposées du monde, les transcende jusque dans la douleur. La description de la douleur liée à l'effort de lecture, à la fatigue visuelle [8] montre que loin d'être un « objet psychique », la douleur est « projet vers une conscience ultérieure qui serait non douloureuse » [9]. Le « corps psychique » pour Sartre est simple corrélat noématique d'une conscience réflexive, vécu affectivement sur le mode écœurant ou fade, mais renvoyant à une « nausée fondamentale » [10] à l'origine de tous nos dégoûts.

Le corps pour autrui

Si le corps est à la fois ce que je suis et ce que je dépasse, « corps-qui-indique-au-delà-de lui-même », il signifie concrètement l'engagement et la finitude humaines, et la *situation* est elle-même l'encerclement de la chair par la signification, impliquant le rapport à autrui. C'est ainsi que nous subissons et singularisons notre visage par nos expressions. Le visage indique, incarne cette transcendance du corps hanté par la conscience. La problématisation morale du corps pour autrui renvoie à l'infini que l'on

1. *EN*, p. 353-388.
2. *EN*, p. 389-401.
3. Pages 401-410.
4. Sur le corps-besoin dans la *CRD* comparativement à l'*EN*, *CRD* I, p. 196.
5. Sur la sensation, *EN*, p. 357-367
6. *EN*, p. 372.
7. *EN*, p. 373.
8. *EN*, p. 380.
9. *EN*, p. 382.
10. *EN*, p. 387.

croit reconnaître dans l'appel au sens que constitue l'expérience directe du visage[1], comme facticité sans cesse dépassée. *L'Être et le Néant* ne dit rien de ce qu'il faudrait faire de cet appel. Tel n'est pas la fonction de l'ontologie. Il indique l'impossibilité d'appréhender le corps d'autrui comme chose, et les choses elles-mêmes sans l'appréhension supposée d'autrui. Cette table me renvoie à son existence, comme table, pour autrui. Elle reste perceptible comme objet morcelé, contrairement au corps qui n'est que comme totalité pour moi. Une main, un geste indique la transcendance qui lui donne son sens « à rebrousse-poil », l'intentionnalité qui le guide sans forcément être présente à elle-même comme telle. Le corps est le dehors aliéné par le regard d'autrui. Le sens donné par autrui à chacune de nos actions témoigne de cette aliénation fondamentale que je peux incessamment essayer de contredire, mais qui me constitue en tant qu'être pour autrui par ce corps visible et comme tel signifié. Le regard d'autrui aliène en son corps le pour soi autant qu'il le fait exister. Aucune qualité n'est pensable en dehors de ce regard, au point que le circuit de l'ipséité décrit précédemment comme « structure immédiate du pour soi »[2] se voit situé par la menace perpétuelle, et à ce titre « infernale »[3] du rapport à l'altérité. Le corps qui apparaît comme image dans un miroir renvoie immédiatement à autrui comme à un juge invisible, toute attitude le requiert comme pôle d'évaluation. L'imagination devient le seul mode d'accès à cette totalité « corps » que je peux tenter seul de constituer[4]. Dans ce corps à corps à distance entre deux facticités, apparaît en même temps « La nécessité pour autrui d'être contingent pour moi »[5] et « mon corps comme centre de référence indiqué par autrui »[6]. La situation fondamentale du corps pour autrui « utilisé » et « connu »par autrui indique une contingence et une interdépendance pour laquelle la relation est première par rapport aux éléments considérés.

1. Sartre, *IF* I, p. 308 ; Lévinas, *Totalité et Infini*.
2. *EN*, p. 142.
3. Sartre : « L'enfer, c'est les autres », *Huis Clos*, p. 93.
4. Barthes, *Roland Barthes*, « Écrivains de toujours », Paris, Seuil, p. 40.
5. *EN*, p. 392.
6. *EN*, p. 393.

UNE ONTOLOGIE DE LA RESPONSABILITÉ

Si la relation à l'autre s'inscrit dans un cadre marqué par la finitude existentielle, l'ensemble des attitudes humaines en témoigne. La traduction psychologique de l'inadéquation fondamentale du rapport de l'homme au monde, de la condamnation du pour soi à se « temporaliser comme fuite vers » apparaît dans les deux grands types de relations concrètes avec Autrui ». Transcender la transcendance d'autrui, ou, au contraire, engloutir en moi cette transcendance sans lui ôter son caractère de transcendance, telles sont les deux attitudes primitives que je prends vis-à-vis d'autrui »[1].

La première attitude[2], « transcender la transcendance d'autrui », consiste à dépasser la différence, à nier cet être qui m'est « conféré du dehors » par lequel le conflit, qui est « le sens originel de l'être-pour-autrui », prendra la forme d'un travail de neutralisation de la distance. Malheureusement, ce *travail* indique et met en jeu une intentionnalité particulière qui en dévoile les contradictions.

Inversement, je peux adopter un deuxième type d'attitude et tenter de *faire disparaître* cette distanciation en niant la spontanéité objectivante d'autrui. Je dois alors récupérer cette liberté, toujours vécue dans la menace, en *assimilant* ce qui en elle me constitue. Il me faut alors « engloutir en moi cette transcendance sans lui ôter son caractère de transcendance ». Cet autre choix primitif suppose, là encore, des contradictions.

Le caractère indépassable de ces deux types de contradictions crée au cœur des relations humaines un déséquilibre profond, dont l'histoire, dialectique des libertés, en sera l'expression. C'est à ce niveau qu'entre en jeu le pouvoir de distanciation à l'égard de ces contradictions, la figure pratique de toute valorisation réfléchie : la responsabilité.

Les contradictions du dépassement de la différence

Si l'unité avec l'autre est « irréalisable », c'est qu'en fait et en droit, la négation de son propre caractère d'altérité pour l'autre le fait apparaître et disparaître en même temps. Par exemple, l'effort d'assimilation de la différence dans une transcendance particulière qui serait « l'amour » pose

1. *EN*, p. 412.
2. « L'amour, le langage, le masochisme », p. 412-413, *ibid.*

un idéal irréalisable. Si la liberté d'autrui est fondement de mon être, son appropriation signifie la disparition de ce par quoi l'identification à l'autre peut être projetée, à savoir moi. « Pourquoi l'amant veut-il être *aimé*? »[1]. La chosification de l'autre fait certes disparaître la différence transcendantale de cet Autre aimé, par exemple dans la passifisation, mais du même coup insignifie l'attitude possessive : « L'amant veut posséder une liberté comme liberté »[2]. Inversement si l'engagement libre et volontaire de l'autre est possible, il annihile de fait le pouvoir irrationnel de la passion en l'autre de soi-même : « Qui se contenterait d'un amour qui se donnerait comme pure fidélité à la foi jurée ? »[3]. Ni le philtre affolant déterminant la passion comme une cause produit son effet, ni le hasard angoissant et indéterminé d'une dépendance à une décision volontaire de cet autre rationnel ne satisfait le projet passionné. Le problème de l'amant incarne à lui seul la contradiction du dépassement de la transcendance dans l'effort de se constituer comme transcendé. « Il veut être aimé par une liberté et réclame que cette liberté comme liberté ne soit plus libre »[4].

Par ailleurs, il y va de l'amour comme du reste : le conflit hante cette relation dès la séduction, *dès le regard* qui, par l'autre[5], « l'aimé est regard », guide ma propre transcendance de la différence dans un projet logiquement contradictoire : trouver par la fusion une justification d'exister. D'où l'analogie *de fait* entre l'impossibilité de la synthèse En Soi – Pour Soi et la fusion passionnelle.

Le langage manifeste l'être-pour-Autrui dans une intersubjectivité médiée par les objets. Ce phénomène[6] transforme la relation linguistique en activité de signification est de réalisation[7]. « Je suis ce que je dis »[8]. Là encore, le déséquilibre guette, la contradiction résidant dans l'incertitude de l'accord qui peut en résulter. Aucun dépassement de la transcendance de la différence par et dans le langage n'est possible parce que celui-ci réalise la condition humaine sur le mode de l'être-pour-Autrui.

1. *EN*, p. 415.
2. *EN*, p. 416.
3. *Ibid.*
4. *Ibid.*
5. Voir sur ce point tout le développement sur le rapport entre l'amour et le regard, p. 421 *sq.*
6. Beaucoup plus précisément analysé dans la *CRD*.
7. L'analogie avec les théories cognitivistes et pragmatologiques mettant en avant les actes performatifs du langage est frappante.
8. *EN*, p. 422.

Enfin, le masochisme qui projette la perte du Pour Soi dans l'objectivité du projet de l'autre met en jeu et en scène la visée intentionnelle de sa propre aliénation, présupposant cela même qu'il s'agirait de faire disparaître.

Les contradictions dans la négation de la liberté d'Autrui

L'homme est responsable de sa propre chosification, c'est ce qui rend l'entreprise du masochisme absurde. Inversement, je peux tenter de maintenir par la distanciation une transcendance telle que la différence engendrée fera disparaître l'épreuve de l'altérité : c'est le deuxième type d'attitude[1]. Malgré les apparences, l'échec de cette seconde attitude envisagée n'est pas symétrique au premier, puisque la violence exigée par exemple dans le projet sadique suppose un travail supplémentaire. On joue à « *être* » esclave, à ne pas être ce néant d'être qui constitue la liberté, ce qui implique une imagination débordée par le projet de l'autre. Le sadique réduit l'altérité à n'être qu'un corps sans conscience. De ce fait, il contredit le projet de se faire reconnaître par cet autre comme étant un sujet objectivant. L'envers de cette dramatisation de la dialectique du Maître et de l'Esclave[2] suppose un travail de reconnaissance tel qu'il contredit, dès l'origine, l'entreprise d'objectivation. Là encore, le regard de l'autre est central. Les conduites d'indifférence et du désir manifestent à la fois la contradiction *et* la responsabilité humaines. La haine et le sadisme les exaspèrent.

Considérons l'indifférence envers Autrui : elle manifeste le choix de bâtir sa subjectivité en « regardant le regard de l'autre ». Malgré la cécité jouée envers l'Autre et – c'est là le plus important – non naturelle, elle suppose implicitement la liberté de cet Autre comme *comprise*. Faisant de lui un objet pour échapper à sa propre objectivation, je suis pris au piège : instrumentaliser sa liberté pour le constituer en objet-Autrui, ce qui est contradictoire et prouve au fond que « ma cécité est inquiétude »[3]. Le *désir* distingué du besoin naturel par le projet qui le conditionne réalise le manque de l'autre comme liberté à la fois reconnue et niée, puisque le corps

1. L'indifférence, la haine, le sadisme, p. 429.

2. A voir sur ce point Kojève, *Introduction à la lecture de Hegel*, Paris, Gallimard, 1947, p. 33-34.

3. *EN*, p. 432.

est le lieu de sa réalisation. Sartre prolonge la conception classique du désir comme manque[1] en ajoutant deux choses: 1) Le manque de l'autre est précisément visé comme manque, je désire faire exister le désir de l'autre comme manque de soi. En le *réalisant* par son assouvissement, je le fais *disparaître* par le plaisir, ce qui montre la double finitude de la conduite désirante: je ne peux désirer qu'une transcendance par le corps qui l'exprime *a posteriori* «Le désir n'est pas désir de *faire*. Le «faire» intervient après coup»[2]; je ne peux que rater la possession imaginée de l'autre puisque la totalité de cet autre est recherchée comme transcendant son propre corps, autrement dit comme liberté incarnée. 2) Sans être parfaitement présent à lui-même comme projet rationnel disposant de moyens et de fins déterminés – le désir est conscience non positionnelle de lui-même – ce manque n'est jamais déterminé par des besoins physiologiques : le corps est modifié mais c'est *à travers* cette modification que le désir est reconnaissable, ce n'est pas *à partir* de lui qu'il existe. Sartre dénaturalise le désir en distinguant la modalité de son apparition de sa condition d'existence : la liberté.

La haine manifeste une réactivation incessante de sa raison d'être. *Rien* n'est moins naturel que de détester son prochain, ce qui ne signifie pas qu'originellement le rapport à Autrui ne soit pas conflictuel. L'échec du sadisme réside dans les conditions d'existence de «l'acharnement» (moyen) et de l'Obscène (fin). De manière plus manifeste que le masochiste, le sadique suppose existant ce par quoi l'autre comme sujet «chosifié» est censé disparaître. «Mais ne nous y trompons pas : ce que le sadique tente de s'approprier ainsi avec tant d'acharnement (...) c'est la liberté de l'Autre : elle est là, dans cette chair, c'est elle qui est cette chair, puisqu'il y a une facticité de l'Autre; c'est donc elle que le sadique tente de s'approprier»[3]. Tous les efforts sadiques présupposent donc ce qu'ils sont censés détruire pour faire exister le sujet sadique comme tel : sa domination s'exerçant sur un corps reflétant à la fois une *intentionnalité* et une *facticité* qui par définition ne peuvent que lui échapper. Les «preuves» de son pouvoir sont suspendues à son exigence d'asservissement de l'Autre *comme liberté*, c'est-à-dire: 1) comme conscience qu'a l'Autre de sa

1. Voir la critique deleuzienne de la conception négative du désir, Deleuze, *L'Anti-Œdipe*, Paris, Minuit, 1995.

2. *EN*, p. 435.

3. *EN*, p. 453.

propre contingence[1]. 2) comme reconnaissance nécessaire du pouvoir exercé sur lui-même. Enfin, le but sadique s'autodétruit par le désir qu'il engendre. « Le sadisme est l'échec du désir et le désir échec du sadisme »[2]. L'immanence de l'Autre résiste à l'instrumentalisation de son corps, sa liberté et la matière vivante qui l'animent étant *incommensurables*.

La conduite d'indifférence ne semble pas plus cohérente. « Il ne faudrait pas croire qu'une morale du « laisser-faire » et de la tolérance respecterait davantage la liberté d'Autrui (...) réaliser la tolérance autour d'Autrui, c'est faire qu'Autrui soit jeté de force dans un monde tolérant. C'est lui ôter par principe ces libres possibilités de résistance courageuse, de persévérance, d'affirmation de soi qu'il eût l'occasion de développer dans un monde d'intolérance »[3]. L'adversité est constitutive, l'indifférence manifeste non seulement une mauvaise foi – l'ignorance est *jouée* – mais le refus de la liberté de l'Autre *comme différence*[4].

De la contradiction à la responsabilité

La liberté est conditionnée pour exister comme *pouvoir*[5]. A ce conditionnement, la « situation » du Pour Soi, s'ajoute l'intériorisation des échecs de synthèse avec l'En Soi et avec Autrui : c'est ici que la phénoménologie de Sartre manifeste une préoccupation morale. La « culpabilité » et le sentiment de « péché » *accompagnent* la relation à Autrui comme le « je pense » les représentations chez Kant, dans la mesure où l'impuissance à réaliser quelque union achevée que ce soit renvoie la liberté à elle-même. La tonalité éthique de *L'Être et le Néant*, ce que l'on pourrait nommer le devoir être propre à sa nature descriptive, apparaît dans la conclusion montrant l'échec des conduites analysées, puis dans les considérations qui « bien qu'intéressant plutôt le moraliste »[6] appartiennent à l'ontologie. La description *contient* un devoir être réfléchi dans son échec, par le simple

1. La facticité de l'Autre entre donc dans le cadre de sa liberté que le sadique veut détruire.

2. *EN*, p. 455.

3. *EN*, p. 460.

4. Non seulement la distance mimée à l'égard de l'Autre est illusoire, mais elle est non respect de la distanciation de l'Autre à l'égard de lui-même.

5. En tant que *néant* ici, *praxis* dans la *CRD*.

6. Voir la 4e partie de l'*EN*, p. 612.

fait que l'être décrit par l'ontologie est la réalité humaine comme liberté, donc une réalité *devant être* essentiellement.

Si « l'homme porte le poids du monde tout entier sur ses épaules » [1], ce n'est pas qu'il décide des événements qui lui arrivent mais de leur interprétation. L'homme ne peut changer l'image qu'Autrui se fait de lui-même, mais il est responsable de son rapport à cette image, ce qui suppose un travail de représentation de la situation ainsi que – et c'est la profonde originalité de Sartre à l'égard des philosophies conciliant liberté et destin, comme celle des stoïciens [2] – de *l'humanité* de la situation elle-même. Rien n'est « inhumain », au sens où la qualification d'inhumanité suppose une conception normative du devoir- être humain, donc un engagement dont la réflexivité produit l'être même de la valeur humaine. L'énonciation de l'humanité absolue de toute attitude du Pour Soi appartient donc à la sphère ontologique décrivant l'être comme contenant une appréciation originelle de ce devoir être humain. Même si la responsabilité s'arrête à elle-même : « Je suis responsable de tout, en effet, sauf de ma responsabilité » [3], elle demeure le sens profond de l'ontologie sartrienne. Nous verrons que l'approfondissement historique de cette liberté sera enrichie par le conditionnement intériorisé de la Rareté : ce sera le travail de la raison dialectique. Pour autant, dès l'ontologie, malgré l'impossibilité « de tirer des impératifs de ses indicatifs » [4], la préoccupation du devoir être humain envahit toute description de l'être. Au *souci* de l'être pour lequel il est dans son être question de lui-même, correspond *l'exigence* dûe à la situation quasi-historique de l'engagement. Si la *valeur* tire son sens du manque d'être dans le présent, c'est qu'un certain rôle est donné à l'insatisfaction inévitable du sujet humain.

L'ontologie « laisse donc entrevoir ce que sera une éthique qui prendra ses responsabilités » [5], autrement dit qui assumera son propre inachèvement sur le plan historique. Tel sera l'objet des *Cahiers pour une Morale* : définir non le contenu formel de la valeur mais des exigences propres à une réalité humaine se sachant *inachevée*, et donc *historique*.

1. *EN*, p. 612.
2. Voir *Le Manuel* d'Epictète.
3. *EN*, p. 614.
4. *EN*, p. 690.
5. *Ibid.*

Conclusion

Loin d'épuiser la question de la liberté, la description de la nature problématique de la condition humaine sans normativité naturellement ou historiquement garantie engage un travail de prescription ambigu et nécessaire.

Ambigu dans la mesure où la « psychanalyse existentielle »[1] ne détermine aucun contenu pratique de la norme, mais ouvre seulement à un type de rapport à l'être, un type de projet d'être à la fois purifié des fausses transcendances et de la mauvaise foi mais du même coup condamné à l'auto-dépassement pour échapper à l'esprit de sérieux dans le cadre même de l'engagement, voire de la « conversion » dont il sera question dans les *Cahiers pour une Morale*.

Nécessaire, car si « l'existence précède l'essence »[2], c'est qu'existe un inachèvement propre à la réflexion philosophique sur les essences, ou réflexion eidétique. L'investigation phénoménologique appelle donc d'elle-même une philosophie des valeurs.

1. *EN*, p. 616-634.
2. *EN*, p. 655.

CHAPITRE IV

DE LA MORALE À L'HISTOIRE

LES *CARNETS, VÉRITÉ ET EXISTENCE*, LES *CAHIERS POUR UNE MORALE*

INTRODUCTION

L'introduction progressive d'une perspective historique apparaît comme l'évolution la plus importante de l'œuvre de Sartre. Et c'est à partir d'une analyse des enjeux esthétiques que l'histoire vient à constituer le prolongement de l'ontologie, par le canal de la morale. L'ouvrage critique *Qu'est ce que la littérature?* (1947) fait de la création le sens même de l'interrogation éthique et esthétique. La liberté étant devenue la donnée certaine de la conscience, l'engagement ne se situe plus sur le terrain du droit mais du fait. Il s'agit, pour la réalité humaine, de prendre ses responsabilités en face de l'histoire.

Les *Cahiers pour une Morale*, rédigés en 1947-1948, sont une tentative pour prolonger l'ontologie de *L'Être et le Néant*, puisqu'il apparaissait impossible, dès la conclusion de l'ouvrage, de « tirer des impératifs de ses indicatifs »[1]. Le résultat le plus important de l'ontologie de Sartre était en effet de resituer toute possibilité particulière dans l'ensemble des projets humains. Le problème tient à ce qu'on ne peut conformer la liberté de chacun à la moralité: toute réforme volontaire de soi, plus encore de la société, ne conduit-elle pas immanquablement à la complicité et à la mauvaise foi? Le problème du prolongement de l'ontologie par la morale,

1. *EN*, p. 690.

c'est que, dans une telle optique, même « les révolutionnaires sont sérieux »[1]. Le devoir être que chacun peut s'imposer constitue son projet, pouvant par là même contredire des désirs secondaires. Faire de la volonté une faculté toute-puissante de l'âme conduit à rendre impossible toute suspension fondatrice de l'action sur autre chose qu'elle-même. En faisant de la volonté un mobile inaliénable, on rend toute motivation suspecte de « sérieux », puisque aucun motif ne peut, *a priori*, transcender la transcendance elle-même. L'appropriation de la valeur suppose un type de création « d'idéal du pour soi »[2] qui ne soit pas volonté d'assimilation à l'en soi. Il faut pourtant viser une coïncidence minimale, ne serait-ce qu'avec l'idéal d'authenticité comme devoir être de non coïncidence à soi, afin de correspondre pratiquement au refus actif et libre de la liberté constituée ou réalisée. L'antinomie doit être levée par les recherches morales, objet des *Cahiers*. Le texte *Vérité et Existence* situe l'idée de vérité dans son rapport à l'intersubjectivité des existants, *Qu'est-ce que la Littérature ?*[3] analyse le devoir être du créateur comme créant, *malgré lui*, du devoir être. La détermination de la valeur doit donc pouvoir réaliser cette liberté comme devoir être, tout en maintenant dans l'être sa propre tension de réalisation. A partir d'une réfutation de l'idéal esthétique comme solution à la création de valeur, Sartre cherche à caractériser la possibilité d'une morale concrète, et donc d'une authenticité qu'il faut bien viser tout en la tenant, *a priori*, comme irréalisable.

L'ENJEU HISTORIQUE DE LA CRITIQUE DE L'ESTHÉTISME : *QU'EST-CE QUE LA LITTÉRATURE?*

Tout l'enjeu de l'analyse de l'écriture dans *Qu'est ce que la littérature ?* est de présenter l'engagement de tout écrivain comme un fait et non comme une possibilité. Le créateur n'a pas à se positionner en fonction d'une portée possible de son œuvre puisque la reconnaissance précède, en quelque sorte, le projet politique de son auteur, comme l'existence précède

1. *EN*, p. 643.
2. *EN*, p. 653.
3. « Qu'est-ce que la littérature ? » dans *Situations II* (1948).

l'essence. L'écriture est définie comme « appel à la liberté du lecteur »[1], comme la morale est un appel à la liberté de l'autre à partir de la sienne. Dans l'art comme dans la morale, c'est la reconnaissance qui est la condition de cet appel. L'autonomie absolue du créateur est un mythe, comme le solipsisme une illusion dans *L'Être et le Néant*[2], puisque l'existence du « créateur » comme de son objet dépendent entièrement de la reconnaissance qui en fera faite. Originellement, l'acte d'écriture comme appel à la reconnaissance implique l'existence de cette dépendance à l'autre. Plus généralement, si l'acte d'écriture concrétise, fait exister le projet d'être de l'écrivain, c'est l'homme tout entier comme se-faisant-être-écrivain qui se détermine librement à être dépendant. La situation de l'écrivain est donc doublement redevable : des autres pour lui-même en temps qu'écrivain, et des autres également pour reconnaître ce que son travail d'écrivain engage du monde par sa création. Cet engagement part de la nécessité de s'approprier l'être de la valeur comme négation du monde présent, quelle que puisse être par ailleurs la forme d'écriture projetée. La notion « d'engagement » doit être comprise comme exigence d'ambiguïté, revendication du fait de la liberté à tous niveaux, de la nomination du réel la plus banale à sa néantisation la plus imaginaire[3].

Il s'agit donc de situer l'analogie faite par Sartre entre l'art et la morale à son vrai niveau, celui d'une surévaluation de la responsabilité politique de l'acte d'écriture, et non d'une dévaluation de l'histoire au profit d'un engagement général et abstrait. Chaque chose en son temps, pourrait-on dire, afin de ne pas se méprendre sur la tonalité éthique des thèmes de *Qu'est ce que la littérature ?* « Bien que la littérature soit une chose et la morale une toute autre chose, au fond de l'impératif esthétique nous discernons l'impératif moral. Car puisque celui qui écrit reconnaît, par le fait même qu'il se donne la peine d'écrire, la liberté de ses lecteurs, et puisque celui qui lit, du seul fait qu'il ouvre le livre, reconnaît la liberté de l'écrivain, l'œuvre d'art, de quelque côté qu'on la prenne, est un acte de confiance dans la liberté des hommes. Et puisque les lecteurs comme l'auteur ne reconnaissent cette liberté que pour exiger qu'elle se manifeste, l'œuvre peut se définir comme une présentation imaginaire du monde en tant qu'il exige la liberté humaine »[4].

1. *Ibid.*, p. 58.
2. *EN*, p. 267.
3. *La responsabilité de l'écrivain*, Lagrasse, Verdier, 1948.
4. *Ibid.* p. 79.

Il faut préciser la nature de cet impératif présent au cœur de l'art littéraire. Pour ne satisfaire à aucune normativité transcendantale, l'écrivain doit placer l'exigence de reconnaissance au sein de sa démarche esthétique, comprenant sa situation d'écrivain et le lecteur. Or, cette exigence ne nécessite aucune forme de détermination téléologique de l'être de la valeur, simplement une réciprocité des consciences. L'écrivain doit donc assumer, par delà sa responsabilité créatrice, la réalité humaine historique que sa situation d'écrivain lui permet d'appréhender. L'exigence esthétique qui est à l'origine de l'art d'écrire implique que soient dépassées les contradictions à l'œuvre dans la dialectique des consciences, que dévoilait *L'Être et le Néant* par l'analyse du « problème d'autrui ». Cette thématique de la nécessité de l'engagement concentre durant ces années d'après-guerre de nombreux écrits de Sartre.

Deux questions dirigent l'orientation de cette réflexion sur l'engagement :

– Comment exiger d'une création singulière qu'elle puisse se poser comme ayant sinon une *valeur*, du moins une *fonction* universelle ?

– Sur quelles bases *communiquer* la valeur de ce que l'œuvre d'art dit au-delà d'elle-même, la création et l'engagement n'étant pas séparables ?

Si les réponses philosophiques au problème de l'universalité de l'engagement sartrien viendront avec la tentative d'un renouvellement humaniste du matérialisme marxiste, il est impossible de saisir théoriquement le paradoxe d'une création à la fois particulière et universelle, sans aperçus factuels de la situation de l'auteur. Lorsque Sartre publie, dans les *Situations II*, « *Qu'est ce que la littérature ?* », en 1948, sa conversion aux problèmes historiques et politiques s'est opérée depuis longtemps. Si, comme il l'écrit, « la guerre a divisé ma vie en deux »[1], c'est que tout d'abord l'expérience de sa captivité lui fait entrevoir la relation concrète à Autrui sur un mode non plus psychologique mais politique. Simone de Beauvoir décrit, dans *La force de l'âge*, sa semaine de permission passée en février 1940 où il affirme « qu'il était bien décidé à ne plus se tenir à l'écart de la vie politique ». La « camaraderie » n'est plus une idée vague, une valeur dont l'humaniste repoussant de *La Nausée* aurait pu se prévaloir, et que le Sartre d'alors (1938) aurait rejeté comme un idéal abstrait, visé par une conscience coupable de fuir la réalité de la contingence. L'engagement

1. *Carnets de la drôle de guerre* (septembre 1939-mars 1940, nouvelle édition augmentée d'un carnet inédit, texte établi et annoté par A. Elkaïm Sartre), Paris, Gallimard, 1995.

sartrien ne naît pas comme une révélation d'après-guerre, comme son théâtre en témoigne[1]. Simplement, la création de la revue *Les Temps Modernes* (1945) et la rédaction des *Situations* (de 1947 à 1976) témoignent d'une prise en charge du politique par le philosophique, assumée et revendiquée comme telle, là où, avant-guerre, ces deux mondes paraissaient étrangers.

La nécessité philosophique de montrer l'engagement *de fait* de l'écrivain et de l'artiste implique un élargissement considérable de la notion « d'engagement ». Si la thèse générale de *Qu'est ce que la littérature ?* est de montrer l'impossibilité de choisir l'universel à partir de l'art, c'est que l'esthétisme glorifiant ou réduisant l'homme et la nature se présente comme une attitude inauthentique. Philosophiquement, deux erreurs conduisent au fatalisme : 1) l'optimisme esthétique tient le Bien comme *existant* sous la forme du Beau, à retrouver ou à re-créer (peu en importe alors l'origine) grâce à la contemplation ; 2) le pessimisme esthétique considère le Bien comme inaccessible *a priori* et l'art comme moyen de le démontrer.

Dans les deux cas, il faut admettre que rien, dans la réalité, ne peut être changé, *qu'il y a* une nature que la spontanéité créatrice est en mesure de révéler ou de retrouver. En ce sens, il faut comprendre la déréliction du personnage central de *La Nausée* comme la manifestation la plus percutante et la plus concrète de l'échappement perpétuel qui caractérise la liberté de la conscience face à l'inertie des choses : une liberté qui dans sa réflexivité s'effrayerait brutalement de sa propre spontanéité. Mais la contingence vécue par Roquentin n'est pas un *idéal*, ni l'angoisse une *valeur*. La saisie de sa propre existence sur le même mode que celle des objets ne participe pas d'une esthétique « pessimiste », malgré l'apparente complaisance de l'auteur avec ce vers quoi renverrait d'abord la conscience authentique de la condition humaine : « *De trop*, le marronnier, là, en face de moi un peu sur la gauche. *De trop*, la Velléda ... *et moi,* veule, alangui, obscène, digérant, ballottant de mornes pensées – *moi aussi j'étais de trop.* Je rêvais vaguement de me supprimer, pour anéantir au moins une de ces existences superflues. Mais ma mort même eût été de trop. De trop, mon cadavre, mon sang sur ces cailloux, entre ces plantes, au fond de ce jardin souriant. Et la chair rongée eût été de trop dans la terre qui l'eût reçue et mes

1. Cf. *Les Mouches,* pièce dirigée contre la logique du « repentir » que l'autorité de Vichy voulait instituer dans les esprits.

os, enfin, nettoyés, écorcés, propres et nets comme des dents eussent été de trop : j'étais de trop pour l'éternité »[1]. L'expérience de la contingence ne s'accompagne pas d'une satisfaction du désespoir, idéal d'être du pessimisme, qui verrait dans l'anéantissement de soi une quelconque « solution ». Une telle solution reviendrait à répéter à l'envers l'optimisme naturaliste qui, lui, béatifierait l'avenir comme accomplissement de sa propre perfection. Le désespoir est donc un amour de soi excessif. Déçu, certes, mais un amour de soi malgré tout. La saisie du fait que ce qui est aurait pu ne pas être – y compris la conscience que nous en avons – n'implique aucune satisfaction dans le plaisir associé à l'idée que nous nous faisons d'un futur réalisant des virtualités présentes prometteuses (optimisme) ou désastreuses (pessimisme).

Le rôle de l'ironie, autre visage du dévoilement de la contingence

Sartre n'accorde pas de valeur à la contemplation du désastre, dans la conscience de la contingence, parce que l'attitude esthétique *en général* est visée par lui, pour des raisons théoriques, comme l'antithèse de l'authenticité. L'ironie dans l'autobiographie des *Mots*[2], loin d'être une manière de style, renouvelle le topos classique en variant les points de vue de l'auteur narrateur de lui-même, sujet s'objectivant par l'humour et la dérision en ciblant la bourgeoisie et la psychanalyse. L'expression « je n'ai pas de surmoi » peut être comprise comme un usage désapproprié de concepts qu'il investit sérieusement dans le cadre historique de la *Critique de la Raison Dialectique*. Le refus de l'esthétisme prend donc des formes littéraires multiples qui confirment l'orientation de *Qu'est ce que la littérature ?*, à savoir la nécessité à la fois logique et existentielle de penser l'acte d'écrire comme un acte signifiant de la part du singulier en vue de transformer l'universel. Ce devoir être assigné à l'art n'est pas historique au sens marxiste, puisque aucune révolution ne peut être tenue pour fonder matériellement cet engagement. Mais le dégoût du refus de l'histoire amorce la critique philosophique sur la base d'un rejet de l'art pour l'art. « Bourgeois nous-mêmes, nous avons connu l'angoisse bourgeoise, nous avons eu cette âme déchirée, mais puisque le propre d'une conscience malheureuse est de vouloir s'arracher à l'état de malheur, nous ne pouvons

1. *La Nausée*, p. 163.
2. C. Chauchat, *L'autobiographie,* les Mots *de Sartre*, Paris, Gallimard, 1993.

demeurer tranquillement au sein de notre classe et comme il ne nous est plus possible d'en sortir d'un coup d'aile en nous donnant les dehors d'une aristocratie parasitaire, il faut que nous soyons les fossoyeurs même si nous courons le risque de nous ensevelir avec elle »[1]. Un objectif critique et politique ne constitue pas en soi une philosophie de l'histoire, mais l'impératif qu'assigne Sartre à la littérature incarne l'exigence d'assumer le fait, pour tout créateur, d'être *situé* historiquement.

LA PROBLÉMATISATION PRÉHISTORIQUE DES *CAHIERS POUR UNE MORALE*

Destinée et subjectivité

Sur le strict plan de la relation fondatrice entre l'histoire et la liberté, les *Cahiers pour une Morale* font davantage que prolonger la conclusion de l'ontologie de *L'Être et le Néant*, en portant sur l'éventualité de *vivre* authentiquement la situation de liberté, c'est-à-dire, sur une conscience de soi certes idéalisée, mais engagée nécessairement par rapport au monde : « Une liberté qui se veut liberté, c'est en effet un être-qui-n'est-pas-ce-qu'il-est et qui-est-ce-qu'il-n'est-pas qui choisit comme idéal d'être, l'être-ce-qu'il-n'est-pas et le n'être-pas-ce-qu'il-est »[2]. Sans se fuir, ni se complaire dans la mauvaise foi dont l'esthétisme n'est qu'une déclinaison, l'impératif moral d'engagement sans appui transcendantal nécessite une distanciation psychologique (il n'y a plus depuis *La Transcendance de l'Ego* de sujet substantiel) *et* à présent quasi-historique : puisque la morale ne suffit pas, il *faut* inventer un nouveau rapport entre la liberté vécue et la finalité des pratiques humaines. Sur ce point de la relation entre la liberté et l'histoire, la *finalité* est problématisée dans les *Cahiers pour une Morale*, à la fois comme une exigence qui est commune tant au déterminisme qu'à l'existentialisme, et comme une catégorie qui est indispensable à l'intelligibilité de l'histoire. *A priori*, l'idée même d'une finalité extérieure à tout projet humain constitue la définition même de l'aliénation, fût-elle pensée sur le mode régulateur et non constitutif. « L'inauthenticité, c'est se

1. *Qu'est-ce que la littérature ?*, p. 276.
2. *EN*, p. 692.

comprendre par le monde »[1]. Précisément, cette altérité peut se nommer, en langage kantien, l'Ame, le Monde ou Dieu : peu importe à Sartre qui, dans les *Cahiers pour une Morale*, cherche à concilier la liberté d'un sujet devant inventer, sans avoir choisi de le faire, la norme de ses actions[2].

Comme l'écrivain par rapport à son œuvre, chaque homme saisit son être comme un éternel futur. « Seule une liberté peut être destin pour une liberté »[3]. Le destin se confondant avec la représentation que l'on se fait de sa propre vie, aucune explication en extériorité ne peut satisfaire l'impératif de compréhension, encore moins celui d'engagement. « ...le choix libre que l'homme fait de soi-même s'identifie absolument avec ce qu'on appelle sa destinée »[4]. Le pathos baudelairien, par exemple, n'est une grille explicative que pour autant qu'on parvient à en dégager le choix originel, et les moments irréfléchis qu'il contient nécessairement comme totalisation inachevée. Au refus de l'esthétisme s'ajoute donc, sur la base des problèmes soulevés dans *Les Cahiers pour une morale*, l'intégration progressive et positive d'une problématique du sens de l'histoire, et cela par le biais d'un fondement hypothétique de la moralité. Les réflexions sur l'oppression préfigurent la réévaluation philosophique du statut de la violence telle qu'on la trouvera dans la *Critique de la Raison Dialectique* et radicalisent les analyses de *L'Être et le Néant*. C'est bien la confusion des plans subjectif (l'intention singulière d'un militant, par exemple) et objectif (le rôle historique des actions accomplies) qui doit nous faire sortir du cadre purement psychologique où l'appréhension de l'Autre est nécessaire dialectiquement, mais non historiquement. L'impératif d'engagement lié à la description de la réalité humaine comme projet doit se prolonger dans une prise de conscience de la fonction historique de ce même engagement : c'est la « conversion » qui constitue le point central de convergence entre la problématique ontologique et la perspective historique. Celle-ci concilie donc le plan *horizontal* du devenir historique et le plan *vertical* de la normativité, avec une énorme difficulté qui constitue le propre de l'ambiguïté existentialiste : le « délaissement » comme donnée

1. *EN*, p. 484.

2. Sur le formalisme kantien, voir *CM*, p. 52, 75 ; sur le caractère aliénant de l'universalité, p. 145-147 ; sur son intemporalité, p. 249 : « l'obligation est derrière la temporalité et la rend inessentielle » ; sur l'aliénation par le recours à « la nature humaine » ou à Dieu, p. 485-486.

3. *CM*, p. 434.

4. *Baudelaire*, p. 245.

originelle de la réalité humaine, accessible à l'ontologie. La liberté est le fondement sans fondement de tous les fondements, car elle est dépassement, « création de l'être par delà l'être ». Cet être est négation de « l'être-ceci »[1] au profit d'un être futur à la fois dépendant et opposé à l'être présent. Du même coup, et sur les bases de *L'Être et le Néant*, mais dans une perspective pratique, la compréhension de l'essence de l'exigence éthique « fait apparaître l'homme à lui-même comme n'étant pas son propre fondement »[2]. Contradiction motrice « de toute action humaine », la nécessité infondée du fondement constitue le sens de l'urgence éthique. Le concept de contingence accélère, si l'on veut, le passage du fait (phénoménologique) au droit (éthique), du droit du fait au fait du droit, de l'être au devoir être comme dimension du « vide » humain appelant à son propre dépassement. Reste que « le fondement de tous les fondements n'est pas son propre fondement »[3]. Les *Cahiers pour une Morale* en viennent progressivement à déduire du vide constituant l'être du devoir être (du pour soi), son caractère historique. La gratuité originelle du motif de la conversion morale rend nécessaire son actualisation, par l'impossibilité pratique de vivre « l'aliénation » en l'assumant. C'est précisément l'intégration de cette notion historique de l'aliénation qui constitue le passage de l'ontologie à la morale, l'établissement, à titre d'esquisse, d'un « plan d'une morale ontologique »[4]. L'aliénation, « aspect social de la réification » rend possible la description de « types » d'aliénation : « par la *nature* humaine (il faut devenir ce qu'on est : Aristote) », « par le *devoir*, par le *droit* (le droit c'est l'exigence du maître pourvoyant l'esclave d'un droit) », « par les *valeurs* : description de l'être de la valeur, la valeur, c'est *mon but pour l'autre* »[5]. L'histoire apparaît comme le prolongement du délaissement, un prolongement compris comme exigence d'auto-dépassement de la déréliction. Le sujet moral en tant qu'exigence de dépassement du délaissement n'est jamais, en tant que tel, sujet pour lui-même. Sartre reprend ici les bases de *La Transcendance de l'Ego* pour le définir comme catégorie suprême de la réification : « La catégorie de toutes les

1. *CM*, p. 165.
2. *CM*, p. 455.
3. *CM*, p. 455.
4. *CM*, p. 484.
5. C'est Sartre qui souligne.

Aliénations. L'Ego comme type subjectif de l'aliénation : l'Ego ou l'Autre en moi »[1].

Thématiquement, l'histoire comme cadre de l'inachèvement humain, milieu de la contradiction vivante du passage de l'existence à l'exigence, est bien présente dans les *Cahiers pour une Morale*. La Dialectique du Maître et de l'Esclave[2], la lutte des classes comme mouvement économique[3] ou comme violence[4], les références systématiques à Hegel et Marx indiquent le travail d'intégration de la question de la norme pratique à des totalisations supérieures. L'ontologie débouche sur une morale inachevée, ce qui ne signifie pas échec mais absence de clôture au sens classique : l'inachèvement de la morale de Sartre, c'est avant tout celui de la morale à la mesure de l'homme inachevé, autrement dit une morale de l'inachèvement humain.

L'être de la valeur et l'authenticité

La tension entre l'être et le devoir être fonde toute morale mais n'indique rien quant aux choix des motifs à assigner à la liberté. L'existence de la diversité des morales n'est pas une simple curiosité, elle apparaît comme symptôme d'une impossibilité de totalisation par le contenu éthique. Par rapport aux morales cherchant à établir contradictoirement l'universalité en la soumettant à la contingence du particulier, les exigences kantiennes apparaissent comme autant de progrès philosophiques considérables. L'homme peut choisir la fierté de « faire exister de l'être » comme valeur. « L'orgueil » n'est pas exclu de la morale sartrienne, mais il suppose de ne pas oublier que toutes nos qualités nous viennent du dehors, de sorte qu'il consiste dans une dépendance revendiquée. « En outre, c'est s'insérer dans une série intensive virtuellement indéfinie, donc, où nous sommes sûrs d'avoir un plus que nous »[5]. Inversement, la médiocrité suppose une « *Weltanschauung* du médiocre » (*ibid.*), un pédantisme du *moyen* considéré comme *fin*. L'homme moyen se veut moyen (médiocre). C'est-à-dire qu'il veut être « comme tout le

1. *CM*, p. 485.
2. *CM*, p. 270, 394, 434, 467-468, notamment à partir de Kojève.
3. *CM*, p. 82-83.
4. *CM*, p. 168, sur le mensonge et la violence, inégalement condamnables, en référence à Trotsky.
5. *CM*, p. 25.

monde» pour réaliser par lui-même «l'unité de l'Esprit». C'est pourquoi la comédie est un effort pour masquer le tragique. En pétrifiant des êtres moyens qui deviennent eux-mêmes des fins, au point qu'il se retrouve en se perdant dans la foule des moyens, «l'homme moyen» réalise l'idéal d'être de la médiocrité, l'irresponsabilité et le pédantisme comique. «S'il peint, l'essentiel est le choix du pinceau». L'idéal moyen ne permet aucune progression dialectique, puisqu'il ne synthétise aucune contradiction. «6° vertus et morale: rien de trop, on a toujours besoin d'un plus petit que soi. 7° pensée de l'homme moyen: le lieu commun»[1].

La confusion du droit et du fait constitue un autre pôle inauthentique de la morale. Les «morales de la force»[2] incarnent cette tendance irrationaliste[3]. Sartre décrit le romantisme de la violence (que nous devons distinguer de sa réévaluation dialectique et rationnelle, à laquelle procède la raison dialectique, c'est-à-dire détachée, précisément, de la question de la valeur). Les *Cahiers pour une Morale* tentent, eux, d'évacuer les pseudo-fondements moraux. La médiocrité et la force ne sont pas des devoirs êtres tenables, c'est-à-dire prenant simplement acte de l'être de la valeur comme exigence de dépassement de l'être. Sartre fonde l'exigence morale en la détachant du caprice. C'est au niveau du choix d'être fondamental que se joue toute orientation morale, et non au niveau du caprice quotidien. La confusion entre choix d'être originel et caprice est la source de l'incompréhension et des reproches adressés à «l'existentialisme»[4]. Le «caprice» indiquerait non un *plus*, mais un *moins* dans le choix d'être, une morale réduite à la passivité et à la résignation, au mieux à une volonté livrée au hasard de sa puissance: «ne rien entreprendre et tâcher, au jour le jour, d'être le moins mauvais possible»[5].

C'est précisément contre ce contresens que Sartre précise l'opposition entre une morale «synthétique», imposant un choix d'être qui signifie pour l'homme un projet englobant sa réalité quotidienne, et une morale «analytique» réduisant l'option morale à des «choix instantanés et toujours renouvelés»[6]. Il importe certes de saisir la distinction entre la gratuité et le caprice comme non seulement essentielle, mais appelant la

1. *CM*, p. 26.
2. *CM*, p. 194.
3. Cf. les 14 points de définition de la morale de la force, *CM*, p. 194-195.
4. *CM*, p. 52.
5. *Ibid.*
6. *CM*, p. 53.

détermination nécessaire d'une morale universelle. Mais, si l'on en reste à Kant, cette exigence implique une « confiance à l'ordre humain et une indifférence au monde »[1], la nature inconditionnée de l'impératif extériorisant les devoirs les uns par rapport aux autres (par exemple « ne pas mentir », et « traiter en soi-même et en autrui la liberté comme fin »), au point de ne les rendre concevables qu'en recourant à un pouvoir impossible. Bien plus, c'est l'indépendance des devoirs les uns par rapport aux autres qui indique leur caractère inconditionné et, donc, le refus absolu de soumettre le devoir aux impératifs du moyen. C'est le « manque de résistance » *a priori* du monde que Sartre exprime ainsi, en reprenant le « tu dois donc tu peux » qui constitue l'insuffisance existentielle du formalisme moral. Pour autant, si la liberté morale est seule à même de concevoir une exigence, c'est qu'elle n'est pas un moyen terme entre le conditionnement économique et l'impératif universel, mais une réalisation projetée de l'universel dans le particulier. Toute l'opposition au formalisme dans les *Cahiers*, se fonde sur le refus de ce que Sartre nomme un « syncrétisme particulier : d'une part, l'ignorance des moyens et le refus de les connaître (…), d'autre part, l'exigence tournée vers le monde pour qu'il se soumette comme un liberté »[2]. Ce n'est donc pas le formalisme qui est visé en ce qu'il se réfère à l'universel, mais en tant qu'il suppose une exigence inconditionnée qui, « comme la prière, fait sauter la situation » et « établit la pure liberté sur les ruines du monde réel »[3]. Si l'être de la valeur fait d'elle un idéal d'être qui n'existe que comme finalité, et non comme possession ou appropriation – « on ne mange pas la valeur »[4] – elle ne peut exclure toute responsabilité active, quant à sa réalisation sur le mode ontique. Les *Cahiers pour une Morale* trouvent leur unité dans cet effort de fonder le dépassement de la contingence et sa transformation en l'histoire par le moyen d'une conversion morale. Peu à peu, c'est l'histoire elle-même qui apparaît comme l'univers dans lequel l'homme vit sa contingence comme violence. Les *Cahiers pour une Morale* en restent cependant à cette recherche préhistorique d'une norme existentiellement fondée.

L'un des buts principaux des *Cahiers pour une Morale* est de parvenir à rendre possible une morale de l'authenticité en acceptant la définition d'un sujet toujours susceptible de mauvaise foi. Cette mauvaise foi nous

1. *CM*, p. 243.
2. *CM*, p. 250.
3. *CM*, *ibid.*
4. *CM*, p. 122.

renseigne sur la condition ambigüe de tout homme, de son rapport à la valeur, à condition de faire de cette ambiguïté une situation, non un idéal d'être. Le propre de l'inauthenticité, dans le rapport à soi ou aux autres, étant de naturaliser les états et les relations[1], la *complicité* reste, dans les *Cahiers pour une Morale* comme dans *L'Être et le Néant*, le corollaire de la mauvaise foi, la contradiction inassumable.

Tout l'intérêt de ces brouillons posthumes est d'introduire l'histoire comme un prolongement indispensable à la fondation d'une éthique venant après l'ontologie. Dans le foisonnement de réflexions portant sur la morale, les références à l'historicité sont systématiques. Pour résumer, l'un des problèmes majeurs engendrés par l'ontologie réside dans la constitution de l'acte volontaire. La liberté n'est ni indétermination (l'indifférence ou le plus bas degré de liberté chez Descartes[2]), ni abandon au devenir extérieur arbitraire. L'imprévisibilité n'est pas un gage de puissance ou d'autonomie. En cela, Sartre rejoint Bergson[3] : « Ainsi n'entendons-nous nullement parler ici d'arbitraire ou de caprice (...) cela ne signifie aucunement que je sois libre de me lever ou de m'asseoir, d'entrer ou de sortir, de fuir ou de faire face au danger, si l'on entend par liberté une pure contingence capricieuse, illégale, gratuite et incompréhensible »[4]. Dès l'ontologie phénoménologique, Sartre réfute tout amalgame entre une action libre, pourtant lestée du caractère contingent de sa situation, et un comportement dérivant du hasard ou d'une causalité extérieure. La totalité organique que représente chaque individu pour lui-même et pour les autres est une synthèse infiniment évolutive dont la coïncidence absolue pourrait être *cherchée*, comme quelque chose entre le Pour Soi et l'En Soi, l'être pour soi et l'être pour autrui, *jouée* comme dans la réflexion complice, la mauvaise foi ou l'aliénation, mais jamais atteinte. Précisément, cette impossibilité de fait ne jette-t-elle pas un doute sur l'authenticité de la conversion morale, sur le sens même de l'impératif au nom duquel Sartre fustige l'esthétisme « bourgeois » ?

1. D'où l'énorme difficulté de Sartre, visible de *La Transcendance de l'Ego* à *L'Être et le Néant*, pour constituer une identité humaine, ce qui implique de distinguer l'identité de l'être (nature) de l'être de l'identité humaine (condition). *Cf.* l'introduction à l'*Être et le Néant*, sur l'être du phénomène et le phénomène d'être.

2. « La liberté cartésienne », dans *Situations I*, p. 382.

3. Bergson, *Essai sur les données immédiates de la conscience*, Paris, P.U.F., 1940, p. 149-150, p. 165-166.

4. *EN*, p. 508.

Le fait est que si je peux sans cesse revenir sur mes propres engagements, l'adhésion *avec* et *à cause de* sa radicalité, ne se distingue de la conduite de la mauvaise foi que par son statut d'incertitude. Seul un projet ultérieur peut en modifier la donne. La distinction entre le réfléchi et l'irréfléchi ne suffit pas à qualifier tel ou tel acte « d'authentique » puisque, les ouvrages précédents l'ont montré, la liberté ne se résume pas à la conscience. Toute réforme de soi doit son degré d'authenticité à la profondeur qu'elle atteint. Le problème philosophique réside dans la distinction entre l'adéquation projetée entre le moi présent et le moi futur que j'ai décidé, *au passé*, de constituer. La moralité n'étant ni impossible, ni naturelle, la réflexivité de l'attitude volontaire fait de la liberté le *moyen* de la conversion. Mais, comme aucune synthèse finale n'est possible, cette liberté dans l'inadéquation demeure la seule *fin* possible. Je suis bien obligé de reconnaître un certain poids à l'irréfléchi à titre de socle soutenant la valeur de mes projets : l'irréfléchi devient le plus bas degré de la nature humaine sans lequel aucune liberté ne peut *se* déterminer.

Les *Cahiers pour une Morale* prennent en charge ce problème en posant la question des médiations pratiques et du caractère historique de toute tentative de conversion. Par définition inachevées, ces tentatives sont de fait situées historiquement, et pourtant déterminées à créer des sources d'autonomie. La définition de la liberté est enrichie par l'exigence éthique à laquelle elle est soumise. N'étant pas faite pour cela, l'analyse phénoménologique doit affronter le négatif comme un manque moralement problématique. « Qu'est ce qui manque à l'homme ? D'être son propre fondement. Par quoi et dans quoi ce manque apparaît-il ? Dans et par la liberté. Car la liberté est précisément le fondement »[1]. Le simple fait que l'homme ne puisse se refléter dans une origine qui lui donnerait une raison d'être n'est pas seulement difficile à *concevoir* (l'ontologie de *L'Être et le Néant* s'en charge) mais à *vivre*, pour les hommes, en situation de relation réciproque. Si le « fondement de tous les fondements n'est pas son propre fondement », l'impératif d'authenticité se doit de trouver une issue pour échapper à l'arbitraire. Pas de *causa sui* en morale, donc, puisque l'ontologie la rend impossible.

Les *Cahiers pour une Morale* ouvrent le problème éthique à l'histoire au moins sur deux plans :

1. *CM*, p. 455.

– Le plan *psychologique* : la relation à Autrui implique le conflit[1] et la reconnaissance, mais aussi une manière d'appel que l'exemple de la prière montre bien : « Ainsi la prière comprend en soi-même toute une dialectique des libertés ». Le concept de liberté est ici convoqué pour relativiser la transcendance au profit d'une réalité purement historique. L'exigence de l'inconditionné est celle d'une « union synthétique entre l'individualité personnelle et l'universalité du devoir ». Au-delà du paradoxe, c'est toute une critique du caractère inconditionné (*a priori* anhistorique) qu'implique l'analyse de l'exigence contenue dans la prière. « Nous voyons immédiatement que l'exigence, comme la prière, fait sauter la situation et qu'elle établit la pure liberté sur les ruines du monde réel »[2]. L'historicité de l'exigence contre le formalisme universaliste : la raison « analytique » paraît insuffisante pour fonder la morale.

– Le plan *anthropologique* : la définition de l'humanité de l'homme, de *l'humanitas* de *l'homo humanus* renvoie à une conception de la liberté marquée par le caractère à la fois matériel et historique de la finitude. « L'homme est une conscience engagée dans un certain point de vue particulier et contingent (corps et vie). Elle est, en tant que point de vue engagé dans l'univers, dépendante entièrement de l'ordre de l'univers... ». A cette dépendance naturelle s'ajoute la finitude historique du politique et donc le caractère illusoire de la transcendance. « Ainsi vue d'un certain côté, toute entreprise, toute expérience, toute organisation collective est une et finie; elle s'invente dans des circonstances singulières (...). Mais ceci n'est qu'un des aspects : il pourrait sembler que l'humanité n'a pas de destin et que les destins sont seulement intrahistoriques puisqu'ils viennent à l'un pour l'autre »[3]. Pas de finalité sans finitude naturelle et historique, mais aucune certitude non plus quand à l'orientation de ce Tout historique.

– Le plan *politique* : la dialectique du Maître et de l'Esclave doit être perçue comme située historiquement, telle une logique permettant une meilleure intelligence de *l'échange*[4], que celui-ci soit producteur de richesses par le travail ou d'inégalités comme dans l'esclavage et le capitalisme. Le statut renforcé accordé aux facteurs matériels par le Sartre d'après-guerre transforme l'impératif d'authenticité en devoir de lucidité historique pour le philosophe, même si le volontarisme éthique reste en

1. Longuement analysé dans l'*Être et le Néant*.
2. *CM*, p. 247-250.
3. *CM*, p. 436.
4. Cf. les références au « potlach » dans *CM*, p. 394.

1948 la base fondamentale. « L'esclavage ne peut s'inventer qu'à partir d'une situation ontologique favorable »[1]. La liberté rend l'oppression possible et pensable, ce qui implique un primat accordé à la *représentation* dans l'analyse de l'aliénation : c'est ce qui oppose, par exemple, radicalement Sartre à Engels dans l'analyse de la violence[2].

L'AUTHENTICITÉ EN QUESTION : *VÉRITÉ ET EXISTENCE, RÉFLEXIONS SUR LA QUESTION JUIVE*

Existence et authenticité

Le rôle de la vérité dans l'intersubjectivité des existants devient le problème majeur pour une philosophie morale qui doit décider de la détermination de la liberté : celle-ci doit-elle se prendre elle-même pour valeur, ou « doit-elle nécessairement se définir par rapport à une valeur qui la hante ? »[3]. Le passage à la réflexion pure, non complice, doit transformer la réalité humaine au point que le devoir être puisse apparaître comme un projet non contradictoire. Le refus de la mauvaise foi, attitude éthique par excellence, ne dit rien de ce qu'il faut faire *a posteriori*, à partir de ce refus. « C'est que refuser la transcendance-objet des valeurs ne doit pas nous empêcher de la voir comme des exigences que nous *avons à être* et dont nous sommes responsables »[4]. Le dénuement originel n'est pas en lui-même un fondement moral, la *tabula rasa* axiologique engendrée par l'ontologie ne peut être la passivité. Cela revient à dire que « l'inauthenticité n'est pas une nature »[5]. Tout l'effort de positionnement de Sartre à l'égard de « l'authenticité » heideggerienne, qui constitue le sens de *Vérité et Existence*, part du refus de l'inaction. Sartre revendique à de nombreuses reprises l'influence décisive de Heidegger[6].

1. *Ibid.*, p. 395.
2. *CM*, p. 353, 359, 360.
3. *VE*, p. 2 ; *EN*, conclusion, p. 690-691.
4. *CM*, p. 19.
5. *EN*, p. 484.
6. *Carnets de la drôle de guerre*, p. 224-225.

Le refus de la contemplation esthétique comme valeur détermine l'interprétation littéraire de Baudelaire[1] puis de Flaubert[2]; un Flaubert dont Sartre décrit la stupeur face à l'opacité du monde comme un choix névrotique fondamental susceptible d'expliquer l'inadaptation de l'écrivain, puis son refus du langage. La contemplation étant complice et la stupeur coupable, il reste à déterminer ce que doit être l'attitude d'une réalité humaine ayant à se créer son essence par ses propres actes. Si, précisément, ce que dévoile toute action humaine est une définition visée, une essence à venir, quelle est la nature du « dévoilé » ? Si l'on exclut le « divin » et le « naturel » comme origines possibles du dévoilement, alors la vérité minimale par laquelle toute énonciation d'engagement est en mesure d'échapper à la relativité apparaît bien peu assurée. Le dépassement de l'hétérogénéité radicale entre l'absolu et le relatif, entre l'universel et le particulier, conditionne l'entreprise de *Vérité et Existence*. Le texte vise explicitement le contenu de la conversion morale. Assumer le mode d'être diasporique de l'existant pour échapper au « sérieux » et à la « mauvaise foi », c'est engager la « réflexion pure » sur le terrain historique, puisque rien ne peut sortir du simple projet de conversion et que rien n'est engendré par la pure conscience de l'impossibilité de synthèse en soi pour soi.

L'histoire est thématisée à partir du refus de considérer *l'authenticité* – qui assume l'absence d'idéal d'être contenu dans l'être – comme un idéal d'être à son tour accessible et autosuffisant. « Être ou s'historialiser ? »[3]. La solution de la « conversion », déterminée comme idéal d'être dans les *Cahiers pour une Morale*[4], ne peut pas être dans le rejet pur et simple hors de la volonté humaine du sort ou des conditions de l'authenticité. Dans un tel cadre, effectivement, l'authenticité ne serait plus un problème de « conduite », ni même « d'attitude ». C'est le sens de la prise de distance de Sartre à l'égard de la philosophie de Heidegger. Opter contre ce type d'anti-humanisme fondamental, pour une conversion certes pratiquement paradoxale puisque fondée sur une « authenticité » comme être et devoir être, c'est valoriser la nature pratique, au sens fort, de l'éthique (*praxis*) contre l'horizon anté-cogitatif, contemplatif et archi-poétique (au sens de *poiésis*) de l'authenticité de Heidegger. *A contrario*, il est toujours envisageable de

1. *Baudelaire*, l'analyse de la volupté mise à distance comme projet d'être, p. 32, 95.
2. *L'Idiot de la Famille* (désormais *IF*), p. 21, « naïveté et langage ».
3. *VE*, p. 12.
4. *CM*, p. 488.

soupçonner la conversion de réduction anthropologique et de disqualifier l'idéal de praxis pour la finalité contemplative de l'Être.

« L'authenticité » dans Réflexions sur la Question Juive

L'approche du problème de l'authenticité est plurielle et évolutive. L'analyse psychologique de l'antisémitisme fait intervenir la mauvaise foi comme attitude déterminante et attenante à l'inauthenticité. En effet, « l'opinion » antisémite manifeste un choix rudimentaire fondamental, celui de « l'existence imperméable »[1], dont l'expression passionnelle vise à se prémunir de toute réflexion intelligente et de toute responsabilité. En choisissant de raisonner faux, l'antisémite prend le parti de la solidité « minérale » et factice de l'être pour jouir de son opacité. Il peut revendiquer une forme « d'authenticité » paradoxale, propre à « l'élite des médiocres »[2], où le sentiment prime sur le raisonnement, le concret naturel sur l'abstrait culturel. C'est au nom de cette garantie identitaire biologique absurde et voulue pour son absurdité, pour la peur qu'elle suscite, pour la puissance que la bêtise peut faire ressentir, que l'antisémite se sent capable d'énoncer ce qu'il joue à croire, de façon à échapper au poids d'exister.

Du même coup, non seulement le rapport à l'origine qui définit le concept « d'authenticité » est tronqué, mais il prend ici le sens d'un divertissement-repoussoir, d'une quasi-illusion. *A contrario*, l'antisémite ne peut feindre de revendiquer pour lui-même une quelconque « identité authentique » qu'en la refusant chez le Juif, en postulant chez lui une contre-identité, une nature autre qui, pour pouvoir constituer une vraie contre-nature, doit à son tour être imaginée comme « authentique ». Le délire antisémite sur le mal, le négatif pur qu'incarnerait le Juif, suppose qu'on lui accorde une essence et une liberté particulière exprimant authentiquement cette anti-valeur[3].

A cette « personnalité factice » de l'antisémite tirant avantage jusqu'à un certain point de sa plénitude jouée, au risque de constituer authentiquement un être inauthentique, Sartre oppose une réalité humaine, celle du Juif ayant à refuser et à se créer par ce refus même de ce que les autres ont voulu faire de lui[4]. La découverte de l'identité du

1. *Réflexion sur la Question Juive*, Paris, Gallimard, 1973, p. 20 (désormais *RQJ*).
2. *RQJ*, p. 25.
3. *RQJ*, p. 44-48.
4. *RQJ*, p. 83.

Juif[1] résulte d'une chosification d'abord subie, analogue social de la « chute » dans la honte sous le regard d'autrui[2]. La solution démocratique consiste pour Sartre à nier le réel irréductible, de vouloir aimer ce qui, en l'autre, le dépasse (l'universel) au point de ne plus être lui, d'où un « snobisme de la tolérance »[3] propre au démocrate. C'est pourquoi le pire est la pitié, car elle reconduit, malgré elle, l'objectivation[4]. Le Juif ne peut être « authentique » par essence, ni même par simple conviction contingente. Il a à dépasser l'angoisse d'être par autrui ce qu'autrui a voulu qu'il soit[5]. Encore faut-il que le dépassement soit rendu possible, concrètement, par une situation plaçant objectivement l'authenticité comme « choix possible » à partir du réel, possible inscrit dans le présent comme négation de celui-ci. Or, ce présent est commun, la « situation » faite aux juifs engage tous les hommes ; c'est pourquoi l'antisémitisme, passion néfaste, concerne l'humanité tout entière. Le dilemme de « l'authenticité-inauthenticité », pour le Juif, est entièrement relatif à un choix fondamental pour tous, celui d'être *humains*, donc responsables.

SUR LA NATURE ANHISTORIQUE DU « MYSTÈRE ».

Conversion passive ou active

Sartre qualifie précisément le moment contemplatif de la désignation du mystère de l'être de « préhistorique ». La détermination humaine de la question de l'être oriente l'ensemble des analyses de « l'ignorance ». Si la révélation du « il y a » de l'Être peut être dite comme « Vérité », l'ignorance comme telle dit également quelque chose d'essentiel sur la précarité existentielle de la conversion et du mystère[6] qui s'y attache.

Aucun impératif ne peut de lui-même orienter les conduites humaines sans se fonder sur une *réflexion purifiante* par laquelle le sujet se découvre

1. *RQJ*, p. 109.
2. *EN*, p. 265.
3. *RQJ*, p. 89.
4. *RQJ*, p. 94-95.
5. *RQJ*, p. 115.
6. Sur le « mystère », *CM*, p. 19 ; *VE*, p. 13-14. A comparer : la définition de la jouissance de l'être dans *VE*, p. 63, à l'attitude hébétée de Gustave, *IF*, I. « La personnalisation »

comme choix originel de lui-même. La nature contingente de cette orientation primordiale ne disqualifie pas les motifs de tel ou tel engagement, mais donne un poids extraordinaire à l'ensemble des possibles. Avant la *Critique de la Raison Dialectique*, le thème de la conversion[1] implique à la fois une prise en compte de la matérialité *et* une ouverture dans le temps. Si les *Cahiers pour une Morale* témoignent de cet effort pour fonder une morale de l'ambiguïté (sans garantie historique mais avec une exigence de conversion), un autre texte posthume de la maturité philosophique de Sartre, *Vérité et Existence*, précise le statut de la vérité dans le cadre du fondement de la morale. Réponse probable à Heidegger[2], le texte suppose acquise la distinction qui oppose une réflexion purifiante et une réflexion complice. L'authenticité, pour être voulue, acquiert un statut historique dès lors que sa valeur ne se cantonne plus à la seule subjectivité. « S'il y a un mode d'être commun qui est l'inauthenticité, alors toute l'Histoire est inauthentique et l'action dans l'Histoire entraîne à l'inauthenticité ; l'authenticité retourne à l'individualisme. Réciproquement, si la nature de l'homme est au bout de l'Histoire, l'inauthenticité doit être voulue pour elle-même comme la condition même de la lutte historique »[3]. Vouloir l'inauthenticité pour elle-même comme condition de la lutte historique, c'est choisir la relativité anthropologique, contre l'absolu de la compréhension existentiale. L'enjeu est clairement de sauver ce qui peut l'être, dans une perspective de philosophie pratique. Sartre ne met jamais en cause le constat heideggerien concernant la situation fondamentale du *Dasein*. Mais à partir de la saisie de la question de l'être comme condition d'existence du problème de la vérité, deux attitudes sont possibles : la « passivité » et « l'activité »[4]. En insistant sur le thème de la contemplation de l'être et sur la thématique de la présence et de l'oubli, on ne peut que difficilement fonder tel ou tel choix ontique. « L'essence de la vérité c'est le "il y a" de "il y a de l'être" »[5]. Il faut comprendre le texte sartrien comme un commentaire, puis une démarcation progressive. L'ancrage critique réside dans l'effort de Sartre pour présenter l'historialisation de la manifestation de la vérité de l'être comme un possible humain, qui s'avèrera ensuite une

1. Sur la conversion, cf. *CM*, p. 488 à 531.
2. Notamment à la traduction de la célèbre conférence de Heidegger : *De l'essence de la Vérité*.
3. *VE*, p. 11.
4. *VE*, p. 18.
5. *VE*, p. 19.

nécessité historique. Le dévoilement de l'être pour lui-même ne serait satisfaisant que dans le cadre hégélien de « l'absolu-sujet ». C'est donc à partir de Hegel que Sartre lit Heidegger, qu'il se situe par rapport au texte *De l'essence de la vérité.*

La nature anhistorique du « mystère » comme qualification existentielle *de la présence*

Reconnaître l'hétérogénéité de l'Homme et de « ce qu'il peut connaître » [1], c'est inscrire l'oubli problématique de l'être des étants en tant que totalité comme l'accompagnement de la présence. Sartre situe le dévoilement de l'être sur le plan ontico-historique, et considère l'hétérogénéité come moins problématique, par rapport à l'ontologie du pur « dévoilement » au sens heideggerien. L'écartèlement entre « l'errance » et « l'oubli » [2], comme différence ontologique, doit pouvoir accompagner « l'historialisation »; mais, et c'est bien le sens de l'engagement anthropologique sartrien, cette différence ontologique ne peut s'y substituer. La question est de qualifier le dévoilement, « l'authenticité » comme devoir être, sans tomber dans le piège « sérieux »: une authenticité « absolue » convertirait l'engagement historique en dévoilement d'une seconde nature, au point de rendre lointain le « mystère », tout autant que le décalage pour-soi en-soi qui permet de qualifier précisément « l'authenticité ».

Il existe des ignorances irréductibles: l'altérité, le futur, « le fond sur quoi se découpe la forme choisie » [3], les conceptions impossibles liées au pouvoir de représentation. Sartre envisage le rapport de la Vérité et de l'Être sur le mode de dépassement, non de « l'ignorance irréductible », la raison devant connaître ses limites (son rationalisme est ici *critique*, avant que *Questions de Méthode* ne détermine les exigences de la raison dialectique) mais de « l'ignorance sans projet » [4] traduisant une mauvaise foi. Cette ignorance spécifique « prend le point de vue de la finitude pour échapper à la finitude ». Le modèle créatif apparaît à Sartre comme le seul susceptible de dépasser la compromission, le refus d'être concerné par l'Être sous toutes ses formes, la mauvaise foi. « L'oubli » comme refus de la responsabilité du possible comme futur, peut, à la limite, se viser comme

1. *VE*, p. 13.
2. *VE*, note. 3, p. 13.
3. *VE*, p. 74.
4. *VE*, p. 75.

une fin. Il reste cependant un idéal non seulement marqué par l'impossibilité, mais par la contradiction : « Supprimer sa conscience d'ignorer », ce serait supprimer l'ignorance. L'*épochè* opérée sur le futur comme possible permet de mimer, au mieux, l'évitement de la souffrance, non de le réaliser. La déclinaison psychologique du désengagement de la réalité humaine l'emporte largement sur la thématique contemplative de l'Être comme possible projeté, (ainsi de l'ignorance projetée de la maladie par peur du dignostic, à la fois su et « ignoré »)[1], la « distraction hystérique » et la mauvaise foi. En « situant » le mystère, Sartre réduit l'option du dévoilement à ce qui est en jeu du point de vue strictement humain. Cet enjeu humain du mystère permet de qualifier la présence de l'Être comme ignorance globale, multiple. La recherche de la vérité peut être refusée, et c'est ce refus qui constitue *la* préoccupation sartrienne dans *Vérité et Existence*; d'où l'humanisation incessante de l'Être, la récurrence du problème de la responsabilité, là où la relation problématique de la Vérité et de l'Être est posée.

Sans même s'orienter *a priori* vers le Bien ou le Mal, le propre de l'humanité est de naturaliser ses choix comme un ensemble de données *subies* pour échapper à l'absurdité métaphysique de l'existence. Précisément, le risque de la solution éthique et préhistorique de la conversion est de dévaluer l'historicité. Cette conversion ne saurait être qu'un premier pas dans la compréhension de la situation humaine. Contre « toute doctrine de la conversion » risquant d'échapper à la réalité du devenir historique *et* contre « toute doctrine de l'historicité » risquant fort « d'être un amoralisme »[2], Sartre parie sur la possibilité de concilier l'authenticité et l'historicité, en décrivant la réalité humaine et en laissant inachevée la finalité morale. D'où le refus de toute conception mystique de la vérité de l'Être, une conception prêtée à Heidegger[3], au profit d'un finalisme de *l'inachèvement* (la réalité humaine étant ce qu'elle n'est pas et n'étant pas ce qu'elle est) : « La fin de l'histoire est le mythe qui pénètre perpétuellement l'histoire et lui donne un sens ». Sartre intègre une certaine dimension mythique sans verser dans le « mystère » à tout prix. La réduction de toute problématisation à la thématique de l'oubli de l'Être confère à l'ignorance et au savoir liés au questionnement heideggerien un privilège dangereux

1. *VE*, p. 75-81.
2. *VE*, p. 12
3. *VE*, p. 13

moralement, car indépendant par rapport à l'histoire. C'est donc, comme dans les *Cahiers pour une Morale* mais de manière plus concentrée, le passage à la prise de conscience de l'historicité qui peut seul conduire à contester le privilège philosophique qui est accordé au « mystère » dans la qualification existentielle de la présence de l'être.

La réflexion sur « l'authenticité », dans son rapport très vaste à la norme, dans les *Cahiers pour une Morale*, puis dans son rapport à la vérité dans *Vérité et Existence*, constitue le lien théorique entre la liberté et l'histoire. La vérité n'est pas conçue sur le seul mode gnoséologique, puisque la réalisation du caractère objectif d'un jugement appelle un « éclairement » de l'En Soi par lui-même, « l'Être apparaissant à l'Être »[1] sans point de vue extérieur et supérieur d'un Sujet Absolu. Elle naît d'une prise de conscience dont tout le sens est de parvenir à n'être perçue que parce qu'elle est reçue et dont le devenir est d'être donnée. Le caractère intersubjectif de toute vérité, y compris de la vérité scientifique, la met en « danger » dans la mesure où infiniment son existence renverra à des totalisations possibles mais non nécessaires. Sans Sujet Absolu pour la clore dans une représentation achevée, la vérité comme jugement adéquat porté *sur* et *à partir de* l'être est suspendue à la finitude humaine. Le « danger »de la vérité réside donc dans sa dépendance aux relations humaines qui tissent l'objectivité sans se détacher des rapports effectifs, vécus. « Cette appartenance au monde de la vérité, ou Réalité, peut encore se définir comme le fait que la vérité est *éprouvée* ou vécue. En un sens, toute vérité est vécue comme danger, effort, risque (même une vérité « scientifique ») et, réciproquement, tout ce qui est vécu (dans la rage, la peur, la honte, l'amour, la fuite, la bonne et la mauvaise volonté) manifeste la Vérité ». Sans appropriation subjective possible sur le mode mystérieux ou rationnel, sans nature anhistorique ou éternelle, la « vérité » de tout discours sur l'être et venant de lui implique un devenir historique comme processus de réalisation; tout statisme de la vérité est illusoire, mais l'hégélianisme du Sartre d'après-guerre comme celui de la *Critique de la Raison Dialectique* ou du *Flaubert* s'arrête là où commence sa propre conception an-archique du sens de l'Histoire. *Vérité et Existence* préfigure la *Critique de la Raison Dialectique* dans le sens où, si « l'authenticité » consiste, entre autres, à échapper à la réflexion complice et à reconnaître le caractère historique et humain de la vérité, la finalité du devenir échappe

1. *Ibid.*, p. 25.

(logiquement) elle aussi à toute certitude. « Ainsi l'histoire n'a de sens comme Histoire que si sa fin est catastrophique. Son conflit interne tragique est de poser un terme alors qu'elle n'aura qu'une fin »[1].

A cet inachèvement historique répond l'absence de toute cité des fins, laquelle serait l'analogue historique de la synthèse impossible entre l'En Soi et le Pour Soi sur le plan historico-politique. C'est pourquoi les références à Marx et à Hegel sont, dans *Vérité et Existence* plus encore que dans les *Cahiers pour une Morale*, à comprendre comme autant d'arguments pour asseoir la nature dialectique de la vérité. A l'aventure et au dévoilement d'une essence de la vérité de l'Être s'oppose donc la relativisation historique du vrai par la finitude : c'est tout le sens de la reprise du problème moral contre le pathos heideggerien. Les références à Hegel et Marx jouent donc le double rôle de relativisation historique du problème de l'être et des valeurs. Si « la morale doit être historique, c'est-à-dire trouver l'universel dans l'Histoire et le ressaisir dans l'Histoire »[2], c'est que les valeurs n'ont pas de caractère objectif éternel mais seulement relatif à une hypothétique bonne conscience. Cela consisterait à se défaire de l'esthétisme et du naturalisme éthique au profit d'un subjectivisme qui supposerait à son tour une essence supérieure de la norme exigée (l'authenticité).

L'historicité de la morale signifie la relation à Autrui et l'absence d'achèvement du devenir humain comme conditions de possibilité. A partir de l'universalité posée comme exigence, sans certitude distincte de la volonté de son positionnement, l'intersubjectivité se profile sur fond d'anti-naturalisme. On retrouve ce double conditionnement dans les *Cahiers pour une Morale* et dans *Vérité et Existence*. « Il va de soi qu'une conversion est *possible* en théorie mais elle impliquera non seulement un changement intérieur de moi mais un changement réel de l'autre. En l'absence de ce changement historique, il n'y a pas de conversion morale absolue (...) On ne peut pas faire la conversion *seul*. Autrement dit, la morale n'est possible que si tout le monde est moral »[3]. L'altérité est constitutive du sens éthique de tout projet de transformation de soi. Il n'y a donc pas d'authenticité sans intersubjectivité, ce qui n'élimine pas la réalité

1. *Ibid.*, p. 29.
2. *CM*, p. 14.
3. *Ibid.* p. 16.

angoissante du « souci » au sens heideggerien[1], mais lui confère une temporalité à la mesure du conditionnement humain par la matérialité.

Le texte *Vérité et Existence* prolonge cette mise en perspective de l'approche existentiale en mettant en *situation historique* la vérité de l'être, ce qui revient à relativiser existentiellement la portée ontologique du dévoilement heideggerien. C'est tout le sens de la distinction entre « l'historialité » et « l'historisation ». La première définit « le projet que le Pour Soi fait de lui-même dans l'Histoire »[2]. Le coup d'état du 18 Brumaire est l'historialisation de Bonaparte, c'est-à-dire la réalisation objective d'un projet subjectif. La seconde est « le passage à l'objectif de l'historialisation », autrement dit, l'appartenance des résultats objectifs des engagements subjectifs à « une époque », leurs caractères historiques, donc étudiables, observables en tant qu'objets pour l'historien.

La distinction entre l'histoire *faite* – vécue dans toutes ses contradictions – et l'histoire *écrite*, relativise l'objectivité et exprime aussi un inachèvement historique. Le questionnement sur la raison d'être de l'être est ainsi mis en situation historique : aucune transcendance du *Dasein* n'est requise pour accéder à l'authenticité. « Je reçois mon *Pourquoi* de l'époque que j'exprime »[3], l'angoisse signifie davantage qu'une perturbation psychologique puisqu'elle enseigne ce pouvoir de distanciation, et doit pouvoir accompagner tous nos engagements, mais, dès les *Cahiers pour une Mo*rale et *Vérité et Existence*, les manières de vivre – le poids de la contingence – du fait même de la distanciation, sont évoquées comme des moments d'une histoire dont la finalité échappe en partie à ceux qui la vivent. Cet échappement préfigure le caractère infini des totalisations de la raison dialectique, et suppose la prise en compte d'un irréfléchi historique intégrant l'incertitude comme prix à payer pour la liberté. « Mon objectivité hante ma subjectivité comme réalité ignorée »[4]. Est-ce à dire que l'identité déjà privée de nature, sans finalité historique *a priori*, ne puisse se constituer que sur le mode de l'illusion ? Quel statut accorder aux projets et à ce

1. Sur les rapports philosophiques entre Sartre et Heidegger, voir la *Lettre sur l'humanisme* de Heidegger, et de Sartre ; *Carnets de la drôle de guerre* (1983) ; les articles de R. Wolin, « Sartre, Heideger et l'intelligibilité de l'histoire » ; N. Tertulian, « Entre Heidegger et Marx » ; J. Launay « Sartre lecteur de Heidegger ou l'être et le non », *Temps Modernes*, « Témoins de Sartre », 1990, p. 365-435.

2. *VE*, p. 135.

3. *VE*, p. 134.

4. *Ibid.*

qui les fonde nécessairement (les valeurs) si « l'ignorance de soi » doit être assumée comme première exigence ?

La seule pédagogie possible pour l'authenticité réside dans la réévaluation de *l'altérité* non seulement dans la constitution d'un sujet qui est non-substantiel depuis les analyses de *La Transcendance de l'Ego*, mais sur le plan historique de la relation comme seul mode originel de subjectivation. Sartre n'a jamais dévié sur ce point : à « l'écueil du solipsisme » de *L'Être et le Néant*[1] correspondent « l'exigence » de l'Autre analysée dans les *Cahiers pour une Morale*[2] et l'apparition négative mais essentielle d'Autrui comme étant dangereux quoique constitutif de moi-même dans *Vérité et Existence*. La socialité est nécessaire dans sa contradiction vitale et conflictuelle.

> Être au monde dans un monde qui refuse mon existence.
> C'est le premier thème de la vie en société ; c'est le sens même du travail.
> 1) si je n'agis pas sur le monde, je meurs.
> 2) les hasards peuvent me tuer.
> 3) Antagonisme des hommes et rareté des biens. Ambivalence de la vie sociale. L'autre et celui qui partage avec moi et qui me vole ma nourriture [3].

La prise en compte de la fonction d'Autrui a beau impliquer une réévaluation de *l'antagonisme* dans la compréhension des pratiques humaines, elle signifie la dépendance fondamentale de la *conversion* à l'égard du mouvement historique réel, et donc matériel. Le théâtre sartrien témoigne de « l'ambivalence », ici évoquée[4], de l'engagement « pur » confronté aux nécessités historiques, mais la liberté comme impuissance fatale ne peut se satisfaire de sa propre négativité ni prendre conscience d'elle-même indépendamment d'une situation collective historique. Le marxisme de Sartre, apparaissant sur le plan politique à travers ses multiples engagements, n'est pas *surajouté* à l'exigence éthique mais intervient pour historiciser l'authenticité. L'anti-esthétisme, la redéfinition de « l'authenticité » et le refus du mysticisme expriment l'exigence d'une liberté conçue comme étant *dans* l'Histoire.

1. *EN*, p. 267.
2. *CM*, notamment p. 225, et p. 285.
3. *VE*, p. 84.
4. Cf. *Les Mains Sales*, Paris, Gallimard, 1948, rééd. « Folio », 1972.

UNE PERSPECTIVE MORALE ANTINATURALISTE

Les illusions croisées du réalisme et de l'idéalisme en morale

L'établissement d'une valeur morale comme idéal d'être suppose « une idée de la valeur de l'Être »[1], autrement dit la détermination d'une référence par le refus du présent de cet être. L'insuffisance du réalisme réside dans son pessimisme fondamental. « Ce qui vaut le mieux, c'est ce qui a fait ses preuves »[2] : voilà une manière de prendre comme valeur la passivité, la soumission au réel. Ce réel doit pourtant être constitué, préalablement représenté comme contenant son propre idéal. Aucune soumission choisie ne fait l'économie d'une valorisation. L'inexorable, l'ordre naturel sont relatifs à un travail réflexif tendant à confondre l'impératif avec son conditionnement, à faire du caractère conditionné la source impérative du devoir être. L'extériorité choisie comme *a priori* conditionnante implique une valorisation, véritable inversion de l'impératif inconditionné poussée à son absolu, ainsi qu'une *Weltanschauung* particulière. La logique de soumission du devoir être à l'être comme idéal d'être n'est pas seulement appréhendée comme fuite devant le scandale de la contingence, devant l'épaisseur de la confrontation morale du devoir être avec le réel, d'où naît toute valeur. Contradictoirement, le réalisme conduit à soumettre le droit au fait en exigeant une reconnaissance particulière de « l'être sous forme de devoir être »[3]. Le droit exprime, dans une société d'oppression, le fait appréhendé comme réalisation du droit, comme devoir être réalisé. L'antijuridisme radicalisé dans la *Critique de la Raison Dialectique*[4] prend appui, dans les *Cahiers pour Morale*, sur le prolongement éthique de l'ontologie. L'antinaturalisme n'est pas la conséquence mais le fondement de l'exigence d'authenticité à partir de laquelle, par exemple, la distinction entre réflexion pure et réflexion impure, a un sens.

Par rapport à l'idéalisme, les *Cahiers pour une Morale* esquissent à de nombreuses reprises en évoquant Hegel le contenu pratique de l'universel concret, et donc le refus de l'universalisme abstrait. L'impuissance critique et transformatrice du réel propre à l'idéalisme provient de la détermination nouménale de la liberté. Sartre interprète le résultat de l'analyse transcen-

1. *CM*, p. 195.
2. *CM*, p. 195,257.
3. *CM*, p. 152.
4. *CRD*, livre II, p. 438.

dantale de la liberté morale à partir d'une césure confirmée : « La liberté qui soutient, pour Kant, l'impératif catégorique est nouménale, donc liberté *d'un autre*. Elle est séparée par ce léger ru de néant qui suffit pour que *je ne la sois pas* »[1]. Son seul pouvoir est de nier les faits, et non, comme chez Hegel dont Sartre se sent ici plus proche, de « pénétrer le réel » par « l'Esprit ». Toute fin absolue et inconditionnée aboutit « à se retirer du monde comme projet »[2], à sur-naturaliser l'être de la valeur comme devoir être, à réaliser le devoir être à partir de son caractère « hors de portée ». L'idéalisation universaliste conduirait à sous-évaluer l'épreuve du réel comme telle. C'est en rejetant la fermeture des mondes du Sujet et de l'Objet-monde[3] que Sartre dénaturalise la morale. Il s'agit d'évaluer le rapport de la fin et du moyen « à partir de l'être », non pour le fonder, mais pour garantir son efficacité. Du même coup, réalisme et idéalisme renvoient finalement l'un à l'autre. « Ainsi le réalisme analytique conduit à l'idéalisme moral »[4].

Sartre revendique un apprentissage dialectique des fins éthiques « par le monde » ; autrement dit, ces thèses préparant sa philosophie de l'histoire, toute tentative pour fonder le devoir être sur la seule liberté du sujet est « vouée à l'échec ». Les séparations analytiques sont ainsi visées et rejetées dans les *Cahiers pour une Morale* (fin-moyen, sujet-objet, etc.) parce qu'elles évacuent toute possibilité de totalisation comme autant de compromissions. « Source inconditionnée », « volonté inconditionnée du Bien »[5], peuvent être appréhendées du point de vue moral à condition de nier la finitude comme épreuve réelle. En partant de la considération de relations inconditionnées, je ne peux que déclarer la liberté de l'Autre, c'est-à-dire la considérer *a priori* comme non manifestée. « Je déclare m'adresser à ce qu'il y a de plus haut en lui et ce qu'il y a de plus haut en lui n'est pas lui »[6]. Contre la sur-naturalisation comme source du caractère inconditionné du devoir être et de sa fondation universelle, Sartre esquisse, par touches successives, une morale intégrant la relation visée à autrui en tant qu'irréductibilité, conflit, immanence irréfléchie, les relations visant, par exemple, le respect comme devoir être fondamental auront à intégrer toutes

1. *CM*, p. 147.
2. *CM*, p. 256.
3. *CM*, p. 251.
4. *CM*, p. 251.
5. *CM*, p. 286.
6. *CM*, p. 285.

les déviations concrètes engendrées par la relation fondamentale de l'Homme à la Nature constituant l'histoire. A ce niveau, la « reconnaissance de la diversité » inclut, pour le Sartre des *Cahiers*, autre chose qu'une simple dialectique de la réciprocité. La « reconnaissance » n'est qu'un aspect, constitutif mais partiel, de la totalisation[1]. Le « machiavélisme », évoqué dans les *Cahiers pour une Morale* à partir de Trotsky, à propos de Sade, puis de Staline[2], ne permet aucun dépassement du contradictoire, puisque c'est l'activité tronquée de sa puissance négatrice qui est valorisée, sans d'ailleurs que cette valorisation puisse être assumée. Le sens de la critique sartrienne du matérialisme est analogue : le déni du négatif, du projet néantisant et du dépassement comme processus nécessairement choisi. Au niveau où Sartre pose le problème du fondement de la pratique, la relation entre la conversion morale et la conversion révolutionnaire, n'aboutit pas encore à une philosophie de la totalisation historique. L'hypothèse du machiavélisme concrétise seulement l'impossibilité de se passer de valorisation. Inversement, l'affirmation amoraliste du révolutionnaire peut apparaître, à bien des égards, plus « morale », comme en témoigne le commentaire de Trotsky[3].

Les sources de l'antinaturalisme moral

D'un bout à l'autre de son œuvre, Sartre dénonce les pièges du naturalisme. Les tentatives de prolongement de l'ontologie par une éthique peuvent être comprises comme une ouverture, au sens d'une histoire non finalisée par un sens prédéterminé, ce qui implique en amont des formes de rejet du naturalisme qui soient appropriées aux objets des sciences considérées : la psychologie, la politique, l'histoire, le droit. Sur le plan de la fondation morale, l'anti-naturalisme est créateur, et non seulement négateur, en ce qu'il exige toute une vision du rapport de l'homme au monde.

La critique du substantialisme husserlien dans *La Transcendance de l'ego* et des psychologies positivistes traitant de l'image et de l'émotion, a une portée négative : restituer la précarité des synthèses – de l'harmonie – que l'homme cherche à accomplir vis-à-vis de lui-même, d'Autrui, de la

1. *CM*, p. 286.
2. *Faut-il brûler Sade ?*, Simone de Beauvoir ; *CRD*, t. II ; *CM*, p. 33, 44, 170, 450.
3. *CM*, p. 168-169.

« nature ». Précisément, la tentation de l'oubli du caractère illégitime de sa propre existence est décrite avec un dégoût prononcé dans *La Nausée*. La faute de l'Autodidacte humaniste réside non dans le seul oubli mais dans l'orgueil qui l'accompagne. Tout se passe comme si le personnage revendiquait la mauvaise foi, autrement dit jouait l'ignorance de sa propre contingence sur le mode d'un divertissement pascalien doublé d'une conscience à peine voilée de son propre mensonge. Tout le problème réside dans la nécessaire bonne foi de la mauvaise foi[1], c'est-à-dire dans le caractère intentionnel de l'orientation de l'oubli. Pour que celui-ci soit fonctionnel, il faut une réactivation volontaire qui annule la force mécanique du jeu[2]. La mauvaise foi est une naturalisation mimée de l'identité propre pour en masquer la précarité existentielle. « L'esprit de sérieux » que Roquentin lit sur le visage des bourgeois de Bouville – les « salauds » – peut tourner à la comédie. La description ironique de l'enfance de Sartre renvoie à ce jeu que l'autobiographie incarne. La chosification de soi-même permet une échappée imaginaire, hors d'atteinte de la pesante responsabilité.

L'enfance n'est pas à épargner, et son regard sur le monde adulte, littérairement décrit dans *Les Mots*, illustre la mauvaise foi générale de l'homme. « Le dimanche, ces dames vont parfois à la messe pour entendre de la bonne musique, un organiste de renom (...) ces moments de haute spiritualité font mes délices : tout le monde a l'air de dormir, c'est le cas de montrer ce que je sais faire : à genoux sur le prie-dieu, je me change en statue (...) »[3].

La prise de conscience de l'imposture fait basculer le sujet dans l'histoire, pour autant qu'il se sait condamné à fonder son action sans socle préalable. Comment orienter la liberté sans se référer à un modèle ? Quel statut accorder aux valeurs si le mode sur lequel je cherche à les faire exister *de* et *par* moi-même peut être décrit comme un « jeu » ou une attitude « sérieuse » ? La donation d'un sens moral à l'existence suppose non de dépasser le délaissement mais de l'accompagner d'une relation renouvelée au monde collectif humain. Si la morale suppose un sujet constitué susceptible d'appréhender une normativité comme objet, la constitution

1. *EN*, p. 104.
2. *Les Mots*, p. 25.
3. *Ibid.*

même de ce pôle nécessairement polycentrique [1] exige une invention de soi-même, en connaissance de cause, en tant que conscience non-thétique-de-soi-en-situation, avec le savoir vécu, non seulement théoriquement acquis, de sa précarité. La prise de conscience de la contingence n'est pas pathologique au sens premier du terme, car l'angoisse n'est pas pour Sartre une fin acceptable en tant que valeur à contempler : c'est ce à quoi elle renvoie (la contingence) qui peut et doit être assumé. « La vérité n'est pas vraie si elle n'est pas vécue et faite » La tonalité volontariste suppose une histoire non faite pour que la liberté puisse la transformer, et une liberté historicisée pour que l'action soit rendue nécessaire.

Sur un autre plan, la naturalisation constitue le piège par définition dans la relation à Autrui. Certes, le respect commande de considérer Autrui comme fin, non comme moyen, mais le fait de conférer à l'Autre une « nature », de le définir par tel ou tel caractère qu'il n'a pas choisi de lui-même constitue le geste même de la réduction naturaliste dont l'antisémitisme [2] et le racisme ne sont que des exacerbations. La description de la honte illustre la naturalisation subie comme atteinte. « J'ai honte tel que j'apparais à Autrui », autrement tel que j'imagine Autrui me conférant telle ou telle nature. Pareillement, le désir, comme tout sentiment humain, ne peut être compris sur le mode naturel du besoin dans la mesure où le manque subi suppose une intentionnalité constitutive, un projet d'être global totalisant non seulement l'être pour soi – je ne peux désirer avec seulement une partie de moi-même, alors que je peux m'imaginer avoir froid à une main et chaud à l'autre – mais l'être pour autrui : je désire l'autre comme totalité elle-même désirante. Si le désir vise le désir de l'autre, c'est qu'il est question de sa liberté incarnée dans un corps et non de l'inverse, à savoir d'un corps hypothétiquement libre. Il y a donc une sorte d'impératif catégorique antinaturaliste sartrien rendant l'existence du sujet désirant possible : l'autre ne peut être désiré que s'il n'est pas « naturel », mécaniquement déterminé, ni entièrement libre à la manière d'un pur esprit. Il y a donc différentes façons de naturaliser sa relation à autrui. Le paradoxe de la passion exprime l'impossibilité de l'authenticité sur le mode romantique. Ni choix rationnel (sans contradiction), ni pulsion biologique (sans confusion avec le besoin), la passion amoureuse suppose une vision ambiguë

1. Là encore, la *Transcendance de l'ego* interdit de substantialiser le sujet dans le temps. *Cf.* également *EN*, chapitre II, p. 82.

2. *Cf. RQJ.*

d'autrui. C'est sans savoir pourquoi que l'on aime vraiment, l'ignorance et l'impuissance d'une part, le savoir et la puissance d'autre part sont comme des pôles exclusifs rendant inintelligibles l'œuvre de la liberté dans le sentiment amoureux qui ne peut être alors ni physiologiquement réductible, ni appréhensible sur le seul mode d'une attirance éthérée. Toute naturalisation spiritualiste ou matérialiste est intellectuellement contradictoire et, du point de vue de la précarité existentielle devant être assumée, moralement inacceptable. Il y a, sur ce terrain comme ailleurs, l'exigence de restituer l'authenticité dans l'historicité.

Une écriture éthique

Écrire, c'est agir. L'engagement de l'écrivain-philosophe se concrétise à partir de l'expérience de sa captivité qui lui fait découvrir à la fois l'urgence de replacer dans l'histoire les données issues de son ontologie de la liberté humaine et la nécessité de concrétiser politiquement la fonction historique de l'écrivain. Les *Carnets de la drôle de guerre*, dès les années 39-40, montrent des préoccupations qui apparaîtront explicitement dans *Qu'est-ce que la littérature?* Si le thème récurrent des *Carnets* est l'authenticité, d'autres thèmes tels que la réalité des voyages ou le rapport de Sartre à l'art et à la destinée humaine illustrent la double exigence qui accompagne cette quête : une forme assez stoïcienne de contemplation nécessaire à la description phénoménologique de ses états de conscience[1] et une volonté active de transformation de son rapport au monde pour y parvenir. Venant d'apprendre sa mobilisation, Sartre tente de déterminer quelle conduite tenir vis-à-vis de cette guerre qui n'a pas réellement commencé. « Je me trouvais donc à un carrefour, entre le refus stoïque que toutes mes notions m'avaient apprises à vouloir, et l'authenticité. Et je cherchais à me débarrasser de l'un au profit de l'autre »[2]. La *conversion* thématisée dans les *Cahiers pour une Morale* n'est donc pas un idéal mais une situation dans laquelle lui, comme tout écrivain, doit se déterminer. Le détachement dans la distanciation rend la contingence pensable mais l'extériorité matérielle, historique, conditionne à son tour le choix : cette circularité définit philosophiquement la responsabilité de l'écrivain.

1. Ce qui exige bien entendu une *activité* constitutive de la conscience dans la distanciation à l'égard des objets décrits.

2. *Carnets*, p. 90

Les événements interdisent l'indifférence *si et seulement si* l'écriture a, par définition, une fonction historique. Les *Carnets* illustrent cet engagement dans et par l'écriture, avec toute l'ambiguïté que supposent l'enracinement dans la situation mondaine et l'engagement pour dépasser cette attitude contemplative[1]. Entre le détachement et le « sérieux », l'écrivain doit au minimum faire deux choses : 1) *accomplir le dépassement* de lui-même par l'écriture, d'où la verticalité induite par l'autobiographie à la manière d'une auto-objectivation, dans la réduction eidétique. 2) *Transformer la création* en réflexion (au sens physique) du monde sur lui-même par l'écriture. Ces deux solutions, l'auto-dépassement par l'écriture et sa servitude volontaire au profit d'une transformation du monde paraissent universalisables. Par essence, donc, écrire serait agir. Il est capital à ce niveau de distinguer l'écriture par définition transformatrice, de l'esthétisme. « Il est stupide de confondre la morale et l'esthétique. Les valeurs du Bien supposent l'être-dans-le-monde, elles visent les conduites dans le réel et sont soumises d'abord à l'absurdité essentielle de l'existence. Dire que l'on « prend » devant la vie une attitude esthétique, c'est confondre constamment le réel et l'imaginaire »[2].

L'engagement présent dans l'acte d'écrire accomplit psychologiquement ce que le cogito des *Méditations* de Descartes réalise métaphysiquement : une saisie immédiate (le doute est requis) de soi-même comme nature pensante ainsi que le caractère exclusivement pensant de cette nature. Verticalement, l'écrivain autobiographe parvient en écrivant à se situer au dessus de lui-même, transformant en objet ce qu'il est, tirant vers le passé le futur qui l'appelle. Ce faisant, il constitue son caractère objectif, descriptible et transformable, puisque l'écriture est déjà un rapport déterminé de l'homme au monde. « L'acte même de me juger est une « réduction phénoménologique » que j'accomplis avec délices puisque je peux ainsi, à peu de frais, me placer au dessus de l'homme en moi »[3]. Concevoir la distanciation par l'écriture comme une distanciation verticale incite à penser la création comme une existence se transcendant elle-même par son propre mouvement.

1. *Cf.* A. Leak, « Les enjeux de l'écriture dans les *Carnets de la drôle de guerre* » R.I.T.M, n°24, 2001.

2. *L'Imaginaire*, p. 371-372, (1986).

3. *Carnets*, p. 126.

Par ailleurs, la transformation de soi par l'écriture est une réalisation (au double sens du terme) qui responsabilise l'écrivain sur le plan politico-historique. Ce que la linguistique et la psychologie cognitiviste nomment « les actes performatifs du langage » se trouve décrit et mis en situation à partir de cette responsabilisation de l'écrivain. Si « nommer, c'est faire exister » [1], c'est que le langage n'est ni un outil, ni une structure autonome vis-à-vis du mouvement réel, historique. Le positionnement du monde par les mots rend impossible une écriture neutre. La prose, contrairement à la poésie, dévoile : « Le langage est une activité de dévoilement. Pour moi et pour les autres, le mot fait sortir de l'ombre un objet et l'intègre à notre activité générale. (…) Le langage ôte l'immédiateté et en même temps met la personne en face de ses responsabilités » [2]. C'est dans ce sens que le silence de l'écrivain est philosophiquement une illusion et moralement une faute. L'esthétisme réside dans un aveuglement naturaliste du langage [3].

Refuser tout fondement naturel à la morale exige de statuer sur la création littéraire en la situant historiquement, tout en sachant que cette mise en perspective ne se justifie pas d'elle-même, d'où le caractère contingent – non arbitraire, ni nécessaire – de la liberté.

LE CARACTÈRE QUASI-HISTORIQUE DE L'INTERSUBJECTIVITÉ DANS LES *CAHIERS POUR UNE MORALE*

L'absolu de la liberté prend son sens véritablement problématique à partir de la réciprocité. « L'appel » [4] comme exigence d'une liberté pour une autre liberté, d'une reconnaissance inachevée et conflictuelle, implique un sol « pré-ontologique », l'être-pour-autrui configurant tous les positionnements possibles de la subjectivité, et un horizon historique, qui n'est plus l'En Soi inerte et massif de *L'Être et le Néant*, véritable refuge de

1. *La responsabilité de l'écrivain* (1946).
2. *Ibid.* p. 16-18.
3. Sartre ne traite pas, dans cette conférence, de la question poétique, volontairement écartée (p. 10). *Cf.* sur ce point *Qu'est-ce que la Littérature ?*, *Orphée noir*, préface à L. S. Senghor, *Anthologie de la nouvelle poésie nègre et malgache*, Paris, P.U.F., 1948 ; *Situations I*, « L'homme et les choses » (sur Francis Ponge) ; *Baudelaire*, en particulier, p. 219-245.
4. *CM*, p. 285, 292.

l'inauthenticité, mais pas encore les structures sérielles et matérielles du « pratico-inerte », mises à jour dans la *Critique de la Raison Dialectique*. Cet entre-deux de l'être pour autrui peut, au mieux, présupposer une certaine forme de confiance en l'humanité, l'appel à l'autre comme compréhension de mon appel en tant que tel, c'est-à-dire comme comprenant « que ma fin est de lui donner librement ma fin »[1], mais ce monde intersubjectif ne peut être qu'esquissé. La réciprocité médiée par le Tiers dans la *Critique de la Raison Dialectique* est déjà quasi-historique, c'est-à-dire dialectique, temporelle et sociale dans les *Cahiers pour une Morale*, mais l'orientation axiologique générale des analyses de la relation humaine conditionne l'approche de la réciprocité. La présence de l'appel, inquiétude et souci de dépassement du contingent dans le cadre du rapport à Autrui, témoigne d'un dépassement de l'être-avec (*Mitsein*) heideggerien déjà effectué dans *L'Être et le Néant*[2] sans y avoir été prolongé par une réflexion éthique ; elle témoigne également de la thématique d'un mouvement général de l'humanité. Ces prémisses dialectiques sont hésitantes, notamment en ce qui concerne le statut qu'il convient d'accorder à cette humanité collective, tour à tour susceptible d'inauthenticité propre au « on », mais en même temps condition d'existence de la valeur (je ne peux prétendre qu'à une qualité reconnue collectivement), ou simple configuration de la subjectivité dans son rapport au monde. L'ensemble indique, contradictoirement, une dimension profondément dialectique et temporelle de l'être-avec. Le facteur matériel apparaîtra dans la *Critique de la Raison Dialectique* après les mises au point sur l'authenticité propre à *Vérité et Existence*.

L'enrichissement du recours à l'altérité comme fait collectif non réductible à l'inauthentique dans l'établissement de la valeur, ne constitue pas le seul mode quasi-historique de l'intersubjectif, l'analyse du don[3] et de la générosité[4] font apparaître d'autres dimensions propre aux relations interhumaines. Le marxisme[5] ne sert, dans les *Cahiers pour une Morale*, qu'à intégrer sans bouleversement le conditionnement matériel en tant que moment de la liberté, il cadre cette liberté sans la modifier comme aventure nécessaire de la conscience en tant qu'existence présente à elle-même. Les

1. *CM*, p. 293.
2. *EN*, p. 122.
3. *CM*, p. 297-298.
4. *CM*, p. 508-509.
5. *CM*, p. 86, 108, 124, 125.

rapports inertie-action, fin-moyen, qui déterminent toute son approche de la valeur comme négation et dépassement de l'être présent débouchent, par l'impossibilité d'asseoir l'engagement généreux lui-même sur un quelconque savoir, sur un déséquilibre fondamental de la réalité humaine. La nature nécessairement prescriptive de tout impératif moral ne peut jamais se pétrifier dans une conduite suffisamment solide pour tenir lieu d'essence minimale de l'action, si bien que c'est la temporalité elle-même qui devient le support, par le déséquilibre qui la constitue, de toute valeur possible, c'est-à-dire échappant à l'inauthenticité. Le devenir définissant l'être de la valeur comme engagement fondé sur l'absence d'être prédéfini, le philosophe est sans cesse renvoyé à une circularité fondatrice, dont le nominalisme conséquent sera assumé pleinement, là encore dans le cadre anthropologique de la *Critique de la Raison Dialectique*.

La section I des *Cahiers pour une Morale* progresse à partir de la problématisation de l'aliénation. Les thèmes abordés sont, successivement : l'existence comme choix d'être et manque d'être, l'aliénation comme aspect social de la réification, la liberté dans son aliénation, puis, en tant que catégorie de toutes les aliénations, la description du monde de cette aliénation, la liberté comme structure de celle-ci, la conversion et la réflexion non complice, l'Appel à autrui, la signification du règne de la morale. La thématique récurrente de l'aliénation [1] indique la possibilité de son dépassement. C'est dans la section II des *Cahiers pour une Morale* que la relation entre la morale et l'histoire est explicitement posée. On y trouve ainsi les thèmes fondamentaux, mais aussi les apories propres à une morale du devenir. Notons, par exemple, la dialecticité de l'être de la valeur, de l'univers humain condamné à son propre dépassement sans autre référence que la nécessité de transcender le cadre aliénant et de plus en plus matériel de son action. On peut voir dans cette deuxième section des *Cahiers pour une Morale* une tendance qui va aller en s'accélérant, vers l'aspect de plus en plus « infernal » des relations de réciprocité. Préhistorique dans sa détermination morale, l'appréhension du problème d'autrui fait apparaître l'urgence matérielle, mais aussi le cadre conflictuel de toute conversion possible.

Le recours à Autrui est désigné comme nécessaire par l'ontologie phénoménologique et par la réflexion morale sur l'engagement, tant au niveau de l'écriture que de l'action individuelle, puisque le sens du

1. *CM*, p. 484-487.

jugement collectif conditionne en totalité la valeur de mes projets. La création est donc un cas limite de cette dépendance à l'altérité. A la dépendance à Autrui analytiquement observée dans *L'Être et le Néant* correspond la fonction constitutive des « autres » dans les textes d'après-guerre.

Tout positionnement éthique suppose au moins trois choses :

1) Établir une hétérogénéité qualitative entre les objets sociaux et les objets de la nature, la problématisation morale exigeant une méthode compréhensive, non seulement explicative – Sartre reprenant dans les *Cahiers pour une Morale* la distinction diltheyenne[1].

2) Supposer existante une communauté capable d'interpréter ses propres engagements, qu'ils soient conflictuels ou harmonieux[2]. Le passage d'une analyse de la situation originelle de la Réalité Humaine à l'Histoire suppose un déjà-là collectif donnant un sens au langage utilisé (c'est pourquoi le cas de l'écrivain est exemplaire) comme aux actions non relayées par les mots. Même la violence, négation de l'expression pensée, n'existe comme telle que par la reconnaissance collective du danger.

3) Projeter son propre devenir dans un destin commun, l'échec ou la réussite de tout projet n'entamant en rien le caractère nécessairement universel du sens donné à chacun de nos actes. Si l'appréhension du singulier par le langage suppose logiquement le recours à l'universel, la transformation projetée de soi-même implique un collectif suffisamment constitué, fût-ce à titre imaginaire, pour se saisir comme devenir-autre.

Ces trois facteurs marquent le passage d'une altérité conçue isolément, comme c'est le cas de l'usage de la dialectique de Maître et de l'Esclave dans *L'Être et le Néant*, à une altérité ayant valeur d'une synthèse de la multitude.

En morale, Autrui, ce sont nécessairement *les* autres, les hommes vivant concrètement le risque perpétuel de rareté en relation de réciprocité[3]. L'intersubjectivité n'indique pas, pour autant, de projet contractuel, l'anti-juridisme radical supposera donc de trouver une autre médiation que la loi positive émanant d'un hypothétique droit naturel des hommes : ce sera le cadre infernal des tourniquets dialectiques de la *Critique de la Raison Dialectique*. Pour autant, les *Carnets*, les *Cahiers pour une Morale*,

1. *CM*, p. 142

2. La violence elle-même manifeste l'intersubjectivité. cf. Juan Manuel Aragüès, *El viaje del Argos*, Zaragoza, Mira Editores, 1995, p. 34-35.

3. Le thème apparaît dès *Vérité et Existence* rédigé en 1947.

Vérité et Existence présentent une communauté de destins individuels liés les uns aux autres par une même finitude existentielle qui, sur le plan des valeurs, implique une compréhension commune du délaissement. Si chacun éprouve la mauvaise foi *ou* l'authenticité comme des possibles, l'alternative signifie négativement l'universalité de cette disjonction vécue subjectivement. Chacun est en mesure de (se) reconnaître dans la conduite inauthentique d'Autrui, parce que la désubstantialisation du Sujet (sans Ego transcendantal depuis la fameuse critique de Husserl) convoque l'altérité sur le terrain de la réalisation de son idéal d'être. Le caractère nécessairement *manqué* du devoir être le constitue précisément comme « valeur », ce qui le distingue du simple objectif.

C'est donc au plus bas degré de l'idée de communauté qu'il s'agit de se référer pour saisir l'orientation et la signification dans toute réflexion morale du prérequis collectif. Les autres représentent à la fois une menace psychologiquement et moralement [1], ce risque collectivement vécu constituant l'historicité elle-même, par le déséquilibre perpétuel qu'il engendre. L'intersubjectivité, prise indépendamment de la contractualité, est impensable à moins de supposer un finalisme naturel ou historique, que Sartre rejette pour se tourner vers une dialectique qui considère *a priori* comme provisoire et fragile les totalités humaines constituées. Une morale sans prolongement institutionnel par le droit nécessite une conception quasi-organique de la genèse de l'accord commun, qui suppose à son tour une sorte de vitalisme social, et donc de naturalisme politique. C'est donc par le biais de l'ambiguïté du fondement moral [2] universellement appréhensible que Sartre tente de prolonger l'ontologie par une éthique. Ce faisant, il place l'histoire au cœur du débat, dans la mesure où la normativité ne peut ni se référer à un socle rationnel – sur le mode hégélien de la ruse de la raison – ni à un socle irrationnel – sur le mode nietzschéen de la Volonté de Puissance. C'est dans le rapport entre la « révolution » et la « conversion morale » que la question du groupe est abordée dans les *Cahiers pour une Morale*, préfigurant les analyses de la *Critique de la Raison Dialectique*. L'oppression de l'homme par l'homme, « originellement injustifiable » [3], peut appeler les conduites d'évitement connues, esprit de sérieux, faisant « valoir le mythe comme obligation », mais le révolutionnaire lui-même

1. Cf. *EN*; dans le théâtre, *Huis Clos*.
2. Cf. Simone de Beauvoir, *Pour une morale de l'ambiguïté*, Paris, Gallimard, 1947.
3. *CM*, p. 67.

risque le sérieux dans son entreprise de transformation. « La cause, lui apparaissant sous forme de devoir, justifie la violence »[1]. La « retombée dans l'abstrait », autrement dit la pétrification de la révolution dans l'institution de l'Etat concrétise le sérieux politique que les outils conceptuels de la *Critique de la Raison Dialectique* permettront de penser sous la forme « d'incarnation du souverain ». L'intérêt des *Cahiers pour une Morale* est de poser la nécessité d'une forme d'intersubjectivité inachevée et par là même historique. La lutte des classes étant un « jeu de cache-cache »[2] perpétuel, l'unification ne peut se fonder sur une synthèse volontaire, claire et distincte pour elle-même. La transformation ne peut s'appuyer sur une unité objectivée comme « idéal » politiquement régulateur, comme les droits de l'homme, puisque « l'homme peut être aussi bien aliéné par l'abstraction et l'universalité que par une catégorie concrète d'oppresseurs »[3]. C'est en redéfinissant la notion de « lutte des classes » et en critiquant le droit comme forme de justification de l'ordre établi que Sartre élabore peu à peu des exigences qui placent la morale au bord de l'histoire. Les *Cahiers* indiquent un approche psychologique (sur la « violence », le « don », « l'altérité ») et politique (par le marxisme) de la morale, dont la seule autonomie possible réside dans le « plan ontologique », certes formulé, mais non appliqué. L'analyse des situations d'oppressions fait apparaître une communauté humaine prise par les mêmes exigences de libération, pouvant fuir dans la mauvaise foi et le mensonge sa responsabilité, mais constituée dans la tension des fins et des moyens qui détermine finalement toute action. Les évocations successives de la valeur au travail dans la « conversion »[4] exigent une action collective encore non fondée sur le plan anthropologique. La *Critique de la Raison Dialectique* expliquera dialectiquement la nécessité contradictoire du groupe.

La communauté est compréhensive, rend possible négativement, par le déséquilibre qu'elle secrète, le mouvement historique inachevable que chaque individu incarne, véritable universel singulier, au sens où, par exemple l'analyse du *Flaubert* l'entend. La simple saisie de la « mauvaise foi » comme l'un des compossibles du projet d'être d'Autrui induit, à l'instar du langage, une totalité commune de destins, présente *comme telle* à elle-même.

1. *CM*, p. 67.
2. *CM*, p. 73.
3. *CM*, p. 87.
4. *CM*, p p. 421-423,433.

L'historicité de la communauté, sans finalité *a priori* ni organicisme préalable, constituent les limites et les conditions d'une éthique existentialiste qui ne verra jamais le jour sous une forme définitive. Qu'importe, au fond, puisque le caractère inachevable exprime formellement l'imprévisibilité du contenu de la norme future, la nature de l'être de la valeur, l'urgence et le caractère problématique de la conversion. Les *Cahiers pour une Morale* nous laissent ainsi aux portes de l'histoire réelle, dialectique, de l'inachèvement humain.

UNE MORALE SANS SUJET SUBSTANTIEL

La critique de l'ego transcendantal libère l'identité de toute espèce de nature, transforme le Je en projet d'être, mais rend difficile la fondation de toute adhésion à des valeurs. Il semble que les *Cahiers pour une Morale* ne parviennent pas à dépasser la tension propre à la subjectivité réfléchie, en tant que positionnement moral ou devoir être. La volonté comme pouvoir de décision inconditionné apparaît, dès *L'Être et le Néant*, comme attitude réflexive. Ne pas le reconnaître, c'est tomber dans le « sérieux » et la réification par le jeu. Mais cette même volonté constitue la liberté absolue du sujet chargée de motiver tous ses actes en les chargeant de *mobiles*, de devoir être définissant la « valeur » dans sa modalité temporelle. Comment un *motif* peut-il guider ce qui nécessairement le transcende ? Il y a dans cette double nature de la liberté morale comme être constitutif de la liberté et être constitué de la valeur une tension que l'action peut reconduire, réaliser, mais jamais dépasser. La spontanéité de la volonté est condamnée à se pétrifier dans le devoir qu'elle doit pourtant énoncer pour assumer le fait de sa responsabilité créatrice. C'est pourquoi la « complicité », tentation et repoussoir du point de vue de la conversion morale, ne saurait être écartée comme une simple erreur, définitivement, mais doit être comprise comme le pôle figé et présent de toute néantisation valorisante. Le sujet moral qui s'esquisse à partir des *Cahiers pour une Morale* est psychologiquement éclaté, grâce au travail épochal de *La Transcendance de l'Ego*, et éthiquement condamné à une forme tendue d'ambiguïté philosophique.

C'est en cartésien que Sartre aborde, dans les *Cahiers pour une Morale*, le problème moral. L'autonomie suppose tout d'abord un pouvoir de recul, de négation par rapport à l'être – la néantisation – « cette saisie de l'être par lui-même comme n'étant pas son propre fondement, elle est au fond de tout cogito. Il est remarquable, à cet égard, qu'elle se découvre immédiatement au cogito réflexif de Descartes »[1]. La problématisation morale de la liberté est ensuite entièrement conditionnée par la désubstantialisation du sujet *et* de la norme guidant ses conduites, ce qui n'est *plus* cartésien. Peu importe, au niveau éthique, qu'existe un cogito pré-réflexif ou un degré irréfléchi dans l'émotion ou l'imagination, puisque aucune « nature », on l'a vu, n'est susceptible de compléter la table rase normative imposée par la mise en doute sartrienne. Si la liberté ne peut se viser elle-même comme idéal d'être, elle demeure le constituant-constitué de l'authenticité que les *Cahiers pour une Morale* et *Vérité et Existence* cherchent à fonder.

Le décentrement permanent du sujet, consécutif aux données de *La Transcendance de l'Ego*, atteint toute identité morale puisque, selon la formule, « l'homme est créateur de ses propres valeurs »[2]. Encore faut-il, pour saisir la portée philosophique de ce qui s'apparente à un slogan, rapporter l'être de la valeur à un projet d'universalisation pratique sans lequel le sens même du devoir être est perdu. A quoi bon qualifier de « devoir » ce qui n'est pas en droit, exigible d'Autrui, *a fortiori* dans une réflexion éthique ? Le cartésianisme sartrien est aussi, sur le plan éthique, positif, dans la mesure où le volontarisme suppose la possibilité d'une intelligence universelle de la norme choisie de l'action. Au décentrement vécu dans l'angoisse – où la liberté ressent le risque de sa propre spontanéité – correspond la régulation projetée et pratiquée dans et par l'engagement. Précisément, « l'engagement » dont il s'agit ici, dans le cadre d'une philosophie du sujet non substantiel, n'échappe à la tentation de devenir un projet autosuffisant qu'en visant autre chose qu'une possession de soi, réalisable sur le mode réfléchi. L'échec de la mauvaise foi témoigne à sa manière de la réalisation malgré tout par le pour soi de ce qu'il cherche à fuir sur le mode de l'en soi, mais la non-coïncidence absolue de soi à soi garantit, en quelque sorte, le retour possible sur cette non-coïncidence, si bien que la mauvaise foi, à son tour, ne peut devenir une seconde nature. A l'opposé, l'*ens causa sui* n'est qu'une forme mystifiée de la conscience[3]. La seule puissance du « sujet » est de se reconnaître dans sa projection temporelle et diasporique dont seuls les actes réalisent des synthèses. Le

1. *EN*, p. 16; cf. les *Temps Modernes* Témoins de Sartre, volume I, Michel Kaïl, « Sartre lecteur de Descartes », p. 474-503.

2. *L'existentialisme est un humanisme*.

3. *CM*, p. 531.

décentrement originel que Lacan revendique est présent chez Sartre : « si l'on persiste à appeler sujet une sorte de je substantiel, ou une catégorie centrale, toujours plus ou moins donnée, à partir de laquelle se développerait la réflexion, alors il y a bien longtemps que le sujet est mort. J'au moi-même critiqué cette conception dans mon premier essai sur Husserl »[1]. Cela implique t-il une efficacité accrue dans la contestation morale au détriment de l'adhésion positive, de la construction ? Il semble évident de prolonger la nature négative de la liberté par une pratique sociable contestataire, le « non à » précédant l'accord, comme le doute, liberté négative, précède chez Descartes la liberté éclairée par les vérités idéales d'origine divine. Inversement, tout choix d'abord posé dans la positivité de la valeur apparaît tellement marqué par la contingence qu'il peut sembler arbitraire, très loin de l'universalité.

Il reste la radicalité de l'intention, que la pleine conscience de la condition humaine doit nous empêcher de choisir comme critère. Tout sujet moral doit au minimum assumer l'absence *a priori* de contenu universel de la norme : c'est ce qui constitue la seule universalité existentialiste. Comme Pascal démontrait la dissymétrie entre le vrai (indiscernable) et le faux (discernable), Sartre décrit l'incommensurabilité de la valeur visée et du sujet qui la vise, que le divertissement et la mauvaise foi masquent au quotidien. Le sujet ne peut ni se satisfaire, ni contempler sa propre contingence comme une essence atteinte, il doit se saisir comme engagé, la force de ses intentions ne livrant d'elle-même aucune indication eschatologique : « Mais, à l'ordinaire, mon attitude vis-à-vis des valeurs est éminemment rassurante. C'est que, en effet, je suis engagé dans un monde de valeurs. L'aperception angoissée des valeurs comme soutenues dans l'être par ma liberté est un phénomène postérieur et médiatisé. L'immédiat, c'est le monde avec son urgence et, dans ce monde où je m'engage, mes actes font lever des valeurs comme des perdrix, c'est par mon indignation que m'est donnée l'antivaleur « bassesse », dans mon admiration que m'est donnée la valeur « grandeur ». Et surtout, mon obéissance à une foule de tabous, qui est réelle, me découvre ces tabous comme existant en fait »[2]. Il y a donc potentiellement une responsabilité du sujet lui venant de l'extérieur, de manière continue, le poids de l'urgence de l'action se reflétant en lui-même par la nécessaire valorisation qui accompagne ses choix. Si agir, c'est

1. *L'Arc*, « Jean Paul Sartre », *Entretien avec Bernard Pingaud*, 1966, édition 1990, p. 93.
2. *EN*, p. 76.

choisir et donc valoriser, la présence d'autrui fait surgir cette valorisation perpétuelle comme un changement et une découverte de soi-même. Le sujet valorisant est à la fois impur – sauf complicité et mauvaise foi – et vierge vis-à-vis de toute nécessité. Aucun savoir du contenu du devoir n'épargne la responsabilité de la « conversion morale » recherchée dans les *Cahiers pour une Morale*. La question du dévoilement de l'Être propre à la réflexion heideggerienne ne constitue aux yeux de Sartre qu'un rapport au monde sans valorisation possible de l'action, et donc sans responsabilisation. « Ainsi, ce dévoilement n'est ni subjectif, ni objectif : il est surgissement absolu de l'Être absolu dans l'absolu de la subjectivité. Je ne puis jamais trouver la subjectivité si je la cherche car elle n'est *rien…* »[1]. Dans son rapport à Autrui, à la mort, à l'ordre humain objectif et à la contingence des choses, la subjectivité découvre sa propre vacuité en même temps que le lien que ses réalisations tissent avec la communauté.

Agir, c'est exiger et répondre à cette exigence. D'où l'importance, dans les *Cahiers pour une Morale* comme dans *Vérité et Existence*, des thèmes de « l'universel » et de « l'inconditionné » pour fonder l'exigence éthique[2], le problème étant de savoir si « la source originelle de l'exigence, c'est le devoir comme universel et inconditionné ou si, au contraire, c'est dans l'exigence d'une personne vis-à-vis d'une autre personne que le devoir tire son origine »[3]. S'agit-il véritablement d'un rejet de l'impératif catégorique kantien ? Plutôt que de mettre en perspective, Sartre *inachève* la morale du devoir en plaçant l'obligation et le pouvoir de l'autonomie dans l'histoire. L'extériorité joue déjà son rôle dans l'appréciation de ce qui doit valoir. De plus, l'absence de nature interdisant *a priori* une orientation vers le Bien ou le Mal, le sujet non substantiel se retrouve dans la situation du créateur qui sait ce qu'il devrait faire en découvrant ce qu'il a fait. Toute action implique donc une « demande à l'autre »[4], mais dans tous les cas, et c'est la différence entre *L'Être et le Néant* et les *Cahiers pour une Morale*, à partir d'une dialectique de la reconnaissance que seule la pratique est capable d'engendrer. Transformer le monde, c'est nécessairement choisir un monde particulier valant pour tous et exiger que le sens de cette transformation projetée soit reconnu par l'Autre qui, dans sa singularité, manifeste malgré lui l'universalité. Cet Autre, même si on ne lui demande rien, est

1. *CM*, p. 513.
2. *CM*, p. 248
3. *CM*, *ibid.*
4. *CM*, p. 225, sur la « prière ».

toujours exigé. Le « sujet » se voit donc qualifié d'abord par sa dépendance et sa responsabilité. Les fins guidant son action relèvent de l'invention du caractère normatif de la représentation d'un futur et de la valeur des moyens requis pour y parvenir. Double invention, donc qui marque l'absence de garantie présidant à la morale. Il faut lire dans le rejet du formalisme kantien davantage qu'une historicisation prémarxiste de la morale, la désubstantialisation du sujet ne faisant que prolonger, par les deux inventions évoquées, *sa* responsabilité et *son* histoire.

CHAPITRE V

LA VIOLENCE DANS L'HISTOIRE : LE STATUT DE LA VIOLENCE DANS LA *CRITIQUE DE LA RAISON DIALECTIQUE*

INTRODUCTION

Les *Cahiers pour une Morale* montrent l'humanité de la violence. La *Critique de la Raison Dialectique* exige une même reconnaissance des éléments constitutifs de la réalité. La violence est cette expérience où la réciprocité humaine, immédiate et abstraite, est modifiée par la rareté : l'Autre étant constitué par la société et saisi par chacun comme excédentaire, l'anti-humanité est secrétée par ce que l'humain produit de plus noble et constructeur (la Révolution qui entraîne la constitution des Droits de l'Homme, le progrès de la Raison), dans la mesure où cette violence n'est ni naturelle, ni arbitraire. Elle est intériorisée, dans l'immanence, par chaque individu. L'enjeu de la raison dialectique est de comprendre ce qui l'exclut par définition, la violence, pour décrire ce qui la constitue, l'histoire.

Les prolégomènes à une critique de la raison historique que constitue l'Introduction de la *Critique de la Raison Dialectique* s'éclairent à partir de cette réévaluation du statut de la violence comme dépassement de l'hétérogénéité radicale entre l'irréductibilité des *faits* violents et leur *représentation* historique.

Cette réévaluation suppose une conception originale de la rationalité et de la critique philosophique. L'interprétation de la Révolution française illustre cette mise en perspective historique et implique, à l'instar des recherches ontologiques et morales, vues précédemment, une critique radicale de toute naturalisation de la violence.

UNE CONCEPTION ORIGINALE DE LA RATIONALITÉ : LES TROIS NIVEAUX DE LA RAISON DIALECTIQUE

C'est en partant de Hegel que Sartre décrit les difficultés du marxisme. Le dépassement des apories de l'idéalisme et du réalisme implique « l'apodicticité de la connaissance dialectique » correspondant chez Hegel à « l'identité du faire et du savoir »[1]. Les trois modes du renouvellement, aboutissant à cette identité « dialectiquement », sont le monisme ontologique *et* matérialiste, le nominalisme dialectique et la capacité autocritique de la raison dialectique.

Le monisme ontologique et matérialiste

A l'inachèvement des recherches morales correspond celui de la réalité humaine rendue historique par la violence de la rareté. L'histoire objectivée par la « raison » doit être comprise à partir de l'exigence de l'action représentée et vécue comme « praxis » dans le temps[2]. Il faut partir du fait que l'auteur prend pour base de l'irréductibilité de l'être le marxisme. On sait que la praxis échappe à la seule représentation, et toute la difficulté consiste à retrouver l'apodicticité hégélienne prenant la forme de l'identité entre l'être, le faire et le savoir. Dépasser tous les dualismes dus à l'opposition entre Être et Savoir dans un faire de la pensée qui n'est dialectique que par son objet : telle est la tâche de l'ouvrage. Le savoir qui sait que l'être a son autre dans le non-être et qu'il est historique, ne se distingue ni de l'être ni de la connaissance. Le « risque » idéaliste[3] est écarté de sorte qu'on parvienne à un savoir intégrant le manque dans sa représentation. La solution pour concevoir sans contradiction une représentation (idéelle par définition) du sens d'une histoire de part en part matérielle, consiste à

1. *CRD* I, p. 132.
2. C'est le sens de la « temporalité » dans la *CRD*.
3. Sur l'interprétation sartrienne de Hegel, A. Guigot, *L'ontologie politique de J. P. Sartre*, Lille, Septentrion, 2000.

déplacer le lieu de la non-matérialité, à savoir le manque intériorisé de la rareté, *dans* la raison dialectique elle-même. L'inachèvement historique se reflète dans les catégories par lesquelles il devient pensable; d'où le caractère inachevé des « totalisations », et de l'entreprise même de la *Critique de la Raison Dialectique*. La violence est ce par quoi l'irréductibilité et l'intelligibilité de l'homme deviennent nécessaires l'une à l'autre. Le « monisme » peut ainsi revendiquer d'être à la fois *ontologique*, puisque il y a identité de nature entre ce qui représente et ce qui est représenté, et *matérialiste*, puisque la rationalité éclaire le processus historique de l'intérieur, sans que les séries achevées (pensables) soient tenues pour indépendantes à l'égard des séries causales (matérielles).

Le savoir que la praxis peut acquérir d'elle-même doit être un *moment* de cette praxis, et le passage de l'opposition entre l'irréductibilité et l'intelligibilité à son dépassement, exige que la contradiction que *L'Être et le Néant* assumait et renvoyait à d'hypothétiques « perspectives morales » soit, dans le cadre d'une philosophie de l'histoire, rapportée à un *continuum* du devenir humain. Le continu de la violence intègre la raison et son contraire comme des variétés possibles appartenant à un même plan fondamental, à condition, et c'est l'enjeu premier de la *Critique de la Raison Dialectique*, que soit conçu *a priori/a posteriori* l'inachèvement historique comme le propre du réel et de sa représentation. Certes, le modèle d'une harmonie préétablie ou d'un vitalisme finaliste assurerait cette conception, mais elle nierait la finitude et le tragique. Le propre de la violence conçue dialectiquement est d'*inachever* à la fois la réalité humaine et sa représentation sous forme de rareté, c'est-à-dire sous forme de logique vivante de l'action[1]. En repoussant la raison analytique et le matérialisme de Engels, Sartre tente d'insérer la vie même dans sa méthode. « La raison dialectique est l'expérience même de vivre, puisque vivre, c'est agir et subir et puisque la dialectique est la rationalité de cette praxis ». Cette vie ne se distingue donc pas de l'expérience intériorisée de la rareté, si bien que le statut ontologique de la violence inscrit une permanence entre le faire et le connaître : il y a, dans ce qui change sans cesse, l'évolution des « totalisations », quelque chose qui ne change pas, la présence du manque. Le monisme ontologique et matérialiste réalise cet entre-deux de la représentation et du réel, d'où l'exigence pour le philosophe de distinguer les totalisations de toute synthèse finale qu'il découvre.

1. Sur l'analyse de cette logique, Hadi Rizk, *La Constitution de l'être social*, Kimé, 1996.

Le monisme ne renvoie pas à un Pour Soi et à un En Soi, mais à une relation de danger, à un conditionnement humain par l'environnement matériel. Il suppose donc l'intériorisation de la matérialité, la volonté de transformer, l'extériorité de la raison, la liberté d'organiser, dans une intelligibilité des mouvements collectifs, le tout privilégiant *l'immanence*. « Si la raison dialectique existe, elle ne peut être, du point de vue ontologique, que la totalisation en cours, là où elle a lieu, et, du point de vue épistémologique, que la perméabilité de cette totalisation à une connaissance dont les démarches sont par principe totalisantes »[1]. Parce que « l'intériorité s'extériorise pour extérioriser l'intériorité », le monisme n'est pas une simple éventualité mais le premier caractère (injustifiable dans l'absolu : on ne quitte pas la facticité d'ensemble) du rapport de la raison à la matière.

Le « nominalisme dialectique »

L'expression « nominalisme dialectique »[2] revient à affirmer que la raison n'est dialectique que par son objet, autrement dit que la violence des luttes s'intègre au discours et qu'il n'y a pas d'antériorité historique du *sens* sur son *expression*. « Ce n'est pas la dialectique qui impose aux hommes de vivre leur histoire à travers leurs terribles contradictions, mais ce sont les hommes, tels qu'ils sont, sous l'emprise de la rareté et de la nécessité, qui s'affrontent dans des circonstances que l'histoire ou l'économie peut énumérer mais que la rationalité dialectique peut seule rendre intelligible »[3]. Le sens de l'histoire n'est pas préétabli, ce qui revient à transférer le déséquilibre objectif dans son expression philosophique. Il est certes tentant de confondre ce nominalisme avec un relativisme, mais ce serait en faire un *principe*, là où l'auteur ne décrit que des états. Le pari de l'ouvrage est bien d'offrir à l'intelligence humaine un degré supérieur de compréhension en associant la créativité et la nécessité, autrement dit : en rendant possible et pensable *ensemble* une réalité et une vérité de l'imprévisible : l'un et l'autre sont du même monde, non du même plan, ce qui fait de la « totalisation » un acte pratique *et* théorique. Les « terribles contradictions » sont comme le cœur du vécu, le caractère historique de la violence. « La

1. *CRD* I, p. 139.
2. Elle apparaît dans le 5e paragraphe du point IX de l'Introduction à la *Critique de la raison dialectique* I.
3. *CRD* I, p. 132.

dialectique, si elle existe, ne peut être que la totalisation des totalisations concrètes opérées par une multiplicité de singularités totalisantes. C'est ce que j'appellerai le nominalisme dialectique »[1].

Comment une dialectique peut-elle *se faire* au moyen de ce qu'elle *produit*? La réévaluation philosophique du contradictoire est l'essence même de ce nominalisme. Le statut surévalué des relations d'intériorité, du négatif et du singulier, place la totalisation en sursis, comme l'absence de valeur *a priori* met en sursis l'engagement moral dans la problématique existentialiste. Si toute totalisation engendre sa propre négation, les synthèses des multiplicités contiennent leur propre différenciation. « ...par un double mouvement, la multiplicité se multiplie à l'infini, chaque partie s'oppose à toutes les autres et au tout en voie de formation, cependant que l'activité totalisatrice resserre tous les liens et fait de chaque élément différencié son expression immédiate et sa médiation par rapport aux autres éléments »[2]. La compréhension est circulaire comme le mouvement historique lui-même, et doit se placer au niveau des différences que chaque unité contient en elle-même. La totalisation philosophique reflète donc, en tant que conceptualisation unifiante du multiple, ce « corrélatif indifférencié » que l'humanité vit à titre éternellement provisoire. C'est ainsi que les totalisations sont perpétuellement faites et défaites, les constitutions (politiques par exemple) contenant sur le mode irréfléchi leur propre réification, pour reprendre l'expression de *L'Être et le Néant*, comme la liberté contient en puissance sa propre négation sous forme d'aliénation.

Enfin, si cette « logique vivante de l'action » est circulaire, inachevée, et si ses synthèses sont aléatoires et menacées dans le temps, c'est qu'un certain vitalisme et un certain historicisme sont utiles quand il faut relativiser les totalités à titre d'idéaux constitutifs. L'enjeu de ce nominalisme est d'accepter sur le plan méthodique le rôle philosophique de la violence – qui n'est plus alors accidentelle mais originelle – jusque dans le refus théorique de la transcendance.

Les contraintes et les autonomies se succèdent, restent accessibles au concept, si du moins l'on dialectise leur lien : telle est la fonction de la réévaluation de la violence où le nominalisme dialectique exprime l'historicisation du langage et des normes. Le sens historique n'est donc pas

1. C'est là encore tout l'enjeu du « débat » instauré avec Hegel. Voir, *CRD* I, p. 137; cf. également André Guigot, *L'ontologie politique de JP Sartre*, p. 51-52.

2. *CRD* I, p. 138.

garanti: «la loi finit par échapper à tous» dans l'enfer des synthèses inachevables. Cette circularité, pourtant, permet la philosophie: «C'est dans le mouvement tournant de la totalisation qu'elle apparaît comme raison dialectique, c'est-à-dire extérieure à tous parce que intérieure à chacun, et totalisation en cours sans totalisateur de toutes les totalisations totalisées et de toutes les totalisations détotalisées»[1].

L'inachèvement de l'unification humaine trouve donc son écho philosophique par l'inachèvement de sa représentation.

La capacité autocritique de la raison dialectique

Sartre définit la dialectique selon cinq exigences[2].

1) La dialectique doit être apodictique en prenant appui concrètement sur l'histoire. L'échec des philosophies de l'histoire repose sur leur cécité, leur incapacité à découvrir la raison «dans l'expérience directe et quotidienne» comme lien entre les événements et comme «méthode» découvrant ce lien.

2) L'être découvert dialectiquement reste irréductible au connaître. «Il est clair que celui-là ne se réduit pas à celui-ci». La dialectique permet l'unité provisoire d'un mouvement historique en cours; d'où le rôle du négatif analogue à *L'Être et le Néant* mais dans une perspective gnoséologique[3]. «L'être est la négation du connaître et le connaître tire son être de la négation de l'être».

3) Le déterminisme méthodologique est définitivement à exclure à cause de ses insuffisances. L'objectif est aussi clair qu'osé: «il faut montrer comment elle (la raison historique) peut être à la fois résultante et force totalisante». La raison dialectique est donc la raison dans l'histoire pour autant que l'unité des projets n'est jamais garantie et que la seule permanence réside dans la présence du contradictoire dans chaque unité.

4) La dialectique est revendiquée comme de part en part matérielle: celle qui pense le monde doit alors se confondre avec celle qui agit. «Il s'agit là d'une dialectique matérialiste»[4]. La nécessité est la valeur de l'objet tel qu'en lui rien ne dépasse du discours qui l'objective; ce qui signifie que l'impression d'extériorité du discours est relative à son

1. *CRD* I, p. 135.
2. cf. les 12 points du B de l'introduction de la *CRD* I.
3. Il ne s'agit plus de rapport de conscience mais de connaissance.
4. *CRD* I, p. 132.

immersion dans l'histoire, sans visée axiologique. On reste ici sur le plan de l'immanence.

5) Cette dialectique ne s'impose pas au monde comme la ruse de la raison aux volontés individuelles. « ...il n'y a point *une* dialectique[1] qui s'impose aux faits comme les catégories de Kant aux phénomènes mais la dialectique, si elle existe, est l'aventure singulière de son objet »[2]. La multiplicité ou richesse propre à toute description dialectique de l'histoire suppose une distinction entre la *loi* et la *raison* dans l'histoire. En l'occurrence, la « raison » dont il s'agit ici est bien le moteur constitutif et négatif de la violence.

LA SPÉCIFICITÉ DE LA FONDATION *CRITIQUE DE LA RAISON DIALECTIQUE*

Si l'on se borne aux thèmes qui concernent la critique de la raison comme faculté et qui mettent ainsi en évidence l'originalité d'une certaine forme de « kantisme » chez Sartre, on est conduit (1) à comprendre l'examen de l'esprit humain comme une exigence d'intelligibilité, (2) à examiner le statut de l'expérience et de la vérité dans la raison dialectique, ainsi que (3) le rôle de l'idée régulatrice dans la *Critique de la Raison Dialectique*.

1) L'examen de l'esprit humain comme « exigence d'intelligibilité ».

Au moins fidèle à Kant sur ce point, Sartre considère qu'il existe une nécessité propre à la raison humaine d'éclairer ce qu'elle parvient à penser du monde par une réflexion sur ses propres possibilités. Le tribunal sartrien de la raison demande : « A quelles conditions la dialectique peut-elle être fondée ? »[3]. Loin d'être aussi précis que celui de Kant, le projet sartrien témoigne cependant d'une série d'exigences. Il s'agit de redécouvrir l'intelligibilité de l'histoire sans réduire la liberté et la violence à des grilles de lecture, certes rationnelles, mais insuffisantes[4]. Fonder signifie trouver des liaisons suffisantes dans l'expérience. Mais Sartre distingue la raison

1. C'est l'auteur qui souligne.

2. *CRD* I, p. 132. Sartre paraît confondre ici raison et entendement dans l'usage des facultés chez Kant.

3. *CRD* I, point A de l'Introduction.

4. Sartre se réfère aux analyses de Lefebvre et Gurvitch.

« dialectique » de la raison « analytique »[1], qu'il confond avec le positivisme, et réaffirme une vérité *historique* indépendante de l'ordre *naturel*.

Tous les arguments visent une plus grande intelligence de la raison par la circularité : « l'incorporation des systèmes »[2]. Sartre renouvelle le sens critique de la dialectique contre le naturalisme de Engels[3].

C'est la définition même de la philosophie qui est renouvelée par une telle perspective, la raison dialectique se posant comme l'intelligibilité du réel et de la raison elle-même. Le double éclairage (des lois du réel par la raison et inversement) permet de faire de la totalisation « la forme même de l'existence ». L'auto-évaluation faisant partie du processus historique se réfléchissant dans une telle raison, il faut que celle-ci reste ouverte, jusque dans son fonctionnement critique, aux faits imprévisibles. Cette perméabilité assouplit considérablement l'idée même de « sens historique » et semble supposer un mouvement interne à la vie *engendrant* une telle intelligibilité. Ce sens, produisant sa réflexivité sur le mode *critique*, se distingue du criticisme kantien sur ce point, malgré la volonté de « jeter les bases de toute anthropologie future ». C'est aussi par la circularité que la violence sera intégrée au mouvement historique.

Le statut de « l'expérience » et de la « vérité » dans la raison dialectique

L'expérience et la vérité désignent chacune différents modes d'être et de fonction de la « totalisation en cours », autrement dit de l'Histoire. La « vérité » se présente, dans la *Critique de la Raison Dialectique*, comme la fonction de *représentation* de « l'expérience », et « l'expérience » comme l'être de *réalisation* de cette « vérité ». L'usage du terme même d'expérience varie dans la *Critique de la Raison Dialectique* selon qu'elle désigne le rapport objectif de représentation (le contenu réel du savoir historique) ou de la réflexion de la vérité comme présence à soi de la connaissance.

« L'expérience » au sens dialectique renvoie à ce que prétend être ici la raison sur les plans historique et critique. Il n'y a pas d'activité humaine en dehors de l'histoire. D'où les quatre usages englobant l'expérience de la réalité humaine comme liberté dans l'histoire :

1. *Ibid.*, point B.
2. *CRD* I, p. 117.
3. *CRD* I, p. 123-130.

1) L'expérience désigne « la signification propre de la totalisation »[1]. Dit autrement : « l'expérience régressive » est l'expérience dialectique par excellence, où l'auteur reconstitue le sens des actions individuelles. Cette expérience complète « l'expérience progressive » du sens comme la constitution aboutissant à l'Histoire[2] : c'est l'un des points les plus importants de la *Critique de la raison dialectique*, Sartre reprenant la référence marxiste pour la dépasser.

2) « l'expérience » désigne également la saisie interne, « non contemplative », des conditions et des limites de toute connaissance dialectique de l'histoire : il s'agit alors de *l'expérience critique*[3], possible chez « n'importe qui » à certaines conditions. Elle totalise le présent à partir du passé en problématisant les acquis préalables.

3) elle est aussi *action*, en désignant l'unification que chaque individu vise et construit de lui-même dans ses actions quotidiennes. De loin la plus simple, comme « l'acte d'habiter »[4], elle est irréductible à ses conditions économiques.

4) elle désigne enfin l'intellection du vrai comme « l'expérience apodictique dans le monde concret de l'histoire »[5].

La vérité, inséparable de l a réflexivité de l'histoire, implique de partir du *projet* au sens plein du terme : si des « réalités » s'imposent aux individus, peut-on établir qu'il existe une histoire à la fois « résultante sans être moyenne, passive et force totalisante sans être totalité transcendante », à partir d'une multiplicité de sociétés et d'individus ? Il semble qu'ayant rejeté la raison analytique pour la dialectique, Sartre relativise la notion même de *vérité* en la rapportant au *sens* de son expression vivante, historique. Aucune loi formelle, aucun protocole expérimental ne surmonte cette contradiction. La seule loi, c'est celle que l'homme subit de l'intérieur, c'est celle qu'il fait.

Sartre distingue par exemple l'intelligibilité et la nécessité[6], qu'il considère comme contradictoires. La nécessité serait la stricte évidence de la répétition du même, dans une série où la cause et l'effet sont liés

1. *CRD* I, p. 155.

2. D'où l'intervention du « travail », de « l'outil », des « praxis individuelles » dans la description des *contradictions* vécues et de leur *orientation*.

3. Cf. les points 4 à 8 de l'introduction à la *CRD* I.

4. Pages 138-139.

5. Page 131.

6. Cf. *CRD* I, note 1, p. 159.

extérieurement l'un à l'autre. L'inertie et la plénitude d'être en sont les caractères essentiels. Un autre type de réalité (ici humaine) exige une autre rationalité : voilà pourquoi « l'intelligibilité de la praxis » n'est pas tout à fait celle du résultat de la dialectique. L'apodicticité permise par la dialectique est celle d'une possibilité nouvelle, contrairement à la vérité analytique qui dissout la nouveauté dans la répétition. Enfin, l'intellection dialectique peut concerner des conduites ou des dialogues. Elle doit pouvoir concilier la « naissance intelligible » d'un événement, par exemple d'une réplique, et la certitude de l'impossibilité « subie » (savoir n'est pas choisir ce qui arrive) que cet événement ne se produise pas.

Un esprit humain par essence critique et une vérité soumise à son sens historique *fondent* les objectifs de la raison dialectique.

L'Idée Régulatrice dans la Critique de la Raison Dialectique

« L'expérience critique » met en jeu l'usage transcendantal de la raison au sens kantien du terme, en visant le mouvement historique à l'intérieur duquel les différents ensembles se définissent par leurs conflits ; d'où l'importance de la distinction entre le « sens de l'histoire », réalité de son orientation, et sa « vérité » comme intelligibilité éprouvée[1].

La définition kantienne de l'Idée dans la *Critique de la Raison Pure* est la recherche de l'inconditionné comme condition dernière de toute condition. Elle marque le refus de l'inachevé, de la dépendance, et en même temps l'exigence d'une conclusion par elle-même ouverte. L'Idée est le concept pur de la raison. Kant précise la différence entre *concepts* et *Idées*[2]. Le concept, opération de l'entendement, est une connaissance limitée ; l'Idée, opération de la raison, est moins une connaissance qu'une orientation, elle détermine non un objet mais un sens. Kant détermine les manières dont on peut remonter vers la totalité des conditions d'un conditionné donné, conditions définies par les catégories de la relation : un sujet qui ne soit que sujet achevé et pensant (l'Ame), une cause achevée dans les phénomènes (le Monde) et l'achèvement dans un concept absolu de tous les objets pensables (Dieu). Sartre ne reprend pas à la lettre le concept « d'idée régulatrice »[3], mais y aboutit dans le second tome de la *Critique de la*

1. A voir, *CRD* I, p. 156 sur cette distinction.
2. Cf. Kant, 1re partie de la « Dialectique Transcendantale », *Critique de la Raison Pure*, Paris, P.U.F., 1986.
3. Dans l'introduction et le tome I de la *CRD*.

Raison Dialectique, lorsqu'il s'agit d'élaborer une « totalisation d'enveloppement » accessible à un historien dont la pratique fait partie de l'objet qu'il étudie. On peut établir une certaine proximité limitée entre les deux philosophies : leur conception de la raison détermine en effet leur vision du sens de l'histoire.

Le questionnement de Sartre sur « l'être de la totalisation d'enveloppement » correspond en deux points au discours kantien sur l'Idée régulatrice. Comme Kant, Sartre considère la nature essentiellement inaccessible de l'Idée. « L'être en soi de la totalisation d'enveloppement ne peut être visé qu'à vide »[1] ; « cet inconnaissable n'est pas irrationnel »[2], mais « il ne nous livre aucune connaissance intuitive », car il échappe « par principe à toute connaissance ». Le point commun est l'inefficacité gnoséologique de l'Idée ou de la totalisation d'enveloppement, considérées indépendamment des autres facultés de l'esprit ou de l'expérience.

Cette nature inconnaissable n'exclut pas la valeur d'usage du « comme si ». L'usage de l'apparence dans la dialectique transcendantale détermine le rôle précis de l'inexistence de l'être en soi des Idées[3]. Imaginons le point de vue d'un martien, que les hommes se déplacent dans l'eau plutôt que sur terre, que la vie n'a pas besoin de la matière inorganique pour durer et se reproduire, l'organisme étant *a priori* synthétique, etc. Une société sans rareté ne peut être conçue qu'extérieurement. Sartre outrepasse l'expérience empirique pour imaginer l'humanité sans ce qui la caractérise comme historique : c'est pourtant vers ce à quoi elle tend en voulant supprimer la rareté ; d'où le rôle régulateur d'un tel mythe.

De nombreuses différences existent, relatives à deux refus symétriques : l'unité hypothétique de la matière et l'unité constitutive de l'identité.

La conception kantienne tend à considérer de manière optimiste l'usage régulateur de l'Idée, qui peut engendrer des erreurs, certes, mais utiles, surtout si l'on considère la nature même de notre être qui renferme un penchant naturel, intrinsèquement *bon* de la pensée toujours orienté rationnellement. Aucun risque de souffrance ou lié au caractère infondé des Idées, aucun *mal* lié à l'existence et à l'usage de la raison : le rationalisme critique refuse par là la violence comme configuration interne de l'huma-

1. *CRD* II, p. 312.
2. *CRD* II, p. 320.
3. Sur l'analyse du mythe des martiens, sa fonction et ses limites, *CRD* II, p. 331 (note 1), 349, 372.

nité, même si, sur le plan pratique, il l'intègre à sa réflexion[1]. L'optimisme kantien est donc double : *ontologique* quant à la nature même de la raison, *épistémologique* quant à son orientation; indépendamment du problème moral. Précisément, Sartre est doublement pessimiste. « L'être en soi » de la totalisation d'enveloppement n'a qu'une orientation indéterminée et alourdie par une tension interne. Le rejet de toute croyance en une régulation harmonieuse de la pensée, du monde et du rapport entre les deux, marque le pessimisme de sa philosophie de l'histoire. Ontologiquement, l'inachèvement humain est généralisé : l'Histoire est « trouée » par la mort, la rareté intériorisée, la violence comme lien entre les hommes, la déviation inévitable des projets. Epistémologiquement, la rationalité dialectique ne garantit pas une connaissance, puisque l'intelligibilité est celle du désordre non visible, les rapports de violence déterminant toujours la paix apparente.

L'INTERPRÉTATION DE LA RÉVOLUTION FRANÇAISE : L'ILLUSTRATION DE LA RÉÉVALUATION PHILOSOPHIQUE DE LA VIOLENCE

Concentrées dans le tome I de la *Critique de la Raison Dialectique*, les références à la Révolution française montrent la violence comme catégorie de compréhension et de description des rapports humains. Les références aux faits et aux commentaires répondent à l'exigence de saisir la violence comme « objet temporel nouveau » (1). Les analyses portant sur l'unité, l'altérité et le statut du groupe comme dépassement des sérialités, doivent permettre une plus grande intelligence du mouvement de l'histoire et des « totalisations humaines » qui les constitue (2). Cette réévaluation implique enfin des distinctions importantes concernant la valorisation qu'elle met en jeu par l'histoire : existe t-il des violences « positives » et/ou « négatives » ? (3).

1. A voir, Kant, *La religion dans les limites de la simple raison*, p. 45, 48, 52; Juliette Simont sur l'ensemble du thème abordé : « L'idée régulatrice de Kant chez Sartre », *Annales de l'institut de philosophie et de sciences morales*, p. 131, 1987.

La violence dans la Révolution française: « un objet temporel nouveau »

La critique des historiens

Le commentaire que fait Sartre des historiens explicite sa volonté de considérer l'événement comme une totalité. Le reproche qu'il adresse à l'historien G. Lefebvre, aux marxistes comme à la raison analytique, porte sur l'économie rendue abusive de la progression synthétique. Le matérialisme prétend à tort pouvoir se passer de « l'intériorisation » des projets volontaires. Par exemple, l'interprétation de G. Lefebvre développée au début de l'ouvrage est problématique pour Sartre dans la mesure où l'historien allègue la multiplicité des causes de l'éclatement de la Révolution : il s'agit donc à ses yeux d'une euphémisation du caractère constitutif de la violence. Là où Jaurès découvre dans les événements de 1789 une unité et une continuité[1], l'historien croit être plus objectif en admettant une causalité éclatée. Or, l'immédiateté n'explique rien de l'émergence d'une classe révolutionnaire. Si « la révolution a été déclenchée par ceux qu'elle voulait anéantir », si même « rien ne dit que de grands rois ne seraient pas parvenus à enrayer les progrès de l'aristocratie au XIIIe siècle », il faut rendre intelligibles les synthèses pratiques, le sens visé par les hommes concrets, leurs alliances et les mécanismes de désagrégation des groupes constitués.

L'analyse du conditionnement matériel économique[2] fait qu'on valorise le quantifiable, par exemple, la crise financière. Si rien ne rendait *a priori* prévisible que ce conflit « prenne des allures violentes », les massacres de la Terreur nécessitent, comme les analyses de 89, l'humanisation des projets destructeurs.

Pour intégrer tel ou tel phénomène comme objet, il faut *a priori* avoir distingué l'humain du non humain, considérer par exemple la « violence » comme extérieure ou accidentelle à l'évolution sociale; et c'est ici que la revendication de la pluralité des causes fait apparaître, derrière son apparente volonté d'ouverture vers l'irréductible pluralité des faits humains, sa fermeture à l'inhumanité qu'ils contiennent. C'est aussi l'autre face du monisme que d'intégrer ce qui refuse la raison dans une logique

1. *CRD* I, p. 116.

2. A voir, Alice Gérard, *La Révolution française, mythes et interprétations*, Paris, Flammarion, 1970; François Aftalion, *L'économie de la Révolution française*, Paris, P.U.F., 1996.

historique renouvelée. La *Critique de la raison dialectique* prend appui sur ces quelques développements qui l'inaugurent et qui présentent la Révolution française comme une autre histoire de cet autre de la raison qu'est la violence.

La chute de l'assignat de 1792

Les seules données quantifiables ne saisissent pas les déterminations internes. Il faut y intégrer les tensions vécues et reproduites, les violences invisibles, non mesurables rendant compréhensibles les autres facteurs telle l'importance des mécanismes financiers. Renvoyant ces facteurs à la « praxis bourgeoise » et à son « libéralisme économique », Sartre relativise l'interprétation voulant que la classe privilégiée ait refusé de donner à l'assignat un pouvoir libératoire égal à celui du surnuméraire ou de prendre sur elle les charges de la guerre. Il faut donc y ajouter la nécessité vécue et constitutive des causes de l'inflation « à travers des hommes qui vivent la situation et qui réagissent dans leur comportement... »[1]. L'essentiel réside dans le conditionnement à la fois *circulaire* et *raté* : « l'Autre leur échappe sans cesse et ils ne peuvent lutter contre lui qu'en l'imitant »[2]. Sans prise en compte des projets déviés, l'ensemble est impensable. Il a bien fallu, par exemple, que la bourgeoisie se reconnaisse dans un tel système d'échanges. Cette réalité intérieure et négative de la peur de la chute, du sentiment déterminant de trahison, de la méfiance des groupes constitués, imaginés, de la conscience des luttes projetée, conditionne la Terreur comme produit subjectif d'une peur de la restauration d'une monarchie absolue. Tout ceci ne fait pas de la violence une *cause* de substitution. La violence ne *cause* rien, car d'elle on ne peut rien *prévoir* et à partir d'elle on ne peut rien vérifier. Elle historicise l'inhumain que l'humain secrète en le plaçant dans le champ politique. « La chute de l'assignat reflète donc à la fois la fuite de Louis XVI, les palinodies de la Constituante, l'abattement des révolutionnaires à la fin de 91, et, après les premières défaites de 92, la peur d'une restauration de la monarchie absolue ». La fuite, l'abattement, la peur constituent le passage d'une violence active à une violence passive. La baisse des assignats incarne l'événement paradoxal par excellence puisque le même individu peut faire partie d'un club de jacobins, approuver le 10 août dans l'enthousiasme et garder son or sans se rendre compte que les

1. *CRD* I, note 1, p. 335.
2. *Ibid.*

mêmes faits lui apparaissent sur deux plans distincts». Intégrer le facteur financier à une logique humaine et contradictoire, considérer l'aspect diabolique (vécu comme tel) de la pièce ou du billet dans le cadre de relation concurrentielle, placer enfin l'aliénation au cœur des fausses unités engendrées par des luttes préalables[1] : Sartre radicalise sa conception du conflit en mettant la violence comme cadre originel, inquantifiable des relations humaines, les données objectivables ne faisant que les refléter. Les «Grandes Peurs» de 89 ou la Terreur de 93 doivent également être analysées par une raison dialectique appropriée. Si la violence n'est pas un phénomène malheureux et inhumain ni une conséquence de la lutte des classes, c'est que son *irréductibilité* ne signifie pas son *inintelligibilité*.

La violence conçue comme « objet temporel nouveau »

La violence est le produit d'une *praxis,* non l'effet engendré d'une série en voie d'actualisation, comme le montre la référence à la Grande Peur: «...ni les causes économiques, politiques, sociales que l'on connaît, ni la crainte des brigands, ou la constitution du milieu de l'autre comme milieu réfringent de l'histoire ne suffisent à expliquer la Grande Peur»[2]. Si elle ne se définit pas par ce qui la précède, elle est «ce par quoi la sérialisation en voie d'actualisation sera possible», elle confère donc à la peur collective sa dimension historique. Elle est la nécessité du lien entre les deux concepts *peur* et *révolutionnaire*. C'est donc la relation qui est ici première, non les termes reliés, et seule une certaine évaluation permet de la penser. Comment comprendre, sinon, le rapprochement entre l'insurrection et cette «peur»? Entre les massacres et certains «sentiments»? A défaut d'être rationnelle, elle signifie, sans raison d'être, le projet de résistance à ce risque de rareté qui est intériorisé par chacun, et la nécessaire sérialisation de celui-ci dans un Collectif: «Le fait contagionnel ne peut avoir aucune intelligibilité en dehors du Collectif et de la récurrence». En distinguant l'événement du processus, Sartre suppose donc cet « objet temporel nouveau »[3], vécu dans la réification que produit toute sérialisation. La violence a le sens que lui donne l'action, non dans la réussite – la réévaluation n'est pas une apologie – mais dans l'échec et la déviation des projets humains, à commencer par ceux qui visent la libération de l'humanité. La

1. *CRD* I, p. 335-338.
2. *CRD* I, p. 352.
3. L'expression apparaît p. 343 ; à voir également p. 352.

lutte originelle contre la rareté est ici unité d'impuissance, active violence unifiant contradictoirement les libertés humaines, la praxis finalisant la menace comprise dans la peur. « L'impuissance, en tant que force d'altérité, est d'abord l'unité sous sa forme négative (...) l'action sous sa forme de passivité (...) la finalité sous la forme de contre-finalité »[1]. Il faut donc rejeter l'idéalisme comme le matérialisme. Ce sont les accélérations du processus, par exemple l'augmentation en intensité, et non seulement le nombre de « victimes », qui transforment le fait en événement[2] : la Révolution française. Les violences ne sont des activités révolutionnaires que si elles constituent autrement les rapports entre *l'impuissance* et *l'ordre*.

L'intelligence des « totalisations humaines »

Au service de cet « objet temporel nouveau, Sartre donne une description de l'insurrection non comme le produit d'une réflexion du Groupe sur son destin, mais comme l'effet d'une rationalité dispersée. Les « circonstances extérieures » sont présentes[3], mais la raison vivante de la dialectique ne procède ni du contrat, ni d'une volonté générale. Avant comme après les rassemblements d'électeurs, l'unification décrite par Sartre procède de rapports de force et d'altérité.

Unité collective et violence

C'est le point de départ de l'anti-juridisme, hérité pour une large part de la critique marxiste du parlementarisme; mais ici la violence concerne le principe démocratique lui-même, à savoir l'élection. « Le scrutin dans les démocraties bourgeoises est un processus passif et sériel »[4]. Les conditions de réalisation et d'unification du groupe doivent être rapportées à des antagonismes plus fondamentaux. Par exemple, l'imitation manifeste un simple jeu, non un rapprochement mais plutôt une distance, une « quasi-réciprocité ». Contre l'humanisme et plus radicalement que dans les *Cahiers pour une Morale*, Sartre montre que c'est la *sérialité* comme fuite dans l'inertie collective qui constitue *l'unité*, et non une unité libre et

1. *CRD* I, p. 352.
2. Sur la critique de la liberté conçue dans une ruse de la raison, p. 358 à 362 (sur Engels); sur la critique de la liberté « absolue » des stoïciens, p. 369-372; à comparer également avec l'*Être et le Néant* sur ce point.
3. *CRD* I, p. 386.
4. *CRD* I, p. 386.

détachée; une fuite afin de solidifier sa propre liberté contre la menace des autres. La praxis et ses déviations sont donc inséparables.

C'est encore la violence, comme inquiétude et action, qui transforme le groupe en acteur politique. Les autres modes d'entente, de relations, sont *trop idéalisés*, ils présupposent une unité politiquement décidée. A ce titre, la *Critique de la Raison Dialectique* est moins volontariste que *L'Être et le Néant*. C'est bien « la défense de sa propre vie » qui conduit l'ensemble. Les rassemblements violents les plus éphémères, comme le pillage d'une armurerie, ne doivent leur caractère historique qu'à leur détermination négative, organique et originelle, à leur « temporalisation spécifique », c'est-à-dire au rapport entre la violence et l'accomplissement de la Révolution. A distinguer, donc : une conduite collective (le pillage) de l'acte commun et organisé (la volonté générale projetée). L'accord pacifique n'est pas *a priori* exclu, mais il faut historiquement établir cette réévaluation de la violence, ce qui conduit à concevoir l'unification comme essentiellement *passive*, et à critiquer toute prétention à réduire la violence dans l'inertie des images figées.

L'Apocalypse et la Révolution

Le terme d'*apocalypse* (emprunté à Malraux) signifie « la dissolution de la série dans le groupe en fusion ». Contrairement à la *série*, le moment historique précédent, le *groupe en fusion* ne devra sa totalisation qu'à la force négative des inerties conjuguées : la « fusion » est une augmentation de l'activité commune par la dissolution des relations sérielles. L'exemple du 14 juillet en témoigne : les relations antagonistiques sont constitutives d'un degré d'unité supérieur en ce qu'elles liquident les structures *sérielles* (*L'Être le Néant* parle « d'aliénation ») dans le projet de prendre les armes. Le passage du « collectif » au « groupe » nécessite donc différents facteurs : 1) une dialectique inachevée de la contrainte. La révolte comme telle exige une simple puissance collective, non un « groupe en fusion ». Tout l'effort consiste à se représenter la formation et l'identité de ce groupe »Le centre du problème, c'est l'unité tournante des synthèses »[1]. Ni l'économie, ni l'idéologie ne suffisent pour déterminer ce par quoi la terreur unifie. 2) Contrairement à l'organisme, le groupe ne survit pas à son unification. Pas de vitalisme, donc, car la croissance du groupe n'est pas un problème et son unité la solution. Les concepts de « force explosive », de « dissolution »,

1. *CRD* I, p. 411.

de « situation d'énergie », de « liens d'impuissance » renvoient à l'action plus qu'à l'intention, sous forme évocatoire, non métaphysique. 3) La violence constitue l'histoire aveuglément, de manière irréversible et limitée[1], elle doit être réévaluée contre la tentation « organiciste »[2]. L'unité n'est ni une cause, ni une substance, ni un accident, elle exprime tout le négatif de la liberté par la violence collective.

Indépendamment de la genèse du groupe en fusion, il faut insérer l'impuissance dans toute interprétation : la réévaluation unifie ce que l'habitude oppose. La particularité sartrienne consiste à insérer cette impuissance dans ses descriptions de la Révolution.

Terreur et Totalisation

Autre aspect de la négativité, celle-ci apparaît sur fond de « défiance de l'Autre ». Accompagnant toute forme de révolution, elle apparaît *a posteriori* comme nécessaire. L'Apocalypse surgit sur fond de cette intériorisation du danger ; d'où une redéfinition de ce que les politologues nomment « l'opinion publique », ici traversée par une tension aussi déterminante qu'interne. « Le mécontentement des commerçants vis-à-vis du gouvernement (...) la recrudescence de l'antisémitisme (...), nous concevons toutes ces réalités comme des schèmes totalisateurs. Découvrir la même peur chez l'Autre conditionne négativement une nouvelle "totalisation" : la Terreur ».

Notons la circularité de la peur[3], précédée de violences locales. Sartre montre l'ambivalence de la violence comme doublement rapportée à l'Autre : elle-même comme effet et cause de la production de l'Autre chez l'autre. L'incendie d'un château, le brigandage constituent des séries qui deviendront des collectifs, le fusionnement des groupes étant conditionné par la peur de la peur de l'autre. L'Apocalypse étant le point de sacralisation de la violence. « Le sacré, avec son rituel et ses cérémonies, naît, comme le pouvoir juridique, d'un non-être du groupe »[4]. Contre l'ordre de l'aliénation, ce sacré réalise la liberté « dans une matière ouvrée, à la fois comme souveraineté absolue et comme chose ». Ne visant les hommes que pour s'exercer sur les choses, elle se concrétise par une symbolique

1. Voir, les limites du groupe ainsi conçu destiné à se refonder dans l'inertie, p. 415-416.
2. *CRD* I, p. 416.
3. *CRD* I, p. 141.
4. *CRD* I, p. 457.

impressionnante; d'où l'efficacité de « l'intimidation », la loi non dite comme « surhumain pétrifié ». L'adoration, la prière et l'obéissance à la règle constituent autant de types passifs de jouissance de sa propre insuffisance[1]. Les deux aspects de la violence, l'irréductibilité par rapport aux « causes » et sa dialecticité par la « circularité », nous amènent à ce que la Terreur produit malgré elle dans l'Histoire.

L'origine de l'unité

Qu'est-ce qui produit l'unité, si ce n'est l'ensemble des « temporalisations locales » ? Ce par quoi les désordres locaux sont vécus et repris par des ensembles d'individus de plus en plus importants, suppose un vecteur organique de temporalisation. De la peur, on ne tire rien sans qu'elle soit la marque d'une violence, d'une puissance d'extériorisation. La portée et l'efficacité de la Terreur[2] impliquent une réévaluation philosophique tragique : le temps déroule les événements par la libre réalisation des antagonismes sans que la raison n'intervienne pour arrêter la violence : « ...ni le fédéralisme, ni l'hostilité à Paris, *ni les conceptions sociales et politique*[3] ne sont venus d'abord. Tout s'est constitué dans la lutte et dans des épisodes irréversibles (...). Non, ni la politique, ni même la tactique quotidienne ne sont en cause ; et dans tout événement historique, la violence vient de l'inertie jurée »[4]. Cette vision de l'efficacité de l'inertie préfigure l'antijuridisme sartrien. La violence peut s'exprimer idéologiquement, mais l'hétérogénéité du langage et de la rareté est telle qu'elle porte à des conduites extrêmes comme l'épuration, elle-même produite par la violence originelle. « La terreur commence en fait après l'épuration »[5], elle-même produite par la violence originelle. La question de son évaluation historique se pose alors, puisqu'il faut bien poser des critères faisant de telle ou telle violence une pratique totalisatrice.

1. *CRD* I, p. 507-508.
2. Voir : les trois références à la prise de la Bastille p. 573-580) ; la Convention (p. 512), le 9 Thermidor (p. 743-754).
3. C'est nous qui soulignons.
4. *CRD* I, p. 475-476.
5. *CRD* I p. 576.

Violence positive et violence négative : Fraternité et Terreur

La Terreur trouve sa source dans une liberté organique et sociale. La pression des circonstances tempère cette liberté : celle-ci n'est active que comme refus, impossibilité de l'impossibilité de vivre sa rareté individuellement, ou dans une paix sociale. C'est ainsi que la Terreur de la Convention suppose des formes de fraternisation entièrement conditionnées par la peur de la dissolution du groupe agissant. Analogiquement, cette peur est aussi présente que l'angoisse dans l'ontologie de *L'Être et le Néant*. Historiquement, un risque n'est éliminé qu'au profit d'un autre risque [1]. Ce qui reste de liberté dans la nécessité du « pratico-inerte » et dans une telle atmosphère de danger réside dans les déviations. Là encore, une telle vision suppose de distinguer ce qui construit de ce qui détruit dans la violence. Partant du principe que c'est l'intention qui transforme le *fait* en *événement*, le facteur immanent est nécessaire à cette réévaluation globale qui débouche sur une distinction aussi capitale que problématique. « Quelle que soit la fraternité, elle ne peut survivre à la violence ni s'opposer à elle. Non pas, comme on l'a dit, parce qu'elle serait faible et inefficace contre la Terreur, mais tout simplement parce qu'elle est la violence elle-même vécue comme violence amitié (comme force violente dans les relations d'amitié) » [2]. L'angélisme ôte à la fraternité son pouvoir historique en *euphémisant* l'antagonisme qu'il recouvre. « Cette violence, née de la dissolution du groupe, a créé une réalité nouvelle, la conduite de trahison (...) », c'est elle qui « transforme la fraternité (comme violence positive) en terreur (comme violence négative) ». L'historien doit alors accepter d'interpréter l'humanité effroyable de la violence; et c'est au philosophe d'en comprendre la logique constitutive. « Ainsi membre d'un groupe de contraintes, la violence de ma fraternisation repose sur la certitude pratique (...) que cette fraternisation deviendra lynchage au nom d'elle-même ou condamnation impitoyable, si mon faire se conduit comme un Autre, et si le groupe en lui se trouve menacé de dissolution » [3]. En apparence, la distinction entre les deux types de violence semble qualitative, mais la Terreur ne l'emporte sur la fraternité que parce que celle-ci n'est que quantitativement différente de celle-là. Autrement dit, la violence est à intégrer dans l'historicité de la réalité humaine et ce sous toutes ses formes. Notons par

1. A voir, l'exemple du danger des frontières, p. 579.
2. *CRD* I, p. 456.
3. *CRD* I, p. 456.

ailleurs que, comme dans *L'Être et le Néant*, c'est l'opposition qui est première, la fraternité *et* la terreur ayant les mêmes conditions d'apparition.

L'unité ontologique de la fraternité et de la terreur suppose bien une contradiction dans les mots que la réévaluation philosophique de la violence doit dépasser. Conséquence : la violence n'est pas un effet malheureux de la socialité, mais la configuration *ontique* de la rareté accessible à son mode *ontologique* de représentation. La violence positive est la rareté en acte dans la fraternité *et* dans la terreur. En tant que « frère », l'Autre est toujours un risque. La simple reconnaissance de l'autre comme le même que moi implique une présence de violence et la certitude de la présence de cette altérité comme danger : l'être-autre de l'autre se présente ainsi comme ce qui le fait mien.

Comme dans l'amour, cette dimension d'altérité participe à la dynamique des rapports de réciprocité. Contrairement à lui, la nature fusionnelle du serment sartrien détruit le présent pour l'avenir, là où la passion amoureuse remet en cause le futur acquis pour jouir du présent ; peu importe ici son caractère illusoire. Le dépassement de la « terreur » dans « l'espoir, voire dans sa sacralisation, suppose un véritable travail de la liberté » [1]. Par exemple, l'événement « Prise de la Bastille » n'existe que par le sentiment commun du danger, le risque de dissolution du groupe, l'altérité se vivant à l'intérieur de la fraternité. Dit autrement, la négativité de la violence est la puissance de division, sa positivité fabrique des synthèses à partir de multiplicités. L'exemple du conflit entre Montagnards et Girondins en témoigne. Leur opposition relève de la présence d'un passé violent, d'une opposition vécue comme indépassable : c'est une sorte de raison d'être (déjà vécue comme opposition intérieure) de la violence (observable). Elle ne provient pas d'une différence accessoire mais d'une multiplicité non décidée et non organique. « Elle a pour origine les violences du passé (31 mai, 2 juin) en tant qu'elles sont liées comme inertie subie à l'inertie assermentée(...) ; la violence contre le pouvoir devient le pouvoir violé à rétablir dans sa pureté par la violence » [2]. *La crainte partagée est une réciprocité que poursuit l'immanence.* A ce niveau, l'homogénéité jurée n'est qu'un renforcement de la violence par l'institution que nous interprétons comme expression anti-juridique exacerbée : c'est ce que Sartre appelle « la structure de la temporalisation », autrement

1. Voir l'interprétation de la prise de la Bastille, p. 507.
2. *CRD* I, p. 575.

dit l'évolution événementielle de la violence. Cette temporalisation de la violence se présente comme la « résurrection » de l'altérité et comme « renaissance » du pratico-inerte dans l'intériorité humaine. La distinction entre ces deux violences, même dépassée par une synthèse de la fraternité et de la terreur, ne transcende donc jamais les contradictions historiques. C'est l'originalité tragique de la conception sartrienne de l'histoire.

La critique de toute naturalisation de la violence

Aucune réévaluation théorique n'est possible sans son versant critique. La reprise partielle de la démystification marxiste de l'Etat s'inscrit dans cette logique. Rappelons que pour Marx, la générosité affichée de la société bourgeoise présentant la propriété privée comme un droit inaliénable des citoyens, sous l'égide d'un « état de droit », relève d'une légitimation des égoïsmes et des pouvoirs effectifs [1]. Si l'état doit l'efficacité de sa « mystification » à sa propre contradiction (il représente une autorité de droit par le fait de sa représentativité de classe), ce concept ne rend pas compte de sa relative autonomie en tant qu'édifice dominant des superstructures. Il convient de compléter cet aspect par le rejet des tentations essentialistes dans toute analyse de la violence, qu'elle soit marxiste (1) ou libérale (2). L'attitude faisant de la nature un mode de justification de l'ordre établi ou du désordre redouté, participe de la réduction de la violence à un accident de l'histoire.

La critique de la conception matérialiste de la violence dans la Critique de la Raison Dialectique

La « nature » en question

Sartre soupçonne le matérialisme d'éliminer le sujet connaissant. « La conception matérialiste du monde signifie simplement la conception de la Nature sans addition étrangère ». Considérer *a priori* l'extériorité comme dialectique, c'est confondre l'histoire humaine et l'histoire naturelle, faire de celle-ci un englobant. « Le résultat est que nous retombons en plein

1. A voir, Karl Marx, *La question juive*, Paris, Aubier, 1971, p. 103.

idéalisme »[1]. Si toutes les lois scientifiques peuvent être vérifiées, le principe de lecture du réel, « La nature est dialectique », est pour toujours invérifiable. Engels[2] est, de ce point de vue, doublement critiquable :

– Il part d'une dialectique constituée en extériorité, sans intégrer les déviations concrètement vécues, propres à la circularité « intériorité-extériorité » qui est visée par la raison dialectique.

– Il constitue un modèle dialectique imposé à la liberté humaine, tel un Savoir Absolu, étranger au vécu du manque éprouvé comme danger de rareté.

Ce matérialisme « de l'extérieur impose sa dialectique comme extériorité : la Nature de l'homme réside hors de lui dans une règle *a priori*, dans une nature extra-humaine, dans une histoire qui commence aux nébuleuses ». Or, seule la restitution de l'homme « concret », vivant » avec ses « relations », ses « pensée vraies ou fausses, ses actes, ses objectifs réels » est à même d'aboutir à une intelligence des progressions et des régressions historiques. Le principe suivi et thématisé dès *Questions de Méthode* est de prolonger le sens de l'aventure individuelle que la vision matérialiste interdit *a priori*. Au cœur de ce refus se trouve l'ontologie de la rareté, négative par ce qu'elle affirme quand elle nie, *et* par ce qu'elle nie quand elle affirme :

– *positive dans sa négativité*, elle réaffirme le caractère originellement violent et négatif de toute historicité, et donc, avant tout, avant tous les « fondements », de ce qui constitue l'humanité ;

– *négative dans sa positivité*, elle nie ce qui, dans l'intelligibilité de cette violence originelle, se présente comme une permanence dont la « représentation »fonderait l'humanité idéale.

A titre d'exemple, on peut prendre l'analyse de la prolétarisation de la plèbe romaine, prolétarisation qui met en jeu le rôle du négatif. On ne peut l'expliquer par des manques matériels technologiques ou économiques qui la présupposent. L'époque « doit fournir ses propres sources d'intelligibilité »[3]. « La violence n'est pas, comme telle, quantifiable. Seules ses causes et ses effets le sont ». Ecraser l'irréductible de la violence par ce qu'elle a d'intelligible peut conduire au raccourci théorique qu'est sa naturalisation[4]. Par exemple, la critique de la propriété privée et la

1. *CRD* I, p. 124.
2. Sur la critique sartrienne de Engels, *CRD* I, introduction A et B.
3. *CRD* I, p. 216.
4. A voir, *CRD* I, p. 217à224 sur ce point.

description du processus de désagrégation de la commune agricole décrit dans *l'Anti-Dühring* de Engels ne prennent leur sens que dans le cadre d'une société industrialisée. La dialectisation de l'intérêt et l'analyse économique de la plus-value sont impuissantes à faire comprendre le moteur des luttes de peuples pré-industrialisés.

La nature comme médiation « inhumaine » de l'humanité

La réfutation des « robinsonnades de Dühring » et des « incertitudes de Engels » porte sur la confusion du non-mesurable avec le pur subjectif. Le naturalisme est incapable de saisir la puissance unificatrice dans le travail, où c'est le produit qui désigne les hommes comme Autres. La violence n'est pas une activité ou un effet « purs » mais une composante du négatif humain, ce qui exige de penser un genre spécifique de causalité. Là où l'ontologie de *L'Être et le Néant* dévoile une structure dans laquelle l'identité ne postule aucune unité préalable, la coïncidence à soi n'étant pour le Pour Soi qu'une visée sans trace ni garantie, la raison dialectique ajoute à la liberté comme néantisation, sur fond de contingence, une liberté comme production matérielle, déviée dans un cadre d'urgence. La contingence ne suffit pas à la saisie de l'action dans son caractère *historique*.

Cela implique un réel pouvoir de la matérialité, non plus conçue comme une « essence extérieure », mais comme un facteur de médiation et de déviation des libertés, l'homme produisant librement son aliénation en déterminant ses « contre-finalités », ce que Sartre nomme aussi « l'extéro-conditionnement ». Les exemples de contre-finalités attestent de ce retournement :

– le déboisement de la Chine[1] résultant de l'instrumentalisation de la nature *puis* de l'homme.

– la réalité monétaire de l'Espagne de 1550[2] expliquant la fuite de l'or *par* son accumulation.

– la pollution comme résultant de la révolution industrielle[3] exprimant la lutte des classes *et* sa négation.

La genèse des collectifs elle-même suppose une compréhension de ce que l'homme produit d'inhumain, *sans réduction de cette inhumanité à une causalité naturelle*. Cet entre-deux constitue le pari le plus original de la

1. *CRD* I, p. 232-233.
2. *CRD* I, p. 236-247.
3. *CRD* I, p. 258.

raison dialectique, puisqu'il faut penser l'impuissance comme historiquement déterminante, ce qui revient à considérer la violence intériorisée de la rareté à travers la passivité ou l'inertie. Les « synthèses passives » difficiles à se représenter relèvent d'une logique de la déviation constituante. La « nature » qui compte historiquement, est celle qui, comme matière ouvrée ou comme simple retournement écologique, détermine la liberté à produire ce qui la détruit. L'homme ainsi conçu apparaît autant dans sa finitude que dans son déséquilibre.

L'analyse de l'oppression et la critique du naturalisme

L'approche phénoménologique de la violence la fait apparaître comme distincte des rapports de force ou de domination naturelle : il n'y a d'oppression que d'une liberté par une autre. Dans le cadre dialectique, l'esclavage lui-même est décrit comme « le prolongement d'une situation ontologique favorable », une « invention » mettant en jeu des conditions « techniques et ontologiques ». Le Sartre de la *Critique de la Raison Dialectique* nomme la condition technique « historique » et la condition ontologique « méthodologique ». L'humanisation de la violence exige une reconnaissance des significations propres à son expression. Par exemple, « l'oppression » est une violence singulière parce qu'elle implique une liberté plénière et absolue ; d'où l'ambiguïté du « travail », tenant à ce qu'il est à la fois condition *et* conséquence de l'oppression. Il y a des machines « parce que l'homme se fait machine », Sartre reprenant la conception hégélienne de l'esclave qui renvoie au maître l'image de sa propre liberté. Ce double aspect de l'oppression exprime le mixte activité-passivité, utilisé dans les *Cahiers pour une Morale* pour rejeter l'universalisme et sa « mauvaise foi », repris dans la *Critique de la Raison Dialectique* pour penser l'extériorisation et l'intériorisation valables pour toute praxis.

La recherche éthique suppose la découverte de l'indéterminé sous le déterminé comme condition de l'action, de sa reconnaissance et de sa responsabilité. La « valeur » – son être – constitue le sens objectif du rapport de la théorie et de la pratique, et la violence sa pure négation. L'apparition de la rareté transforme notre conception de la violence et de la liberté, et exige une autre intelligibilité de l'histoire. L'inauthenticité de l'oppresseur qui revendique l'autorité comme un « droit divin » face à l'opprimé qui devient « l'espèce, le naturel »[1], n'est qu'un cas particulier

1. *CM*, p. 103.

pour la raison dialectique. Les perspectives des *Cahiers pour une Morale* et de la *Critique de la Raison Dialectique* nécessitent des problématisations analogues : sur le plan de « l'être » ou de « l'extériorité », la *contingence* s'oppose à la *valeur* dans *les Cahiers pour une Morale* comme la *multiplicité* à la *totalisation* dans la *Critique de la Raison Dialectique*. Sur le plan du néant ou de l'intériorité, la mauvaise foi s'oppose à l 'authenticité comme l'inertie à la rareté. On retrouve à chaque fois le choix de la violence comme situation fondamentale que l'ontologie a en charge d'assumer. C'est également de l'inachèvement humain que témoigne la critique du naturalisme; d'où la reprise de Kojève « La Nature est de l'ordre de l'identité, la dialectique est seulement du monde humain »[1] dans la *Critique de la Raison Dialectique* contre le naturalisme prêté à Engels.

La critique de la naturalisation libérale de la violence

Visant la logique superficielle de la consommation, la critique économique doit intégrer la négativité dans la description des échanges, à l'encontre de l'idéalisme des libéraux qui nécessite une forme d'optimisme organiciste. L'économie est la « science des institutions de la rareté »[2]. La régulation des échanges par la libre circulation des biens de production, fondée sur la propriété privée, n'est pas un *fait* mais une *idée* qu'il faut bien présupposer pour penser tel ou tel problème de salaire, de productivité en termes libéraux. Le libéralisme économique soutient que la libre consommation et la circulation des marchandises (tempérées ou non par un protectionnisme) aboutissent au bien du plus grand nombre. La violence n'est, dans un tel cadre, qu'un accident de la production, un dérèglement de la socialité. Comment alors justifier les violences observables ? En euphémisant ce que l'expérience historique révèle ou en naturalisant les violences subies, par un déterminisme finaliste implicite[3]. Sartre considère les groupes comme des totalités organiques ne synthétisant jamais les praxis individuelles, prisonnières, en tant que libertés, des contre-finalités. Quatre modes de réfutation du libéralisme sont ainsi utilisés.

1. *CM*, p. 69.
2. *CRD* I, p. 225.
3. Ce que Bourdieu appelle une « théodicée des privilèges ». *La Distinction*, Paris, Minuit, 1975.

La réfutation de l'hyperorganicisme

Aucune tendance naturelle n'est requise pour comprendre la genèse des groupes humains. Le libéralisme est qualifié « d'idéalisme organiciste. « On l'a vu naître comme modèle social de la pensée conservatrice »[1]. Sartre considère impossible le dépassement définitif de l'aliénation humaine. Les organisations de toute praxis commune aboutissent certes à des totalisations partielles[2], mais au bout du compte, à leur dissolution et à de nouvelles sérialités.

Sur un autre plan, la réflexion atteint le milieu « formel » dans lequel le « concret historique » doit nécessairement se produire[3]. Après l'aliénation de l'individu dans le pratico-inerte, puis l'invention de la socialité comme travail en commun des groupes sur les séries », l'analyse est parvenue à la notion paradoxale de *liberté comme nécessité*. Il faut comprendre que la libre violence des libertés engendre une communauté particulière, quasi-matérielle. L'inertie est elle-même « assermentée », c'est-à-dire que la constitution et la désintégration des groupes à la surface des séries constitue pour les autres (les non-groupés) des unités menaçantes. Ainsi peut-on voir « la double circularité »[4] de l'ordre statique et du mouvement, la fusion et le serment, exprimant là « leur violence sauvage et masquée ». Tout sépare une telle analyse de l'optimisme naturaliste libéral.

Enfin, ni le groupe ni la communauté au sens politique ne sont à considérer comme des « modes spinozistes du prolétariat-substance »[5], mais bien plutôt comme des appareils pratiques de ce prolétariat. C'est seulement à ce niveau que le facteur « productivité » intervient. L'insistance de Sartre sur la spécialisation de l'ouvrier, sur l'apparition d'un « être-de-classe » comme statut et destin de celui-ci, sur l'influence progressive de l'environnement concret, etc. participe de cette offensive contre-naturaliste menée par la raison dialectique. Ces arguments contredisent les deux logiques suivantes :

– l'homme serait un être naturellement libre qui fait l'histoire en exprimant ses virtualités : naturalisme libéral niant la réalité des déviations et le primat de la matérialité.

1. *CRD* I, p. 381.
2. *CRD* I, Livre II, point D.
3. *CRD* I, p. 637.
4. *CRD* I, p. 641.
5. *CRD* I, p. 644.

– l'homme serait un être social dont le processus historique matériel suit un plan dialectique naturel : naturalisation matérialiste niant la liberté comme choix certes dévié mais réel.

Présupposant ce qu'elle est censée démontrer[1], la logique organiciste naturalise la propriété privée, le salariat, la plus-value comme différence « inévitable » entre le coût de production et l'ensemble des profits acquis, le contrat juridico-économique comme destin des projets individuels, l'inégalité comme transition accidentelle vers le progrès et le droit comme stratégie.

Le refus du formalisme économique

Les marxistes reprochent à Sartre le formalisme que lui-même renvoie au matérialisme dialectique. Celui-ci accepte au minimum le postulat libéral économiste « …la bourgeoisie individualiste demande qu'on lui concède une chose et une seule : la relation des individus entre eux est passivement subie par chacun d'eux et conditionnée en extériorité par d'autres forces (…), ce qui signifie qu'on la laisse libre d'appliquer le principe d'inertie et les lois d'extériorité aux rapports humains »[2]. Contre cet atomisme optimiste et individualiste, le refus du naturalisme est d'ordre *épistémologique* et *ontologique*.

1) Il est d'ordre *épistémologique* dans la mesure où le formalisme du calcul des statistiques et des probabilités ne peut par définition ni traduire ni intégrer le facteur qualitatif qui produit l'aliénation. D'abord, il omet les données pratiques de l'asservissement (mesurables, pourtant, en partie) comme la sérialisation. Ensuite et surtout, il n'aborde que des rapports humains déjà constitués à partir d'agents économiques (les producteurs, les consommateurs) considérés *a priori* comme libres et conscients. Dans le cadre de la raison dialectique, chaque praxis individuelle, chaque volonté est historiquement située. Les lois ou constantes économiques ne maîtrisent donc pas vraiment leur objet, dont le principe d'action est imprévisible. Enfin, dans une telle analyse du travail, l'apodicticité est un pur idéal « objectiviste »[3].

1. Sartre se distingue par là de la ruse de la raison hégélienne ou de l'insociable sociabilité de Kant.

2. *CRD* I, p. 179.

3. *CRD* I, p. 661.

2) Il est d'ordre *ontologique* parce que le libéralisme euphémise les antagonismes, les conflits d'intérêt. Si l'homme « fait l'histoire dans l'exacte mesure où elle le fait »[1], c'est que la théorie ne peut interpréter l'action et l'inertie séparément. Elle doit intégrer jusque dans ses catégories interprétatives l'inadéquation[2], le ratage partiel, l'échec que laisse l'incommensurabilité de la violence et d'une représentation qui serait faite quantitativement.

Une théorie de la rareté contre une théorie de l'échange

L'échange conçu par le libéralisme considère *a priori* possible la récupération du sens par le langage, dans une logique à la fois humaniste et optimiste : le mot devient alors un élément non stratégique, à l'intérieur d'une histoire qui se déroule sans lui. Sartre refuse cette instrumentalisation naïve[3]. L'échange réel implique une négation dans l'affirmation. « Sans doute, la parole sépare autant qu'elle unit (...), sans doute les dialogues sont-ils des dialogues de sourds »[4]. Non point par quelque une malédiction naturelle, le pessimisme et l'optimisme renvoyant l'un et l'autre à une naturalisation. « Et qu'on n'entende point ce rapport comme une virtualité incluse en chacun, comme une ouverture à l'autre qui s'actualiserait dans quelques cas particuliers. Ce serait enfermer ces rapports dans des « natures » comme dans des coffrets et les réduire à de simples dispositions subjectives »[5]. Toute analyse qui finalise *a priori* la pratique de l'échange manque l'inhumanité qui résulte de l'échange. Aucune communication n'est naturelle. « La réciprocité implique : 1) que l'autre soit moyen dans l'exacte mesure où je suis moyen moi-même, c'est-à-dire moyen d'une fin transcendante et non pas mon moyen »[6]. L'instrumentalité est dirigée, non possédée. En tant que relation et non chose, elle détermine toute forme de réciprocité en dirigeant l'activité de chacun par l'autre, parce que chacun est le moyen de l'autre. « 2) que je reconnaisse l'Autre comme praxis... », ce qui sous-entend de ne pas le réduire à un état de conscience même non substantiel ; d'où la mise en situation historique et nécessaire des consciences de *L'Être et le Néant*.

1. *CRD* I, p. 180.
2. C'est aussi l'enjeu de *l'Idiot de la Famille* par rapport aux données de la psychanalyse.
3. Cette idée est développée dès 1946, *La responsabilité de l'écrivain*, *op. cit.*
4. *CRD* I, p. 178.
5. *CRD* I, p. 181.
6. *CRD* I, p. 192.

« 3° que je reconnaisse son mouvement vers ses propres fins dans le mouvement même par lequel je me projette vers les siennes ». L'Autre comme projet reconnu fonde dialectiquement la projection du « je » vers ses propres fins. La reconnaissance et l'échange comptent moins ici que le manque dans la constitution de l'identité concrète, historique, car c'est l'Autre comme rareté intériorisée qui joue ici le rôle constitutif. « 4° que je me découvre comme objet et comme instrument de ses fins par l'acte même qui le constitue pour mes fins comme instrument objectif ». En deçà de la reconnaissance, il y a la réciprocité, et en deçà de la réciprocité, il y a la violence de la découverte de soi dans l'autre comme instrumentalisation, une instrumentalisation dont ni la linguistique, ni l'économie ne peuvent rendre compte.

La récusation de la vision libérale de « l'intérêt »

L'analyse dialectique de « l'intérêt » rejette toute fondation « en nature » des relations économiques fondamentales. Parallèlement à l'anti-juridisme qu'elle manifeste, cette négation constitue l'argument le plus anti-libéral de la *Critique de la Raison Dialectique*. La naturalisation de l'intérêt euphémise la violence que celui-ci exprime et réalise, puisqu'il la porte en lui. « L'intérêt, c'est l'être-tout-entier-hors-de-soi-dans-une-chose en tant qu'il conditionne la praxis comme impératif catégorique » [1]. La praxis individuelle est située socialement. « L'impératif » n'est qu'un conditionnement extérieur et aliénant, sur des données empiriques : le « pratico-inerte ». L'aliénation réside dans la matérialité et dans la fuite de la praxis, captée par la réalité sur laquelle elle s'objective, mais aussi dans la structure de la production. La prétendue « relation d'intérêt » ne serait, en d'autres termes, que la sublimation quantifiée des rapports de violence originels, liés à la rareté. L'intérêt n'est pas *premier*, il est une *expression*, non une *origine*. D'où le rejet critique d'une certaine naïveté utilitariste. « L'hypothèse hédoniste et utilitariste qui fait de l'intérêt un mélange irrationnel de conatus subjectif et de conditions objectives » [2] manque d'intelligibilité et ne permet pas de saisir les conditions historiques de cet intérêt; d'où résulte aussi l'essentialisme qu'on attache à ces prétendus « impératifs économiques ». *L'intérêt* est une image mentale de l'asservissement. Il n'est individuel ou personnel que dans la mesure où il est

1. *CRD* I, p. 261.
2. *CRD* I, p. 277.

essentiellement l'intérêt des autres. « Chacun se détermine par son intérêt en tant que cet intérêt est vécu par l'Autre comme l'intérêt d'un Autre »[1]. La première illusion de l'économisme consiste à faire croire à la cohérence *a priori* du rapport du besoin et du projet alors qu'il n'est qu'une négation, sous la pression de la « matière ouvrée », de « chacun par tous et de tous par chacun »[2]. Il faut donc commencer par insister sur *l'altérité* et *l'aliénation* : « L'essentiel, c'est que mon (ou notre) intérêt nous apparaît d'abord en tant qu'il est celui d'un autre ». Une autre mise au point est ici nécessaire : l'intérêt *matériel* n'est pas l'intérêt *naturel*. Même si l'intérêt particulier se présente dans la production comme futur, sa réalisation passe par l'inertie et la contrainte, il n'est « qu'un certain rapport de l'homme à la chose dans le champ social »[3]; l'environnement matériel du besoin n'est rien d'autre que « la fabrique sous forme d'exigence », car il n'est qu'une manière pour les organismes d'intérioriser l'urgence du manque. L'imaginer à titre de fondement abstrait des échanges, c'est supposer une harmonie préétablie comme condition de l'ordre (non visible), c'est introduire une justification du désordre (apparent)[4].

L'ANALYSE DIALECTIQUE DES CONDITIONS DE LA SOCIALITÉ : LA « GENÈSE DU GROUPE » COMME EXPRESSION ANTI-JURIDIQUE

Du groupe à l'Histoire : première approche de la genèse du Groupe

La raison dialectique postule *a priori* l'intelligibilité de la genèse et de la désintégration des groupes humains. Si la constitution « non groupés » en « groupés » ne procède pas d'un *contrat*, tout organicisme est à rejeter comme une illusion naturaliste. L'antériorité logique et historique des *Collectifs* sur les *Groupes*[5] relève de l'inertie rendue nécessaire à leur survie. C'est par exemple l'instabilité entre les classes sociales qui fait apparaître au XIXe siècle les premières structures capitalistes de « sérialité ». Le passage (complexe) d'une structure de passivité active propre à la

1. *CRD* I, p. 264.
2. *CRD* I, p. 265.
3. *CRD* I, p. 261.
4. A voir, sur la démystification de « l'harmonie libérale », *CRD* I, p. 267.
5. Sur la genèse du groupe en détail *CRD* I, p. 381 à 398.

sérialité collective au *groupe* implique de mette en jeu le *Tiers* comme facteur de progression vers une unité plus forte. « A partir de quelles circonstances extérieures les groupes vont-ils se constituer? »[1]. Toute l'analyse d'une journée révolutionnaire (le 12 juillet) repose sur la totalisation progressive que les rassemblements produisent. « La dimension pratique de la praxis collective », c'est d'abord la force de l'inertie. L'histoire est au travail, sans passer par le droit ou la démocratie *représentative*. Une telle vision place la violence au cœur des totalisations humaines en cours et de leur efficacité politique. « Par exemple, le scrutin dans les démocraties bourgeoises est un processus passif et sériel. Chaque électeur a, bien entendu, déterminé son vote en tant qu'Autre et par les autres; mais au lieu de le déterminer en commun et comme *praxis* en unité avec les Autres, il le laisse définir inertement et par l'opinion »[2]. *Avant* l'organisation et la hiérarchisation de l'assemblée, le processus démocratique est « passif », « sériel », c'est-à-dire qu'il manque de puissance par son formalisme. Il n'est qu'une *transition*. Le groupe institutionnel des élus (l'assemblée) « représente le rassemblement (...). En tant que ses membres sont les inertes produits d'une inerte altérité et que la multiplicité brute comme rapport numérique des partis traduit des relations d'impuissance des collectifs ente eux et les rapports de force en tant que ces forces sont des forces d'inertie »[3].

La violence *déléguée* dont chaque unité est *investie* débouche sur des jeux d'alliance, de fidélité et de trahison reflétant les tensions réelles. La fidélité du rassemblement symbolise une forme d'aliénation et de sursis. La communauté de sort des hommes n'est ni le fruit d'une réflexion de la *représentation* sur *l'action* politique, ni un destin préétabli, mais une occurrence: les rassemblements violents forcent l'accélération de la « totalisation en cours » en vue d'éviter la dissolution.

Enfin, la genèse du Groupe comme dépassement des collectifs sériels, *avant* le Groupe en Fusion, fait apparaître deux modes de réciprocité :

– la « tromperie » comme mode négatif de réciprocité dans l'unité-exis.

– l'Apocalypse comme dissolution engendrant après le Groupe en Fusion.

1. *CRD* I, p. 386.
2. *CRD* I, p. 386.
3. *Ibidem*.

La violence silencieuse de l'aliénation collective, loin d'être transcendée par le parlementarisme révolutionnaire, s'exprime dans toute son ambiguïté[1] dans le développement des totalisations humaines. D'où l'impression quasi romantique de cette réévaluation anti-juridique de l'antagonisme produisant l'unité des individus. Le danger de dissolution, la violence apocalyptique : ces thèmes préfigurent le rôle capital que va jouer l'envers du contrat : le Serment.

La logique spécifique à la constitution du Groupe

Les principes conduisant à l'unité dans la constitution du Groupe sont l'action, la contradiction, la déviation de l'intention et la dramatisation de l'événement.

L'action

Quand il évoque les « rassemblements des parisiens aux heures graves de la Révolution », les « fuites » communes où il s'agit de réaliser (...) *pratiquement* une intégration de chacun dans la praxis »[2], Sartre recourt à une logique du tiers (un troisième pôle) pour décrire l'action. Par exemple, la compréhension de la *fuite* est associée philosophiquement au pouvoir pratique de *l'activité* : cette représentation ne se contente pas d'accompagner la description, elle la *constitue* : « La fuite conçue comme praxis commune répondant à un danger commun devient la fuite comme totalité active. Mais cette simple unification serait abstraite, extérieure et théorique s'il regardait, par exemple, ces événements de sa fenêtre ». C'est *l'action* qui dépasse la contradiction, le dépassement de la contradiction entre l'unité et l'altérité n'implique : 1) nul recours à l'un de ces concepts – d'où l'usage de la force du fait (*agir* n'est pas *fonder à priori*) ici négatif (la fuite), 2) nul recours à une conscience, mais à une double médiation du groupe par un tiers et de chaque tiers entre les groupes et les autres tiers.

1. Sartre évoque, dans la *Critique de la raison dialectique* I, la prise de la Bastille et l'affaire Réveillon (p. 393).

2. *CRD* I, p. 400.

La réévaluation de la contradiction (dans l'histoire et dans sa représentation)

Toute philosophie dialectique tend à considérer l'immuabilité comme une apparence ou une illusion. C'est l'unité qui fait les frais des exigences imposées par la pratico-inerte. Le développement commun des praxis individuelles malgré elles fonde les pratiques sur le mode imaginaire. En réalité, le groupe ne doit pas son existence à une volonté commune, mais à une orientation nécessaire des libertés. Contradictoire, cette logique doit pouvoir intégrer les vrais facteurs de l'unification du Groupe : les « rapports ternaires », la « libre action individuelle », la « libre réciprocité » et les « tiers médiateurs ».

Première contradiction : *le retournement de l'action dans la sérialité*. « La contradiction réside donc en chacun (puisque chacun est aussi un tiers) entre les processus contagionnels comme réalisation sérielle de la menace commune et la saisie de la totalité humaine comme unifiée (en creux) par cette menace » [1].

Deuxième contradiction : la notion même *d'activité passive*, qui était déjà présente autrement dans *L'Être et le Néant*, où la liberté suppose d'être niée, refusée ou relativisée par un coefficient d'adversité pour exister.

Troisième contradiction : la perméabilité constitutive de l'identité. Là encore, le schème du Sujet non-substantiel se réalisant malgré tout dans une permanence, est ici généralisé et utilisé pour le Groupe, l'unification mettant même en question « ma liberté » comme choix conscient de son unité dans le temps.

Une logique de l'intention déviée

Les totalisations effectives ne doivent rien à *l'idée* que le Groupe se fait de lui-même. La volonté d'unité existe comme facteur de sérialité. Le désir d'unité relève ici d'une négation de la négation comme condition de la réalisation progressive du groupe en fusion, lequel conserve en lui quelque chose de la série, mais d'une série qui se nie elle-même « en intériorisant les négations extérieures » [2]. Ce n'est pas la réussite de la libération qui compte historiquement telle qu'elle a été projetée, mais les degrés de déviations des projets par les facteurs extérieurs, comme par exemple la détermination

1. *CRD* I, p. 400.
2. *CRD* I, p. 391.

hodologique (une étendue extérieure) d'un espace vécu[1]. Enfin, si les déviations constituent bien l'unité, c'est que la *sérialité* – nom historique ou dialectique de l'aliénation par le Collectif – est signifiante et utile politiquement. On est très loin, ici, du volontarisme.

Une dramatisation de l'événement

Marquée par « l'enfer pratico-inerte », la *Critique de la Raison Dialectique* ne sort jamais du cadre tragique de la Rareté. Plus qu'une mise en forme stylistique des concepts dialectiques, la dramatisation de l'événement *présente* la violence de la fusion qui unifie le groupe par son caractère irréductible. Notons l'usage de l'indicatif au service de la description[2] des journées révolutionnaires ainsi que le choix des scènes décrites[3].

Le statut du tiers dans l'analyse anti-juridique de la constitution du Groupe

A quelles conditions une « Série » dans laquelle l'unité est toujours le produit de l'altérité peut-elle se transformer en groupe ? Si les conditions de la « fusion » se trouent dans la *Série*, quelle est la nature de la contradiction qui existe entre l'unité et l'altérité ? La réponse est dans la définition du *Tiers* : celui-ci est une « totalité » qui se saisit comme faisant partie de la totalité qu'il totalise. Comment cette relation ternaire fait-elle basculer la sérialité dans la *fusion* ? Puisque chaque membre du groupe est un tiers, la relation ternaire réside dans le fait que les relations de réciprocité de chacun avec tous les autres se trouvent à leur tour totalisées par chaque autre, si bien que chacun est un tiers pour tous les autres, comme chaque autre est un tiers pour soi, comme chaque relation totalisée totalise elle-même les autres relations, et ce à l'infini. Le *progrès* est dans le fait que le rapport de tiers à tiers *ne reproduit pas* la sérialité.

Le dépassement de l'interchangeabilité des hommes suppose deux moments :

1. Contrairement à L'*Être et le Néant*, l'unité du champ est « pratico-inerte » ce qui implique une unification en extériorité, thèse incompréhensible du strict point de vue ontologique de l'*Être et le Néant*..

2. Pages 386 à 390 (*CRD*, I).

3. *CRD* I p. 391-393.

1) Celui de la *survivance* nécessaire de la fusion, résultante de l'Apocalypse, la formation de l'Individu commun dans la violence, la « liquidation d'une sérialité de vieux groupe au profit de l'homogénéité amorphe d'un jeune groupe en fusion »[1].

2) Celui de la formation du *groupe assermenté*, d'où une description explicitement anti-juridique des conditions de formation du Serment et de son intelligibilité irréductible à une logique volontariste du *contrat* comme à un strict déterminisme structuraliste[2].

Contrairement à une logique de la régulation des *lois*, le rapport de chaque tiers à chaque autre, *dans* le groupe et par lui, est une réciprocité médiée, ce qui donne à toute action individuelle une portée d'emblée *sociale*, mais ce qui transforme tous les rapports humains de réciprocité en les relativisant par leur médiation. La « réciprocité » ainsi « médiée par le tiers » apparaît tellement conditionnée et les synthèses de multiplicités si provisoires et précaires que le cadre anti-substantialiste de *L'Être et le Néant* semble ici quasi-idéaliste.

La multiplicité des synthèses individuelles comme fondement immanent *de la communauté des objectifs et des actions*

Le conditionnement des groupes, de leur fusion, pose la question de leur légitimité. L'existence et la nature de l'intelligibilité du groupe sont ainsi problématisées, comme la question de « l'unité tournante des synthèses, de la multiplicité des unifications. L'anti-juridisme ne peut éviter le problème du sens de l'histoire. « … *les* synthèses peuvent-elles faire *la* synthèse ? La synthèse est-elle inutile ? »[3] – ce qui est le projet même de la raison dialectique. La signification de la « totalisation tournante » se confond avec la possibilité de *penser* le groupe lui-même. Sartre refuse l'organicisme (qui assimile le corps social au corps biologique). Le corps a la totalité qu'il intègre ; le groupe dont il est ici question n'est donc pas tantôt un processus, une « totalisation », tantôt une « totalisation en cours », cela signifie que sa totalité est hors de lui dans son objet, cette extériorité qu'il intègre et qui le conditionne n'étant autre que l'environnement matériel. Ne relevant pas d'un ordre naturel, l'unité du groupe implique le Multiple non comme

1. *CRD* I, p. 404-409.
2. A voir sur ce point : *CRD* I, p. 439-552.
3. *CRD* I, p. 411.

l'opposé de l'Un, mais comme sa répétition. Du point de vue dialectique, la notion de *fondement* ne s'oppose pas à l'idée de la multiplicité des origines possibles. Cette raison conçoit le *nombre* comme la structure de *l'acte* « c'est-à-dire comme élément en chacun de la décision du tiers »[1]. Le nombre n'étant pas l'être-autre de cette totalité à laquelle j'appartiens mais une réalité intériorisée, *l'addition* d'un élément d'un groupe à un autre n'est pas une sommation d'hétérogènes mais une *synthèse*. Le Multiple n'est pas dans un tel cadre, l'ennemi de l'unité comme être mais son principe constitutif comme *relation*. Il ne peut y avoir, dans un tel cadre, de dépassement de la *multiplicité* par la *transcendance*, forme d'un impératif intériorisé : la condition et l'action sont deux *moments* d'un même processus. En interprétant le mouvement historique, Sartre met en avant le multiple, et s'interdit ainsi tout recours à une unité transcendant la réalité historique.

Nulle synthèse dans la transcendance n'est requise, l'unité du groupe dépendant de l'existence d'un tiers. Il n'y a pas de synthèse de synthèses en dehors de ces intériorités en relation de réciprocité, de sorte que la *circularité* est philosophiquement nécessaire pour constituer les liens de réciprocité. « La structure originelle du groupe, vient de ce que la libre praxis individuelle peut s'objectiver par chacun et dans l'objet totalisé, comme libre praxis commune. La bataille en cours, c'est pour chacun une réciprocité absolue *dans l'objet et vue dans l'objet* entre le groupe, comme multiplicité réintériorisée grâce au tiers régulateur, en tant qu'il permet à l'individu telle initiative et l'individu en étant sa praxis comme praxis totale et régulatrice *ici* (comme étant toute la bataille) permet à la totalité en chacun et à chacun comme libre totalité de s'objectiver dans l'objectif commun »[2]. La multiplicité apparaît ici triplement :

– en tant que *force* réalisée dans le résultat individuel *comme* le résultat multiple ;

– en tant que *mode* de signification commune, désigné *dans* et *par* l'irréductibilité même de l'Un, « je vois avec des yeux communs… »[3] ;

– en tant que *raison* d'être de la fonction d'unité qui s'opère dans la constitution du Groupe par l'Apocalypse.

Si l'association de la notion de *fondement* à celle de *condition de possibilité* par le dépassement théorique de la multiplicité dans l'unité

1. *CRD* I, p. 419.
2. *CRD* I, p. 420.
3. A comparer avec l'irréductibilité du regard dans l'être-pour-Autrui dans l'*Être et le Néant*.

constitue une pensée *verticale* de la norme, l'intelligibilité du Groupe en Fusion repose sur la désignation et l'actualisation de la communauté comme *tout* en *chacun* dans la libre constitution de l'individu en « praxis commune » : il s'agit alors d'une compréhension *horizontale* des conditions de l'action. Pour être pensables, ces conditions apparaissent plus pratiques que dans le cadre d'une philosophie transcendantale. La dimension ontologique de la raison dialectique visant l'être de l'Homme par son principe historique demeure malgré tout.

Enfin, la « fondation » de la communauté des objectifs et des actions doit être distinguée des conditions de l'obéissance commune. Dans la *Critique de la Raison Dialectique*, *l'unité* est une figure historique de la *puissance*, non une catégorie politique de dépassement des intérêts particuliers. Pour cette raison, c'est bien l'intelligibilité de la communauté qui est fondée par la synthèse individuelle et sa multiplicité, et non la *valeur* de celle-ci. L'intégration systématique de l'altérité par une logique où le tiers est déterminant, a donc un *prix* : une sorte de mise à plat où la pratique de la socialité est sans cesse rapportée à l'activité constituante et déviée des individus. Le recours à l'immanence est lui-même rapporté à un *travail* de l'intériorité, non à une idéalisation de celle-ci. « L'immanence pure, en effet, supprimerait les organismes pratiques au profit d'un hyperorganisme (…) ; la transcendance pure, au contraire, émietterait la communauté pratique en molécules sans autres lieux pratiques que ceux d'extériorité et nul ne se reconnaîtrait dans l'acte ou dans le signal que ferait tel ou tel individu atomisé »[1]. Une socialité dans les limites de l'immanence permet de considérer la spécificité de la violence révolutionnaire comme étant une contre-violence : la communauté n'est pas l'assentiment commun mais la « liberté de révolte », la « violence commune »[2]. Autre spécificité de cette violence : la revendication de la liberté comme immédiateté : c'est *ici* et *maintenant* que la puissance de négation doit s'exprimer. Le temps propre à la liberté « révolutionnaire » conditionne l'anti-juridisme, et ce à trois niveaux.

1) La synthèse du Multiple dans l'Un, de la « praxis commune » par chaque praxis individuelle se réalise par et sous la menace de la « pétrification sournoise », de la « rechute dans l'inertie du rassemblement », ce qui provoque l'automutilation du Groupe qui va jusqu'à massacrer certains

1. *CRD* I, p. 430-431.
2. *CRD* I, p. 428.

de ses membres ; d'où résulte la contradiction déjà vécue comme violence entre « l'espoir et la terreur, la liberté souveraine en chacun et la terreur exercée contre l'autre »[1]. L'unité *est* ubiquité, l'être-du groupe est l'être de chacun comme menace d'un retour à un degré moindre d'unité : c'est la condition historique du Serment comme « réciprocité médiée ».

2) La régulation n'est pas une loi ou un principe régulateur mais une négation de la négation, la synthèse partant d'un niveau si « élémentaire » que l'unité des « synthèses tournantes » se réalise davantage objectivement qu'intersubjectivement, par et sur le mode d'un projet communautaire. Il faut toujours garder à l'esprit l'anti-parlementarisme : la représentation politique est un reflet, non une cause de l'action dans l'histoire.

3) Ce qui fonde alors la communauté se confond avec la permanence de *l'exigence* multiple de résister par l'unité à *l'existence* du danger. Tout se fait *comme si* on passait d'une menace intériorisée (la rareté) à une menace extérieure (la dissolution). Tout ce qui habituellement représente les manques d'unité – l'altérité, l'attente, la séparation, l'ubiquité – devient conditionnement violent de la totalisation.

La multiplicité des synthèses ne peut constituer un mode d'unification qui repousse le naturalisme juridique et l'organicisme, qu'au prix de son inachèvement. Pour autant, un accord minimal doit pouvoir exister entre les hommes.

Le Serment comme unification anti-juridique du Groupe. La Fraternité-Terreur. L'apparition de « l'Individu Commun » et de la « réciprocité-médié »

Le serment détermine l'avenir d'une communauté en inventant une inertie et en retournant l'exigence ontologiquement fondée du projet (présent dans *L'Être et le Néant*) *contre* elle-même. La saisie de l'appartenance commune transforme les actions en conduites de résistance contre le danger. « Le mot d'ordre « Jurons ! » représente l'invention comme action régulatrice du tiers dans le groupe existant (...), l'envers de la praxis du groupe en fusion comme ubiquité »[2]. A l'opposé du contrat, le Serment n'existe que comme découverte de l'insuffisance humaine : je jure pour faire jurer tous les autres. Acte du langage performatif par excellence, il

1. *CRD* I, p. 429.
2. *CRD* I, p. 400.

confond énonciation et action. Dialectiquement, il dépasse toutes les conditions prévisibles, quantifiables, de l'unité dans l'urgence. Le serment échappe à toute approche quantitative.

Le serment suppose une forme de *don* exprimé comme tel, là où la règle de droit existe indépendamment de son expression verbale sous forme de *parole* (l'acte d'individuation du langage). La Loi transcende par définition l'intention de son énonciation, si bien qu'elle ne gagne par là rien en *puissance*; et cette énonciation ne la fait pas exister davantage. La signature au bas d'un contrat certifie l'engagement de la personne sur le plan juridique mais ne fait exister ni l'un ni l'autre dans le même acte de naissance.

L'approche anti-juridique de la liberté à l'œuvre dans le Serment repose sur le rôle constitutif de l'altérité. Ainsi en est-il de la puissance de l'Autre : je me fais autre pour chaque autre, « je m'offre pour qu'ils offrent ». En même temps, le Serment est une puissance sur soi. Sartre définit le fait de jurer comme une promesse faite contre soi, ou, si l'on veut, un engagement par l'autre : « jurer, c'est donner ce qu'on n'a pas pour que les autres vous le donnent et que l'on puisse tenir parole »[1]. C'est la négativité de la liberté qui la fait aboutir au mot d'ordre « Jurons ! ». Mieux encore : si en jurant je fais de ma parole un acte et de mon acte une parole[2], *j'engage aussi l'autre malgré lui* puisque sa médiation est nécessaire.

« En un sens, dire « jurons », c'est « jurer ». Ce qui se joue ici n'est pas de l'ordre politico-juridique de la *revendication* mais de l'ordre historique de *l'unification*. Le Serment satisfait concrètement l'exigence d'unité en faisant coïncider la sécurité des tiers absents et celle de chaque individu isolé, par le conditionnement proclamé de la permanence de cette interdépendance[3].

Le problème de l'intelligibilité d'un tel acte se pose à différents niveaux : 1) son *efficacité* relative à la peur, 2) sa nature de *projet*, 3) son rapport à *l'institution*.

1) Que devient la parole-acte en cas de défaite, de risque de mort, de torture ? « L'intérêt commun risque de s'annihiler au profit de l'urgence immédiate ». L'inertie n'est pas l'invincibilité, et ne doit son efficacité qu'à la peur. « La peur réflexive naît pour le tiers de ce que personne – pas même

1. *Ibid.*

2. A voir E. Benvéniste, *Problèmes de Linguistique Générale*, Paris, Gallimard. 1971 p. 264-265.

3. Sur ce thème, voir le B du Livre III de la *Critique de la raison dialectique*.

lui – n'a *assez* peur »[1]. Comme un tiers régulateur, la peur menaçante s'inscrit dans une logique de *Terreur*, comme « violence de la liberté commune contre la nécessité ». Si le groupe, comme action sur soi, ne peut être que *coercitif*, c'est que ce tiers régulateur découvre dans la disparition progressive de la peur « la véritable menace qu'il faut compenser par une peur croissante de détruire le groupe lui-même »[2]. En jurant, je réclame qu'on me tue si je pars : c'est mon futur dans le présent projeté.

2) Le Serment transforme le *danger* en *projet*, d'où le rôle de la Terreur, le propos « Jurons ! » n'est pas un impératif subjectif mais une revendication a-normative d'unité future. La solennité présente alors la *mort* et la *survie* comme indissociables[3]. Le droit de mort fait de la violence une quasi-transcendance, la puissance corrective du groupe dans le futur vient de la certitude de mourir si la limite est dépassée.

3) L'efficacité du Serment tient de son *apparence* de droit et de sa lutte contre le droit réel, institutionnel. Ce qui se présente littéralement comme un *droit de violence* unifie les *assermentés*, « il ne s'agit ni de morale ni de code » : c'est l'instrumentalisation de la mort qui engendre cette sorte de « garantie statutairement réclamée ». La Fraternité est bien « le droit de tous à travers chacun sur chacun », mais cette réciprocité particulière refuse l'institution au sens commun. « Le nom de droit que j'ai donné à cette réalité peu paraître prématuré puisque le Serment fonde ultérieurement les institutions mais n'est pas lui-même institutionnel. Disons plutôt que cette réalité (...) est simplement le pouvoir diffus de juridiction (...), l'individu commun est pourvu par son serment d'un pouvoir juridique sur l'individu organique »[4]. Dans le meilleurs des cas, le *droit* au sens juridique serait à considérer comme engendré *historiquement*, à défaut d'être fondé, par le « droit » dont parle Sartre ; et le droit institutionnel en deviendrait une sorte de pétrification formelle.

Le pouvoir de ce *droit de violence* est limité. Comme fondement sans fondement de la socialité, il se présente *brutalement* « On ne saurait, en effet, dériver le pouvoir juridique ni de la liberté individuelle, qui est sans pouvoir sur la liberté réciproque, ni d'un contrat social unissant des entités, ni de la contrainte exercée par un organe différencié sur le groupe, ni de la

1. *CRD* I, p. 447.
2. *CRD* I, p. 448.
3. C'est la « structure statutaire des relations communes » (*CRD* I, p. 449).
4. *CRD* I, p. 456.

coutume d'une communauté en tant qu'on y voit une *exis* »[1]. L'individualisme, le *contractualisme*, la contrainte externe et l'habitude, autrement dit les sources classiques du droit, sont ainsi refusés au nom de ce pouvoir à l'œuvre dans le Serment qui est « juridique » *au seul sens où il renvoie à la Terreur comme seule juridiction.* « Le pouvoir apparaît ici comme l'invention d'une communauté qui réalise qu'elle n'est ni ne sera totalité totalisée (et totalisante), c'est donc une forme neuve de totalisant visant à compenser l'impossibilité que la totalisation s'achève, c'est-à-dire qu'elle apparaisse comme forme, *Gestalt*, conscience collective supérieure à tous ses membres et, par là même, caution de leur intégration permanente. Ce nouveau statut de totalisation, c'est la terreur, et la terreur est juridiction »[2]. L'Individu Commun résulte d'un *travail* de la violence. Par le pouvoir toujours *différé* de la praxis commune, le rapport du droit et du devoir est *tension* et ensuite *volonté* et/ou *représentation*. Ce « droit de violence » est donc limité par sa propre dimension *temporelle*. L'assermenté nie par le serment sa propre possibilité future de nier ce qui a été affirmé ensemble, à savoir la négation d'une autre altérité. Pas plus que la notion de *serment* ne renvoie à la morale, l'expression « lien téléologique » ne renvoie dans le cadre de la raison dialectique, à un principe juridique, dont tout le sens est de *séparer* l'action de ce qui la fonde.

Quant à la « réciprocité médiée », elle incarne ce que pourrait être une certaine positivité anti-juridique[3], avec toutes les limites que la mise à plat du droit comme fait historique implique. Pour l'esprit dialectique, en effet, « le droit ne peut se déduire du fait, le fait ne peut produire le droit, le droit est un fait, le fait engendre le droit ». On voit tout ce qui distingue l'univers infernal de la *Critique de la Raison Dialectique* de la raison plus formelle et optimiste de l'humanisme juridique.

1. *Ibidem.*
2. *CRD* I, p. 457.
3. A voir les dernières pages du point A du Livre II de la *CRD*.

L'ANALYSE ANTI-JURIDIQUE DE LA SOUVERAINETÉ : RAISON DIALECTIQUE ET RAISON JURIDIQUE

L'unité du groupe constituée en extériorité

Comment comprendre l'identité d'un groupe conditionné par son « autre » ? La solution réside dans l'anti-volontarisme de la *Critique de la Raison Dialectique*[1]. Si l'être non groupé de chaque Autre peut, d'une manière ou d'une autre, déterminer l'unité du groupe considéré, c'est que la totalisation n'est pas produite par une origine psychologique, comme la *volonté*, ou un fondement politico-juridique, comme le *contrat*. Si ce n'est pas moi qui peux me déterminer dans l'altérité même qui me constitue, c'est que cette réciprocité négative transforme l'opposition en « communauté ». C'est pourquoi une telle logique ne peut avoir de statut historique véritable que dans un cadre humainement infernal : la violence est ici une sorte de clôture conceptuelle dans laquelle il faut penser le mouvement social, la dialectique creusant les soubassements historiques de la réalité humaine. Elle est donc à l'opposé de la notion même de dérèglement ou de pathologie politique.

L'unité du groupe lui vient de l'extérieur par l'intervention des « non groupés », ce que Sartre appelle une « totalisation latérale »[2], en tant que constitution de sens par la négation passive de sa propre puissance dont l'origine est transférée à l'Autre. Le moyen de ce transfert est le droit lui-même appelé « inertie normative », quelle que soit « l'exigence juridique » de ses agents. Les institutions vécues dans leur banalité, les administrations, n'engendrent pas la limite de la sérialité contrairement aux circonstances historiques extrêmes (Révolution, Terreur). Une certaine unité existe, celle des « non combattants qui subissent leur sérialité », celle vécue comme « impuissance socialisée » qui porte en elle le « commencement de prise de conscience »[3]. Notons le paradoxe significatif dialectiquement d'un service juridiquement au service du public et constituant par là même les usagers dans leur sérialité. L'instrument commun (l'institution) fonctionne bien dans une « libre relation juridique » mais la norme juridique soutenant l'ensemble, avec toutes ses exigences, vit de sa propre contra-

1. A voir sur ce point, le B du Livre II de la *CRD*I.
2. *CRD* I, p. 553-561.
3. *CRD* I, p. 554.

diction en identifiant être et devoir être. L'inertie est le caractère invariable de son être et sa négativité ne réside pas dans sa structure ontologique, comme la rareté dans la *Critique de la raison dialectique*, mais dans le caractère *altérisant* de son être : ce qui est formellement exigé par la norme tient sa puissance de ce qui est proportionnellement refusé à l'individu.

La description formelle des structures communes à tous les groupes

Le serment fonde l'organisation. « Chacun jure de rester le même » tout en étant lié aux autres par un lien de réciprocité [1]. C'est pourquoi la présence du souverain dans le groupe n'aboutit pas à un pouvoir. Il s'agit davantage d'une *limite*; d'où un « statut ambivalent d'intériorité ». Ce lien, qui limite en quelque sorte la puissance d'agir des individus en rapportant la réciprocité de leur existence au danger de rareté que le serment temporalise, sert le jeu d'une adaptation globale de puissance, ce que signifie l'expression de « quasi-souveraineté » de chaque tiers. Si, ici comme dans toute la *Critique de la Raison Dialectique*, l'altérité est constitutive négativement, quel est le sens précis de cette « quasi-transcendance dans l'immanence » ? Il faut sans doute ramener cette conception ontologiquement négative de la régulation à la seule impossibilité de sortir du groupe. Ce qui constitue la communauté repose sur deux illusions. « 1) La Fraternité-Terreur comme véritable rapport d'intériorité entre les membres du groupe fonde sa violence et sa force coercitive sur le mythe de sa nouvelle naissance; elle définit et produit le traître comme le mal absolu dans la mesure même où elle le détermine comme l'homme qui a détruit l'unité préalable (...). 2) Pour les non groupés et pour les autres groupes (...), le groupe est un objet. C'est une totalité vivante » [2]. La « nouvelle naissance », c'est l'éternel commencement promis par la Terreur, le Serment, l'unité contre la mort de la dissolution. Toutes les communautés s'affirment dans la violence que les non-groupés intériorisent comme dans leur objectivité.

La « réalité transcendantale » du groupe est à comprendre comme sa « quasi-transcendance dans l'immanence », c'est-à-dire comme un quasi-fondement. Le rapport entre l'individu et la communauté est inséparable de la définition négative de la praxis; d'où l'usage des termes « vide » et « distance » qui marquent l'inachèvement de la totalité considérée. Le

1. *CRD* I, p. 563-567.
2. *CRD* I, p. 567.

serment est une puissance essentiellement *négative* dans tout groupe, puisqu'il constitue l'inessentialité de l'individu en le réduisant à une médiation entre l'Individu Commun et le reste du groupe. Partout, on trouve le caractère d'ustensile de l'individualité, et finalement de tous les rapports humain, au profit de stades d'unification plus élaborés. Cela n'empêche pas que soit vécu l'être-au-groupe comme un sentiment fort d'appartenance. Mais le propre de la *Critique de la Raison Dialectique* est de montrer que ce qui apparaît et s'exaspère dans les relations d'intériorité et d'extériorité, que toute liberté dans l'histoire, se fonde sur autre chose que sur elle-même, et en vient à se détruire. « Quand la quasi-souveraineté est réalisée comme exercice d'un pouvoir concret sur les autres, et comme pratique individuelle échappant au serment (...), l'acte régulateur se révèle dans toute sa contradiction : intercession-récession »[1]. L'unité de la communauté n'est donc pas, au sens criticiste, *fondée*.

Les raisons historiques *contre les fondements* politiques *de l'Institution*

Face au perpétuel danger de dissolution, la communauté réinvente les conditions de son unité. L'Individu Commun se transforme peu à peu en individu institutionnel[2]. L'interprétation des événements historiques, tels que les antagonismes idéologiques entre Montagnards et Girondins durant la Révolution Française, ne doit pas privilégier les contradictions théoriques au détriment d'hétérogénéités plus radicales que seule une dialectique appropriée peut saisir. Même l'homogénéité « retrouvée » entre les groupes dissimule des conflits passés, des violences « en tant qu'elles sont liées comme inertie subie à l'inertie assermentée du représentant de la nation, c'est-à-dire en tant que le pouvoir comme statut indépassable et juré leur a communiqué le statut d'indépassabilité (la violence contre le pouvoir devient pouvoir violé à rétablir dans sa pureté par la violence) »[3]. L'anti-juridisme définit ainsi les luttes pour le pouvoir représentatif et la Terreur elle-même comme des mécanismes réels propres à engendrer l'institution.

Le groupe qui s'institutionnalise et donc se juridicise subit deux transformations :

1. *CRD* I, p. 570.
2. Voir, *CRD* I, p. 574-580, sur « Liberté et Terreur ».
3. *CRD* I, p. 575.

1) la *transformation* des réciprocités médiées, esquissées par rapport au groupe assermenté, en une institution, c'est-à-dire en une nouvelle forme de sérialité.

2) le *transfert* de la puissance perdue par l'individu, au cours de sa subordination, à cette nouvelle forme d'impuissance sérielle et à sa conséquence : la transformation de l'organisation en institution, autrement dit en un pouvoir renforcé par le droit[1].

Le droit participe donc de l'auto-production d'un pouvoir qui tire sa légitimité de sa permanence, la souveraineté relevant d'une fraternité-violence gouvernée par sa propre force. L'existence même d'un souverain se fonde négativement sur « l'impossibilité pour chaque tiers de redevenir directement régulateur »[2]. Le refus en soi de dissoudre le groupe ou le projet de l'autre devenant mon projet : de telles apparences d'entente choisie ne sont alors que des illusions d'homogénéité. L'autorité institutionnelle ne repose pas historiquement sur ses fondements politiques.

Le rapport de la souveraineté à l'institution[3] repose sur une « finalité originelle ». Ainsi, concrètement, la Terreur au pouvoir engendre-t-elle deux transformations. Le groupe agit d'abord librement; ensuite, l'institution créée librement pétrifie nécessairement les énergies individuelles : « la souveraineté révèle dans cette perspective sa fonction véritable : elle est la réintériorisation institutionnelle de l'extériorité des institutions... », son rôle dans cette histoire supposant une *incarnation* par un Individu qui ne fait qu'étendre la force légalisée à tous les membres de la communauté. Par l'incarnation, « le souverain-institution et le souverain-individu sont présents à chaque fois dans chaque décision de la souveraineté »[4]. La formalisation juridique du pouvoir idiosyncrasique du Souverain aboutit physiquement[5] à l'interchangeabilité des libertés : on est très loin, là encore, de *L'Être et le Néant*. L'Individu Souverain, agissant *de* tous, reflète la totalité des spontanéités; ce qui est contraire à un dessaisissement mutuel et/ou volontaire des puissances d'agir : « il n'y a plus qu'une liberté pour tous les membres du groupe : la sienne ».

1. *CRD* I, p. 581-586.
2. *CRD* I, p. 591.
3. *CRD* I, p. 594-602.
4. *CRD* I, p. 597.
5. Le concept *d'idiosyncrasie* permet de penser le pouvoir du souverain à partir du corps humain.

L'affirmation du primat du fait sur le droit dans la conception de la souveraineté

La mise en équivalence du pouvoir institutionnel et de la puissance non réfléchie conditionne logiquement l'anti-juridisme[1]. « La puissance de fait (...) précède le pouvoir ou la puissance de droit »[2]. L'institution produit de la violence, qui produit du droit, qui se réalise comme institution. Sartre ne retient du « pouvoir » que la mise en jeu des forces, sans ce qui leur confère précisément un droit ou officialise un droit, et il interprète la puissance comme simple possibilité entre toutes celles qui déterminent le devenir d'un être. Ce faisant, la « puissance » est définie négativement, « passivement ». Analogiquement, le droit est à peine concevable comme existant *hors de son exercice*, sans une forme de pouvoir déterminé.

D'une part, donc, il faut partir de la réalité de la force pour penser l'exigence juridique et non le contraire; d'autre part, l'individu-souverain exerce cette concentration (étonnante) sans être à l'origine de ce pouvoir. La souveraineté n'est pas créatrice mais seulement représentative des forces en présence. Chacun éprouve la nécessité de l'incarnation, dans sa propre vie, non comme une image de soi seulement possible, et c'est ce qui rend « son office légitime et possible »[3]. C'est aussi bien le peuple du souverain que le souverain du peuple qui marque l'incarnation. Il reste que le problème est plus complexe qu'il n'y paraît. Si, comme les apparences le montrent, la constitution de la souveraineté rapporte le pouvoir à la « foi jurée », ne retombons-nous pas dans le juridisme si fortement rejeté?

La réponse réside dans la « part du diable » qui conditionne le pouvoir. « Cette part, ce néant, cette Part du Diable est le véritable soutien de la souveraineté. Chacun obéit dans la sérialité: non parce qu'il assume directement son obéissance mais parce qu'il n'est pas sûr que son voisin n'a pas réclamé. Cela n'empêche pas, bien au contraire, que l'ordre soit reçu comme légitime: cela empêche de se poser la question de la légitimité »[4]. Très éloigné, par exemple, des réflexions wébériennes sur le conditionnement du pouvoir par sa réappropriation subjective, la réflexion dialectique horizontalise jusqu'au fondement de la légitimité. « La libre activité se manifeste dans un ailleurs à l'activité passive comme règne

1. A voir, sur ce retournement, *CRD* I, p. 602-610.
2. *CRD* I, p. 602.
3. *CRD* I, p. 603.
4. *CRD* I, p. 604.

absolu du droit». La dégradation et l'impuissance apparaissent comme les matrices anti-juridiques du droit.

La reprise partielle de l'analyse marxiste de l'État. La généralisation du modèle de l'extéro-conditionnement

La connaissance du principe selon lequel «l'hétérogénéité de l'Etat fournit la véritable intelligibilité du développement historique de la souveraineté»[1] rapproche les analyses sartrienne et marxiste. L'autonomie de l'Etat et du système juridique qui en émanent est illusoire : l'Etat s'institue dans la lutte des classes, comme «l'organe de la classe d'exploitation»[2]. Chez Marx, l'Etat est le produit réel de ce qui est son produit apparent : la bourgeoisie. Sartre ajoute à cette vision la dialectique des groupes et des séries. Le XIXe siècle, par exemple, produit une juridicisation qui lui est propre, et un cadre institutionnel exprimant les intérêts de la classe dominante[3]. Mais Sartre conserve une certaine autonomie à l'Etat. Lorsque «les rapports de force tendent à s'équilibrer», il se pose en partie pour lui-même, précisément à partir de son rôle mystificateur. Précisons alors les contours de cette autonomie relative :

1) Si l'Etat peut obéir aux intérêts des puissants, il demeure autonome «parce qu'il représente l'organe de la légitimité». Il tient sa raison d'être pratique de ce qu'il est pour les exploités la principale autorité exploitante : apparaît alors sa fonction législatrice de mise en forme juridique des intérêts privés.

2) Institution doublement illusoire, l'Etat reste cependant efficace, d'où l'autonomie de situation, le fait qu'il ait à se poser «pour soi»; d'où aussi sa contradiction : il est un appareil de classe tout en se posant pour soi et en soi, devant tout de son existence à l'unité souveraine de la nation qu'il est censé incarner.

3) Le groupe institutionnel réalise non un idéal politique mais sa propre souveraineté par le moyen du politique. Ce moyen est la «propagande»[4] qui est finalement la mise en pratique de ce que la raison dialectique perçoit

1. Sur Marx et «l'extéro-conditionnement», cf. *CRD* I, p. 610-624.

2. *CRD* I, p. 610.

3. Sartre se réfère notamment aux thèses de *La Sainte Famille*, *CRD* I, p. 610-615.

4. *CRD* I, p. 615-620 sur ce thème.

de la circularité du pouvoir, ses causes et ses effets se renvoyant mutuellement dans une perpétuelle récurrence[1].

Le mode de représentation le plus fidèle au déterminisme marxiste est *l'extéro-conditionnement*, autrement dit le « développement en retour », l'action paradoxale que la sérialité utilisée par le souverain va avoir sur lui-même. La bureaucratie représente l'envers institutionnel de la passivité des masses conditionnant celle du gouvernement. Cette notion rend la critique marxiste applicable au stalinisme, simplement par la description de cette logique de « double pétrification ». Pouvoir autre que celui de la bourgeoisie dans une société capitaliste, il nécessite des outils d'analyse spécifiques, propres à saisir ses faiblesses intrinsèques. « La limite du pouvoir réel de l'état le plus dictatorial, c'est qu'il ne peut créer de groupe en dehors de lui-même »[2]. Le fonctionnement de la « Terreur bureaucratique » se nourrit de l'impuissance de ses membres, cause de son apparition et de sa propre pétrification.

Finalement, l'attitude anti-juridique consiste à poser le problème de la souveraineté indépendamment des évaluations traditionnelles. La souveraineté n'est « du point de vue des masses, ni légitime, ni illégitime : sa légitimation pratique vient du fait de ce que le souverain a construit son illégitimité par ses fautes et ses crimes : ainsi juge l'Histoire »[3]. C'est à partir de cette différence d'évaluation qu'apparaît l'énormité du fossé entre la *raison dialectique* et les théories visant à fonder le droit, ou, dit plus globalement, la *raison juridique*.

Toute tentative idéaliste ou matérialiste pour dépasser *a priori* (par décret, par refus moral) ou *a posteriori* (par euphémisation) cette violence originelle et donc cette inhumanité, revient à réduire à néant la réalité vécue du contre-homme. Je ne peux, par exemple, que vouloir détruire *chez l'autre* l'inhumanité en réalisant en moi cette inhumanité. L'aliénation est pour le Sartre de la *Critique de la Raison Dialectique* une nécessité *a priori*. La violence est certes contingente, mais c'est aussi une nécessité contingente. Si l'on trouve chez certains théoriciens du droit la prise en compte des ambiguïtés liées à la fondation du droit, peu admettent d'emblée le primat de la violence dans l'appréhension des rapports humains.

1. A voir, les descriptions de cette circularité dans la consommation, la publicité et la communication (*ibid.*).

2. *CRD* I, p. 629.

3. *CRD* I, p. 629-630.

CONCLUSION

UNE PERSPECTIVE HERMÉNEUTIQUE : *L'IDIOT DE LA FAMILLE*

Intentionnalité et engagement

La phénoménologie de l'émotion et de l'imagination tire les conséquences théoriques de la critique de l'Ego transcendantal husserlien. La diaspora temporelle ne délivre pourtant le sujet de son substrat égologique que pour le charger d'une responsabilité généralisée : l'émotion ressentie et l'image projetée relèvent non seulement d'une identité visée, l'homme se définissant par ce qu'il perçoit du monde, mais aussi par ce qu'il en fait. A partir de là, le projet d'être oriente toute existence avant même sa reprise réflexive, la conception de ce cogito pré-réflexif[1] conditionnant l'engagement comme donnée immédiate de la situation humaine fondamentale. En même temps, l'absence de garantie de sens confère au délaissement un caractère d'urgence dramatique, mise en forme par la littérature et le théâtre. L'un des contresens les plus courants sur Sartre concerne « l'engagement », qui est bien chez Sartre de l'ordre des faits, non des valeurs. La transcendance de la conscience comme pour soi néantisant l'en soi reprend le thème heideggerien de la visée ek-statique de l'intentionnalité. Il n'y a pas de fondement extérieur à l'intentionnalité constitutive du sens qu'elle découvre. Du même coup, tout savoir sur l'être étant positionnement par rapport à lui, la connaissance elle-même relève de

1. *EN*, p. 16.

l'engagement originel de l'homme comme conscience. L'entreprise des *Cahiers pour une Morale* peut être interprétée comme le prolongement effectif des tâches propres à l'ontologie phénoménologique. L'existence d'une « foi » de la mauvaise foi témoigne, par exemple, du caractère indépassable de la constitution[1]. En conséquence, si le pour soi est, malgré lui, délivré de toute référence, au point que le critère éthique fondamental découle de la reconnaissance de ce délaissement sous la forme de l'authenticité[2], c'est dans le rapport à autrui qu'une éventuelle vérité peut être thématisée et visée. N'étant ni du côté du seul sujet, comme vérité de l'identité, ni dans le seul rapport au monde, comme reconnaissance du délaissement, l'authenticité n'est, pour le Sartre de *Vérité et Existence*, qu'une qualité morale intermédiaire, relative aux fins humaines. L'enjeu de la « conversion morale » des *Cahiers pour une Morale*[3] est de fonder l'appréhension historique du pour soi, autrement dit, d'asseoir le passage à l'histoire sur une relation nécessaire, aussi certaine que l'ordre du « certain » dans *L'Imaginaire*[4], ou que le cogito et l'argument ontologique propres à *L'Être et le Néant*[5]. L'éclatement, la désubstantialisation du sujet place celui-ci dans une dépendance à l'égard de son être perpétuellement visé, à l'égard d'autrui comme juge nécessaire de son propre engagement. Pour autant, l'analyse de l'intersubjectivité, de son rapport à l'ordre du droit et au désordre de la violence, n'aboutit pas à une harmonie quelconque, mais aux prémisses de la socialité conflictuelle de la *Critique de la Raison Dialectique*[6]. Sans être incohérent, le passage à l'histoire[7] dont témoigne le refus de toute attitude contemplative touchant le problème de l'existence[8], dépasse la problématisation morale qui devait pourtant prolonger l'ontologie[9]. La *Critique de la Raison Dialectique* ne se déduit pas de *L'Être et le Néant*, et il serait illusoire d'espérer retrouver point par point les catégories historiques en germes dans l'ontologie. Il existe pourtant une certaine unité dans l'œuvre philosophique. C'est par l'inachèvement constitutif de la réalité humaine que Sartre rejette le recours à un

1. *EN*, p. 104, *CM*, p. 436.
2. *VE*, p. 11-13.
3. *CM*, p. 293, 421.
4. *L'Imaginaire*, p. 11-112.
5. *EN*, p. 11, 16.
6. *CM*, p. 117-118.
7. Que préparent toutes les préoccupations des *Carnets d'une Drôle de Guerre*.
8. *VE*, p. 18.
9. *EN*, p. 690-692.

Ego Transcendantal, constitue une vie émotionnelle intentionnelle, volontarise l'image et radicalise l'engagement du pour soi comme mode d'être au monde.

L'Idiot de la Famille: *le prolongement herméneutique de la raison dialectique*

Aux antipodes de l'analyse structurale ou génétique de l'œuvre littéraire[1], *L'Idiot de la Famille* propose de constituer une compréhension dialectique de Flaubert. Le mouvement progressif-régressif de l'analyse dialectique doit pouvoir restituer tous les facteurs déterminant le contenu de l'œuvre comme de la subjectivité créatrice. L'auteur « Flaubert » devient, dans cette longue enquête, non seulement la totalisation vivante de son enfance et de son milieu socio-historique, mais encore, comme projet incarnant et dépassant malgré lui jusque dans sa passivité les valeurs de son milieu d'origine, l'ensemble des normes qu'il refuse, par le travail interprétatif que constitue toute vie d'écrivain. Ces normes, comme autant d'exigences imposées à son existence, commencent par le langage. En analysant la reconstitution propre à toute intériorisation du langage comme relation signifiante au monde, Sartre saisit « l'idiotie » relative de l'enfant Gustave, sa stupeur et sa naïveté comme des conduites indiquant tout autant un choix d'hébétude qu'un dépassement plus profond du langage reçu de sa classe sociale, avec toutes ses désignations utilitaires, ses codes et ses positionnements. C'est l'expérience primitive des « sonorités »[2], de la douceur maternelle rêvée et retranscrite plus tard dans ses écrits adolescents, qui conditionnent le choix de l'irréel comme attitude fondamentale, comme rapport au monde originel. L'interprétation de l'enfance de Gustave retrace ainsi la relation du futur écrivain au langage comme projet d'être résolvant dans la névrose les contradictions générées par son incapacité à reproduire les schémas de vie familiaux. Si « tout a commencé avec cette mauvaise insertion dans l'univers du langage… »[3], cette scission constitutive de l'être devient pour lui la nécessité même de l'écriture, comme seul sens possible à sa vie. Dès le départ, l'analyse sartrienne de

1. Cf. A. Guigot, « Flaubert, un objet de compréhension ? », *La compréhension dans les sciences sociales, Le Cercle herméneutique*, Paris, Vrin, 2006, p. 253-267.
2. *IF* I, p. 21.
3. *IF* I, p. 38.

« La Constitution »[1] pose l'idiotie comme projet. « Il faut y voir, plutôt qu'une saisie précoce de la vérité, l'aventure singulière d'un enfant : des éléments divers, extérieurs et intérieurs, sont intervenus pour le buter contre ce qui deviendra peu à peu sa bête noire ainsi que le matériau de son art, contre le mot »[2]. La dialectique ne vise pas seulement les rapports d'intériorisation des normes et des besoins objectifs, comme c'était le cas avec la rareté et le pratico-inerte dans la *Critique de la Raison Dialectique*, mais encore les relations subtiles de Flaubert avec sa propre œuvre, avec son style affirmé et dépassé au cours de son histoire par une multiplicité étonnante (de *Madame Bovary* à *Salammbô*). La raison dialectique ne change pas ses principes, mais, en s'appliquant à l'objet-Flaubert, transforme son contenu au point de devenir une authentique herméneutique historique. La *vie* étant appréhendée comme originellement interprétative, le sens n'est, dès le départ[3], qu'une relation concrète et intentionnelle d'un dépassement projeté, dévié et finalement créateur ; d'où l'optique du « qui perd gagne » que l'on perçoit peu à peu dans le retournement magistral que constitue la revanche littéraire. La psychanalyse existentielle permet d'interpréter la névrose comme projet d'être, non comme une simple inadaptation souffrante qui rendrait inintelligible l'activité d'écriture comme le sens historique qu'elle constitue en tant que « totalisation en cours ». La notion de « synthèse passive », par exemple, est impensable en termes psycho-pathologiques que l'on appliquerait à Flaubert. Elle l'est davantage dans le sens d'une dialectique des « totalités détotalisée » et du langage comme aventure circulaire au sein du pratico-inerte, centrées sur la rareté, comme dans la *Critique de la Raison Dialectique*. *L'Idiot de la Famille* prolonge et dépasse donc le projet assigné par son auteur, mais n'est-ce pas le cas de Flaubert lui-même dans ses propres études ? Chez Sartre comme chez les fondateurs de l'herméneutique, les racines de la compréhension sont dans l'existence. Au refus de l'objectivisme et à la célèbre distinction entre l'explication et la compréhension correspond, dans la raison dialectique, le rejet des explications données en extériorité des conduites humaines, et, précisément, répond la psychanalyse existentielle de *L'Idiot de la Famille*. De ce point de vue, Sartre reprend certaines

1. *IF* I, toute la 1re partie.
2. *IF* I, p. 39.
3. Cf. *IF* I, « Lire », « Naïveté et langage », p. 11, 21.

thèses présentes dès *L'Imaginaire*, dans le cadre d'une philosophie interprétative de l'histoire.

La dialectique de « l'irréalisation »

Comme chez Dilthey, c'est parce que la vie est d'emblée interprétative et qu'elle est spontanéité et activité, que le monde lui apparaît comme « réel », et non l'inverse. Le « choix de déréalisation », que Sartre considère, par exemple, dans la première partie du tome II, correspond à une appréhension originaire de la vie. Flaubert est un écrivain qui a d'abord voulu être comédien et qui crée selon un mode déréalisant. Allant du pathos de l'enfance à l'écriture, l'analyse en intériorité du contenu esthétique, du conditionnement historique et des liens de l'expérience vécue et de l'expression littéraire enrichissent considérablement la méthode « progressive-régressive » de la *Critique de la Raison Dialectique*. L'irréalisation est la nécessité active et produite, le résultat constitué tout autant que l'attitude constituante de l'écriture flaubertienne. « La condition nécessaire pour devenir artiste, c'est de rêver sa mémoire et d'imaginer sa perception »[1]. La reprise des thèses de *L'Imaginaire* dans un cadre dialectique permettent, par exemple, de saisir les totalisations de « l'inassimilable » pour Gustave, autrement dit les efforts d'intériorisation des structures familiales conduisant contradictoirement à la « personnalisation », objet de la deuxième partie de l'étude[2]. Le choix de l'irréel détermine à ce point le rapport au langage que, selon Sartre, « l'aliénation à sa voix » qui constitue « le pathos hyperbolique »[3] de l'oralité exprime, *a contrario*, l'inconsistance vécue du monde réel. L'hébétude comme « analogon de l'extase », la mer « comme analogon de l'infini » : le monde réel s'offre au petit Gustave sur le mode d'images premières, non pas harmonieusement, mais dans l'incompréhension et le refus de l'entourage. Dès lors toutes les descriptions de Sartre vont chercher à intégrer, tour à tour, du choix imaginaire de l'enfance au projet d'irréalisation de soi comme acteur, puis auteur, les soubassements idéologiques de la classe d'origine des Flaubert et leurs réinvestissements esthétiques par Gustave, jusqu'à aboutir à « l'impératif catégorique de la gratuité »[4], comme projet signifiant global. L'herméneu-

1. *IF*, II et III.
2. En particulier le Livre Premier, *IF*, II, p. 653-1104.
3. *IF* II, p. 674.
4. *IF* II, p. 1084.

tique historique présuppose que soient acquises les données phénoménologiques de *L'Être et le Néant*, ainsi que l'essentiel des mouvements dialectiques circulaires de la *Critique de la Raison Dialectique*. Pour autant, le choix d'irréalisation n'est pas réductible à une dialectique circulaire telle qu'on la trouve dans le rapport entre les collectifs et les groupes [1], ni même entre la praxis individuelle et la matière ouvrée [2]. L'attitude imageante irréfléchie, dévoilée par la phénoménologie de l'imaginaire, est ici complétée par la dimension historique de l'œuvre, d'où l'exigence de rendre compte des significations réalisées, de les comprendre, en termes diltheyens, comme une vie psychique objectivée. Nécessairement, le projet d'irréalisation ne peut se comprendre qu'à partir de ses effets littéraires, mais la mise en avant du caractère historique de toute névrose permet d'intégrer à l'interprétation biographiques tous les ratages affectifs qui vont produire le « style ».

Les marquages historiques du sens

C'est à partir du choix passif que Gustave fait de lui-même que Sartre met en place sa dialectique compréhensive. La passivité, « proto-histoire » [3] du futur écrivain, n'est pas réductible à la grille psychanalytique : Sartre ajoute à l'importance de la Mère et de la petite enfance le conflit objectif structurant le traumatisme [4], l'adoration et la vassalité comme moyens choisis par un être inessentiel de gagner le droit d'être essentiel. Le marquage du sens est le travail de l'interprétation comme compréhension intégrée au projet, correspondant, dans la *Critique de la Raison Dialectique*, à toutes les totalisations effectuées par les individus en tant que praxis intériorisant le déterminisme du processus et le modifiant en le faisant exister comme « point de vue »). Par exemple, la lecture suppose une synthèse affective et active que l'enfant Gustave, dans sa structure passive, ne peut fournir. C'est donc que le rapport de Flaubert au langage est orienté par ce déséquilibre. Il faut saisir que le silence de l'enfance est, pour Sartre, plus qu'une réaction ou une négation : il est déjà une interprétation des significations comme négation. Si Gustave croit n'importe quoi (lorsque le jardinier lui dit « Va voir dans le jardin si j'y suis » et qu'il y part), c'est qu'il

1. *CRD*, II.
2. *CRD*, I.
3. *IF* I, Préface, p. 8.
4. *IF* I, première partie, « La Constitution ».

éprouve devant toute expression du langage une stupeur dégagée de l'exigence herméneutique classique, à savoir celle *d'interpréter* au sens intentionnel. La signification naissant du projet, l'hébétude devant l'objet verbal désignent un engagement particulier et paradoxal: « être la matière »[1]. Cette attitude « métaphysique » du petit Gustave devant les vagues de la mer, le sable clair ou les cabanes de plage, le signifient passivement : *l'intentionnalité de soumission* correspond à l'intériorisation de la nature extérieure qui constitue la *contemplation*. Cet empâtement du sens, distinct de la complicité ou du masochisme[2], prend sa dimension historique à travers sa traduction stylistique. La raison dialectique interprétative atteint ce sens marqué dans l'œuvre à travers la psychologie de l'auteur, l'expérience narrative et l'œuvre objective.

La ligne de marquage du sens psychologique tient à la désignation de l'enfant Gustave. « Tu seras l'idiot de la famille ». L'incapacité intériorisée est comprise par Sartre comme décisive, en ce qu'elle fait de l'insuffisance et de l'infériorité un conditionnement linguistique : l'oralité. Pour Gustave, les mots sont adultes. Ils le resteront, d'où l'importance du « sérieux » qui saute aux yeux du Sartre herméneute: la personnalisation future est ainsi déterminée[3]. Cette intériorisation particulière qui ne distingue pas le « sens » et la « matière », où l'image acoustique n'enveloppe aucune profondeur particulière, définit l'idiotie comme blocage de la personnalisation, comme arrêt de « l'unité intentionnelle d'assimilation »[4]. Le deuxième marquage historique du sens est l'expérience narrative. C'est en réponse à sa « désunité intime »[5] que Flaubert se constitue écrivain, se personnalise, puisque cette personnalisation « n'est rien d'autre chez l'individu que le dépassement et la conservation (assomption et négation intime) au sein d'un projet totalisateur de ce que le monde a fait – et continue à faire – de lui »[6]. Le mal de Gustave a bien un lien dialectique avec la nature même de l'écriture inventive: la fonction constitutive et irréalisante de l'imaginaire. On le sait : la dégradation volontaire du réel par l'image n'est pas une possibilité accidentelle de la conscience; mais, parce

1. *IF* I, p. 21-49, sur la relation naïveté-langage.
2. *IF* II, p. 809, p. 1303.
3. Sur le sérieux interprété par Sartre concernant Flaubert, *cf.* A. Guigot, « Flaubert, un objet de compréhension ? », opus cite.
4. *IF* II, p. 657.
5. *IF* II, p. 659.
6. *Ibid.*

que c'est le pouvoir de négation de la conscience qui rend possible l'imagination et non l'inverse, la « néantisation » est plus une définition de la liberté que de la signification. Il faut autre chose pour qu'un *sens* puisse être visé, constitué en projet. C'est là qu'intervient le style comme manière d'être irréalisante. Le choix de l'écriture n'est pas un refus du présent mais le désir de ressentir dans l'irréel de la narration. Celle-ci n'est plus, pour le Sartre de *L'Idiot de la Famille*, un support, un analogon [1], mais une matérialisation de l'irréalisation. Le troisième marquage historique du sens est l'œuvre objective, autrement dit le lien entre l'évolution « du poète à l'artiste » entre 1837 et 1843, la constitution psychologique et le contenu littéraire lui-même. A partir du projet d'écrire comme choix particulier d'irréalisation, le problème est la transformation visible de la névrose comme réponse, de l'engagement hystérique comme œuvre. Pour que la « conversion » [2] par la névrose puisse aboutir à une réussite quelconque, c'est-à-dire à l'extériorisation efficace de la souffrance subie, transformée par la régression imaginaire [3], il faut dépasser la contradiction entre le choix de l'imaginaire, en partie incommunicable, et l'exigence d'un art littéraire. L'interprète Sartre doit donc comprendre ce que l'auteur Flaubert exprime *sur* son style, ainsi que ce que son style *montre* mais ne dit pas. Sartre ne résout sans doute pas tout à fait ce qu'il problématise, la limite du langage, « l'expérience incommunicable » de Flaubert, le dépassement des débuts, comme le texte de *Novembre*, par l'optimisme de la fin (*L'Education sentimentale* : « Jules a réussi, il sait manier le langage »). L'idée de Sartre est de distinguer la valeur d'usage des mots et la grandeur du style qui doit, chez Flaubert, sauver de l'échec et de la pauvreté. L'écriture emprisonne le sens, puisque les mots écrits sont contraints d'indiquer, de montrer une autre fin que l'objectif visé. La sonorité et la visualité du sens sont des pseudo-significations, sans intentionnalité propre, dont témoigne l'humour des calembours, conséquence orale, extérieure à la graphie, au sens montré. Si le goût de Flaubert pour les paradoxes indique cette inhumanité invisible du langage. « Si les gens, au lieu d'entendre ce qu'ils veulent dire, entendaient tout simplement ce qu'ils disent, ils tomberaient

1. C'est encore le cas dans *L'Imaginaire*, voir le chapitre II de cette étude. Sur le renouvellement de l'intentionnalité et l'imagination, cf. *IF* II, p. 911.

2. Le terme de « conversion » renvoie à un sens *existentiel* proche des *Cahiers pour une Morale* (p. 486), dans une perspective plus *compréhensive* et historique cependant.

3. C'est ce que Sartre appelle « imaginarisation ».

dans une telle stupeur qu'ils ne parleraient plus »[1]. Les conditions de la transformation objective du style entre 1837 et 1943 (la prénévrose, la Chute, puis la névrose comme régression) est relative à une révélation : « donner le monde à voir et à entendre ». Le langage n'est plus seulement cette tension entre l'inertie du « pratico-inerte » et le mouvement de la « totalisation en cours », il manifeste, jusque dans les retours qu'un auteur fait sur son style, l'aventure singulière et historique d'une existence comme exigence de signification.

Liberté et Histoire

L'inachèvement de la réalité humaine que décrit l'ontologie est la condition de sa moralité et de son historicité. Si « le grand ressort de l'histoire est la liberté comme négativité »[2], c'est que le négatif participe au travail de l'histoire sous toutes ses formes, psychologiques et individuelles, comme l'émotion ou l'image, sociales et matérielles, comme la rareté et le pratico-inerte. En ce sens, l'interprétation du caractère humain de toute œuvre doit restituer sa part d'inachèvement, comme l'effet objectif de sa nature intentionnelle et active. Inachever le réel, c'est le transformer en moyen pour une fin qu'il n'est pas encore, c'est donc, concernant les conduites humaines, considérer qu'elles pourraient et devraient être autrement. L'imperfection *signifie* la perfectibilité comme visée, la liberté devenant l'expérience de la négativité comme exigence de sens et de responsabilité dans l'histoire.

1. Sartre cite Flaubert.
2. *CM*, p. 123.

BIBLIOGRAPHIE

Pour une bibliographie complète, on se rapportera aux travaux de Michel Contat et Michel Rybalka, *Les écrits de Sartre*, Paris, Gallimard, 1970, ainsi que *Sartre : bibliographie 1980-1992*, Paris, C.N.R.S. Éditions, 1993.

OUVRAGES DE SARTRE

Ouvrages philosophiques (par ordre chronologique)

L'Imagination, Paris, P.U.F., 1936, nouvelle éd., 1983.

La Transcendance de l'Ego, esquisse d'une description phénoménologique, (1936) Introduction, notes et appendices par Sylvie Le Bon, Paris, Vrin, 1972.

La Transcendance de l'Ego et autres textes phénoménologiques. *Conscience de soi et connaissance de soi* précédés de *Une idée fondamentale de la phénoménologie de Husserl : l'intentionnalité*, textes introduits et annotés par V. Coorebyter, Paris, Vrin, 2003.

Esquisse d'une théorie des Emotions, Paris, Hermann, 1939, nouvelle éd., 1975.

L'Imaginaire, psychologie phénoménologique de l'imagination, Paris, Gallimard, Paris, nouvelle éd., 1986.

L'Être et le Néant, Paris, Gallimard, 1943 ; nouvelle éd., Tel-Gallimard, 1990.

L'existentialisme est un humanisme, Paris, Nagel, 1946.

Réflexions sur la Question Juive, Paris, Gallimard, 1954 ; nouvelle éd., Idées-Gallimard, 1973.

Critique de la Raison Dialectique, Paris, tome I et II, Paris, Gallimard, 1960, nouvelle éd., annotée par Arlette Elkaïm Sartre, 1985.

Essais littéraires (par ordre chronologique)

Baudelaire, Paris, Gallimard, 1947, nouvelle éd. Idées-Galllimard 1980.
Saint Genet, comédien et martyr, Paris, Gallimard, 1952.
Les Mots, Paris, Gallimard, 1964.
L'Idiot de la Famille, Gustave Flaubert de 1821 à 1857, tomes I et II, Paris, Gallimard, 1971 ; tome III, Paris, Gallimard, 1972, nouvelle éd., revue et corrigée, texte établi et annoté par Arlette Elkaïm Sartre, 1988, avec en annexe les *Notes sur « Madame Bovary »* datant de 1972 et destinées au tome IV.

Situations (par ordre chronologique)

Situations I, Paris, Gallimard, 1964, nouvelle éd., Idées-Gallimard, 1963.
Situations II, Paris, Gallimard, 1948.
Situations III, Paris, Gallimard, 1949, rééd. 1976.
Situations IV, Paris, Gallimard, 1964.
Situations V, Paris, Gallimard, 1964.
Situations VI, Paris, Gallimard, 1964.
Situations VII, Paris, Gallimard, 1965.
Situations VIII, Paris, Gallimard, 1972.
Situations IX, Paris, Gallimard, 1972.
Situations X, Paris, Gallimard, 1976.

Ouvrages posthumes (par ordre chronologique de publication)

Cahiers pour une Morale, édition procurée par Arlette Elkaïm Sartre, Paris, Gallimard, 1981 (datant de 1947-1948).
Les Carnets de la drôle de guerre (novembre 199-mars 1940), édition procurée par Arlette Elkaïm Sartre, Paris, Gallimard, 1983.
Vérité et Existence, texte établi et annoté par Arlette Elkaïm Sartre, Paris, Gallimard, 1989 (datant de 1948).
Ecrits de jeunesse, texte établi par Michel Contat et Michel Rybalka, Paris, Gallimard, 1990 (datant de 1922-1930).

Entretiens et Correspondance

« Sartre parle de Flaubert », entretiens avec Michel Sicard, le 6 mai 1976, *Magazine Littéraire*, novembre 1976, repris dans *Essais sur Sartre, Entretiens avec Sartre*, (1975-1979), Paris, Galilée, 1989, p. 139-168.
« Jean-Paul Sartre répond », *L'Arc,* n°30, 1966 : « Jean-Paul Sartre », p. 87-96.
Sartre, un film réalisé par A. Astruc et M. Contat, Paris, Gallimard, 1977.
« Entretiens avec Pierre Victor », Libération, 6 janvier 1977.

« Entretiens avec Jean-Paul Sartre août-septembre 1974 », S. de Beauvoir, *La Cérémonie des adieux*, Paris, Gallimard, 1981.

L'Espoir maintenant, Les Entretiens de 1980, présentés et suivis du *Mot de la Fin*, par Benny Lévy, Lagrasse, Verdier, 1991.

Correspondance : *Lettres au Castor et à quelques autres*, édition établie, présentée et annotée par Simone de Beauvoir, Paris, Gallimard, 1983, 2 tomes.

OUVRAGES ET ARTICLES SUR SARTRE

Ouvrages collectifs ou numéros spéciaux

L'Arc (Aix-en-Provence), n°30, 1966 : « Jean-Paul Sartre ».

Autour de Jean-Paul Sartre : littérature et philosophie, sous la direction de P. Verstraeten, Paris, Idées-Gallimard, 1981.

Les Temps Modernes n°531-533, octobre décembre 1990, « Témoins de Sartre ».

Obliques, n° 18-19, 1979 : « Sartre », dirigé par M. Sicard.

Sur les écrits posthumes de Jean-Paul Sartre, annales de l'Institut de Philosophie et de Sciences morales, Éditions de l'Université de Bruxelles, 1987.

Livres et articles

ARAGÜES (Juan Manuel), *El viaje del Argos, derivas en los escritos postumos de J. P. Sartre*, Zaragoza, Mira Editores, 1995.

ARON (Raymond), *Histoire et dialectique de la violence*, Paris, Gallimard, 1973.

ARONSON (Ronald) : « Sartre and Marxism. A double retrospective », *Sartre Studies international*, vol. 1, n°1-2, 1995, p. 21-36.

AUDRY (Colette), *Sartre et la Réalité Humaine*, Paris, Seghers, 1973.

BADIOU (Alain), « Saisissement, dessaisie, fidélité », *Les Temps Modernes, Témoins de Sartre* n°531-533, 1990.

BEAUVOIR (Simone de), *La Force de l'Age*, Paris, Gallimard, 1960, nouvelle éd., Folio-Gallimard, 1988.

– *La Force des choses*, Paris, Gallimard, 1963, nouvelle éd., Folio-Gallimard, 2 vol., 1988.

– *Tout compte fait*, Paris, Gallimard, 1972.

– *La Cérémonie des adieux*, suivi de Entretiens avec Jean-Paul Sartre août septembre 1974, Paris, Gallimard, 1981.

COHEN-SOHAL (Annie), *Sartre 1905-1980*, Paris, Gallimard, 1985.

COLOMBEL (Jeannette), *Textes et débats/Jean-Paul Sartre*, Paris 1985, Librairie Générale Française, Le Livre de Poche, « Biblio Essais », 2 vols.

DELANNOI (Gilles), « Le sceau de l'inachevé », *Esprit*, n° 89, mai, 1984.

DESANTI (Jean Toussaint), « Sartre et Husserl ou les trois culs de sac de la phénoménologie », *Les Temps Modernes* n°531-533, oct.-déc. 1990, « Témoins de Sartre », p. 350-364.

DOUBROVSKY (Serge), « Jean-Paul Sartre et le mythe de la raison dialectique », *NRF*, sept-oct-nov., 1961 ; « Une étrange toupie », *Le Monde des Livres*, le 2 juillet 1971.

HELBO (André), *L'enjeu du discours : lecture de Sartre*, Bruxelles-Paris, Éditions Complexe-P.U.F., 1978.

JEANSON (Francis), *Le problème moral et la pensée de Sartre*, Paris, Seuil, 1947, nouvelle éd. 1965.

– « De l'aliénation morale à l'exigence éthique », *Les Temps Modernes* n°531-533, oct. -déc. 1990, « Témoins de Sartre ».

KAÏL (Michel), « La critique sartrienne du matérialisme », *Les Temps Modernes*, Témoins de Sartre, n°531-533, 1990.

LAING (R. et D.) &Cooper (D. G.), *Reason and violence* ; trad. Française de J. P. Cottereau, *Raison et violence,* Lausanne, Payot, 1971.

LAUNAY (Jean), « Sartre lecteur de Heidegger ou l'être et le non », *Les Temps Modernes* n° 531-533, oct-déc., 1990, « Témoins de Sartre ».

PHILONENKKO (Alexis), « Liberté et mauvaise foi chez Sartre », *Revue de Métaphysique et de Morale*, 86e année, n°2, avril-juin1981, p. 145-163.

– « Sartre et la logique transcendantale classique, les essences et les normes », *Revue de Métaphysique et de Morale*, 92e année, n°4, oct. -déc. 1987, p. 503-526.

PINTO (E), *La névrose objective chez Sartre*, (*L'Idiot de la Famille*, t. III) Sartre historien », *Les Temps Modernes*, XXX ; 1974-1975, p. 35-36.

RENAUT (Alain), *Sartre, le dernier philosophe*, Paris, Grasset, 1993.

SIMONT (Juliette), « La Critique de la Raison Dialectique : du besoin au besoin, circulairement », *Les Temps Modernes*, 41e année, n°472, nov. 1985.

– « Kant, le philosophe parodié : le mauvais usage de la *Critique de la Raison Pure* dans le *Saint Genet* de Sartre », *Concordia,* n°17, 1990, p. 27-41.

– « Sartre et Hegel : le problème de la qualité et de la quantité », *Revue internationale de philosophie*, 39e année, n°152-153, 1985, p. 72-102.

– « La problématique de l'idée régulatrice de Kant chez Sartre », *Sur les écrits posthumes de Jean-Paul Sartre, annales de l'Institut de Philosophie et de Sciences morales*, Bruxelles, Éditions de l'Université de Bruxelles, 1987.

VÉDRINE (Hélène), « Comment mettre Roquentin au travail : Bachelard et Sartre sur l'imaginaire », *Revue de l'Université d'Ottawa*, vol. 57, janvier-mars 1987, p. 109-119.

– « Le pathétique de l'histoire. Brèves remarques sur Heidegger et Sartre », *Cahiers de Sémiotique textuelle,* n°18, « Études sartriennes IV », Université de Paris X, 1990, p. 39-44.

– « Fondement et totalisation chez Sartre », *Les Temps Modernes* n° 531-533, oct-déc. 1990, « Témoins de Sartre ».

VERSTRAETEN (Pierre), Violence et Ethique, Esquisse d'une critique de la morale dialectique à partir du théâtre politique de Sartre, Paris, Gallimard, 1972.
– « Sens de l'abandon de la morale de 1947 par Sartre », dans le volume collectif *Justifications de l'éthique*, Bruxelles, Éditions de l'Université de Bruxelles, 1984, p. 459-468.
WOLIN (Richard), « Sartre, Heidegger et l'intelligibilité de l'histoire », *Les Temps Modernes* n°531-533, oct.-déc. 1990, « Témoins de Sartre », p. 413-435.

Livres et articles portant partiellement sur Sartre

BEAUFRET (Jean), « Jean-paul Sartre » dans *De l'existentialisme à Heidegger*, Paris, Vrin, 1986, p. 33-54.
DOUBROVSKY (Serge), « Le mythe de la raison dialectique », *NRF*, n° 107, nov. 1961.
HYPPOLITE (Jean), *Figures de la pensée philosophique*, Paris, P.U.F, 1971, t. II (Voir « La liberté chez Jean-Paul Sartre », « La psychanalyse existentielle chez Jean-Paul Sartre », p. 759-813).
MERLEAU-PONTY (Maurice), « La Querelle de l'existentialisme », *Les Temps Modernes*, n°2, nov. 1945.
NANCY (Jean-Luc), *L'expérience de la liberté*, Paris, Galilée, 1988. (Voir p. 125-135)
RIZK (Hadi) *La constitution de l'être social*, Paris, Kimé, 1996;
– « L'Humain, le Collectif et l'Histoire », *Les Temps Modernes*, n°531-533,1990.
« Qu'est-ce qu'un ordre collectif ? », *Papiers du Collège Intenational de Philosophie,* n°1, 1991.
VÉDRINE (Hélène), *Le sujet éclaté*, Paris, Le Livre de Poche, 2000.
– *Les grandes conceptions de l'imaginaire : de Platon à Sartre et Lacan*, Paris, Librairie Générale Française, 1990.

AUTRES OUVRAGES ET ARTICLES

AFTALION (Alain), *L'économie de la Révolution Française*, Paris, P.U.F., 1996.
ALQUIER (Ferdinand) « L'idée de causalité de Descartes à Kant », *Histoire de la philosophie*, Paris, Hachette, 1972.
BARRET-KRIEGEL, « L'écologie française du stalinisme », *Les interprétations du stalinisme*, Paris, P.U.F., 1983.
BEAUVOIR (Simone de), *Pour une morale de l'ambiguïté*, Paris, Gallimard, 1972.
CHESNAIS (Jean Claude), *Histoire de la violence*, Paris, Laffont, 1981.
DELEUZE (Gilles), *La philosophie critique de Kant,* Paris, P.U.F., 1991.
— et GUATTARI (Félix), *Qu'est-ce que la Philosophie ?*, Paris, Minuit, 1990.

DERATHÉ (Robert), *Rousseau et la science politique de son temps*, Paris, Vrin, 1970.

DESANTI (Jean Toussaint), *Introduction à la phénoménologie*, Paris, Idées-Gallimard, 1976.

DILTHEY (Wilhem) *Der Aufbau der geschichtlichen Welt in den Geisteswissenschften*, Gesammelte Scriften VII Band, B. G. Teubner Verlagsgesellschaft, Stuttgart, 1979. G. S., VII, trad. par S. Mesure, Paris, Éditions du Cerf, 1988.

– *Weltanscahauungslehre. Abhandlungen zur Philosophie der Philosophie*, Gesammelte Scriften VIII Band, B. G. Teubner Verlagsgesellschaft, Stuttgart, 1979.

FURET (François) et RICHET (Denis), *La Révolution française*, 1965, « Pluriel », Paris, Hachette, 1986.

GENET (Lucien), *Révolution – Empire*, « Les causes de la Révolution Française », Paris, Masson, 3 e éd., 1994.

GURVITCH (Georges), *Dialectique et sociologie*, Paris, Flammarion, 1962.

HEGEL, *La Phénoménologie de l'Esprit*, trad. par J. Hyppolite, Paris, Aubier Montaigne, 1941 ; texte présenté, traduit et annoté par B. Bourgeois, Paris, Vrin, 2006.

– *La Science de la Logique*, trad. par P. J. Labarrière et G. Jarczyk, 2 tomes, Paris, Aubier Montaigne, 1972 et 1976.

– *Encyclopédie des sciences philosophiques*, trad. par B. Bourgeois, Paris, Vrin :
  – tome I, *La logique*, 1970.
  – tome II, *Philosophie de la nature*, 2004.
  – tome III, *Philosophie de l'esprit*, 1988.

HYPPOLITE (Jean), *Genèse et structure de la Phénoménologie de l'Esprit de Hegel*, Paris, Aubier Montaigne, 1946.

KANT, *Les Fondements de la métaphysique des mœurs*, trad. par V. Delbos, nouvelles introduction et notes par A. Philonenko, Paris, Vrin, 2004.

– *Critique de la raison pratique*, trad. par Luc Ferry, Paris, Gallimard, 1985.

– *Critique de la raison pure*, trad. par A. Tremesaygues et B. Pacaud, Paris, P.U.F., 1944, rééd. 1986.

KOJÈVE (Alexandre), *Introduction à la lecture de Hegel*, Paris, Gallimard, 1947 ; nouvelle éd., Tel-Gallimard, 1985.

LEFEBVRE (George), *La Grande Peur de 89*, Paris, Armand Collin, 1988.

LEFEBVRE (Henri), *La pensée marxiste et la ville*, Paris, Casterman, 1972.

LUKACS (Georg), *Existentialisme ou marxisme* ?, Paris, Nagel, 1948.

MARX (Karl), *La Question Juive* (1844), trad. par Simon, Paris, Aubier, 1972.

– *L'idéologie allemande*, 1846, trad. par Cartelle-Badin, Paris, Editions Sociales, 1966.

MATHERON (Alexandre), *Individu et Communauté chez Spinoza*, Paris, Minuit, 1969.

MERLEAU-PONTY (Maurice), *La structure du comportement*, Paris, P.U.F., 1942.

– *Humanisme et Terreur*, Paris, Gallimard, 1947.

– *Les aventures de la dialectique*, Gallimard, 1955, nouvelle éd., Idées-Gallimard, 1977.

PERELMANN (Chaïm), *Justice et Raison*, Bruxelles, Presse universitaires de Bruxelles, 1978.

RAYNAUD (Philippe), Introduction à la sociologie du Droit de Weber, Paris, P.U.F., 1986.

RENAUD (Alain) et FERRY (Luc), *Philosophie Politique*, I, II, III, Paris, P.U.F., 1984.

RIALS (Stéphane), « Généalogie des droits de l'homme », *Droits, revue française de Théorie Juridique*, n°9, avril 1989.

« Ouverture : l'office du juge », *Droits, revue française de théorie juridique*, n°9,avril 1989, « La fonction de juger ».

RICŒUR (Paul), *Le conflit des interprétations*, Paris, Seuil, 1969.

RIVELAYGUE (Jacques), « La dialectique de Kant à Hegel », *Les Études philosophiques*, juil-sept. 1978.

ROUSSEAU (Jean-Jacques), *Du Contrat Social*, 1762, Paris, Seuil, 1971.

SPINOZA, *Ethique (1677)* trad. par C. Appuhn, Paris, Flammarion, 1965.

STANGUENNEC (André), *Hegel critique de Kant*, Paris, P.U.F., 1985.

– *Hegel : une philosophie de la raison vivante*, Paris, Vrin, 1997.

– *Réflexions sur trois sagesses*, Nantes, Pleins Feux, 2001.

STRAUSS (Léo), *Droit naturel et histoire*, 1954, Paris, Flammarion, 1986.

VERPEAUX (Michel), « la notion révolutionnaire de juridiction », *Droits, revue française de Théorie Juridique*, n°9, avril 1989.

VILLEY (Michel), *La formation de la pensée juridique moderne*, Paris, Montéchrétien, 1975.

– *Philosophie du Droit*, Paris, Dalloz, 1978.

– *Le Droit et les Droits de l'Homme*, Paris, P.U.F., 1983.

WALRAS (Léon), *Abrégé des éléments d'économie politique pure*, Paris, Librairie générale de droit, 1938.

TABLE DES MATIÈRES

ACHEVÉ D'IMPRIMER
EN MAI 2007
PAR L'IMPRIMERIE
DE LA MANUTENTION
A MAYENNE
FRANCE
N° 147-07

Dépôt légal : 2e trimestre 2007